古典文獻研究輯刊

十一編

潘美月・杜潔祥 主編

第 5 冊

劉向學述

韓碧琴 著

國家圖書館出版品預行編目資料

劉向學述／韓碧琴 著 — 初版 — 台北縣永和市：花木蘭文化
出版社，2010〔民99〕
目 2+212 面；19×26 公分
（古典文獻研究輯刊 十一編：第 5 冊）
ISBN：978-986-254-292-7（精裝）
1.（漢）劉向　2.學術思想
122.4　　　　　　　　　　　　　　　　　　99016382

ISBN - 978-986-2542-92-7

9 789862 542927

古典文獻研究輯刊
十一編　第 五 冊　　　　　　　ISBN：978-986-254-292-7

劉向學述

作　　者　韓碧琴
主　　編　潘美月　杜潔祥
總 編 輯　杜潔祥
企劃出版　北京大學文化資源研究中心
出　　版　花木蘭文化出版社
發 行 所　花木蘭文化出版社
發 行 人　高小娟
聯絡地址　台北縣永和市中正路五九五號七樓之三
　　　　　電話：02-2923-1455／傳眞：02-2923-1452
網　　址　http://www.huamulan.tw 信箱 sut81518@ms59.hinet.net
印　　刷　普羅文化出版廣告事業
初　　版　2010 年 9 月
定　　價　十一編 20 冊（精裝）新台幣 31,000 元

劉向學述

韓碧琴 著

作者簡介

韓碧琴，國立臺灣師範大學國文研究所博士，現任國立中興大學中國文學系教授。學術研究以禮學為主，著有《儀禮鄭註句讀校記》、《儀禮祭禮新探》、《儀禮章句研究》、〈儀禮觀禮儀節研究〉、〈敦煌文書中祥考〉、〈抄本客家吉凶書儀「轉門」禮俗研究〉、〈抄本客家吉凶書儀「餞女」禮俗研究〉、〈客家「買水」禮俗研究〉、〈客家鋪房禮俗研究〉等論文。

提　　要

　　漢儒多雜道、法、陰陽之說，與先秦儒家之思想內容，頗有出入，而劉向堪稱集大成者。劉向思想，前人或有研覈，然皆屬一麟半爪，未能深叩，鮮有專事劉向思想之整體研究者；故而通覽向書，鳩合各說，詳加推研，統貫評述，期能彰其全豹。

　　劉向領校五經中秘書，非徒校讎編定，復撰敘錄，以考鏡源流，辨章得失，開後世解題提要之先聲，為目錄學不祧之宗。然校讎目錄之學，非其人博通古今學術，復能審辨乎源流得失，則於群書之旨義，必不能索其奧而詔方來，足見劉向學術之淹通深奧；故就其校讎目錄學、經學、倫理思想、天人思想、政治思想，逐一探賾索隱，條辨縷析，期乎綱舉目張，愜理稱實耳。

　　漢崇經術，貴能見之實行，所謂通經致用之學。劉向兼修五經，引經以致用，綜觀向之經學，以《春秋》為主，《易》、《書》、《詩》、《禮》為輔。漢代經學，雖有齊、魯之分，魯學純謹，齊學恢奇駁雜；劉向說經，雖承魯學，亦雜陰陽災異之說，純學風使然；向藉陰陽災異為勸善懲惡，應天順人之據，闡發經義，以達警懼之目的。

　　劉向以骨肉之親，惓惓進諫，數困於讒，仍不改其操，堪稱漢室之砥柱；其學沿波溯流，與儒家之旨遙契，故有「西京儒者，自董仲舒外，莫之逮也。」之譽。

目次

第一章 敍 論

　　夫百川學海，遭遇無常，仁智異質，意見駁雜，故是非之論，紛然相乖。歷來論述劉向者，其評騭劉向也，譽之者稱其所學甚正，所操甚偉，議論醇正，西京儒者，自董仲舒外，莫之逮也；〔註1〕病之者訾其不純於道德之美，〔註2〕造邪說以惑世誣民，〔註3〕詆其所著《洪範五行傳》，使箕子經世之微言流爲陰陽術家之小技，而罷其從祀孔子廟庭。〔註4〕同爲一人，所受褒貶毀譽，其間懸隔，何啻霄壤？

　　夫東周以前，學守於官，私門無著述文字。孔子有教無類，開私人講學之風，變官學爲私學，諸侯世主好惡殊方，於是諸子爭鳴，百家競起，以應世用，至戰國而極其致。私人著述皆爭奇競妍而興。章學誠於《文史通義・至公篇上》曰：

　　　　周衰文弊，諸子爭鳴，蓋在夫子既沒，微言絕而大義之已乖也。然而諸子思以其學易天下，固將以其所謂道者爭天下之莫可加也。〔註5〕

〔註1〕全祖望《鮚埼亭集》，（臺北：華世出版社，1977 年 3 月，初版），卷 29，頁 368。

〔註2〕曾鞏《新序・目錄序》，（臺北：商務，《四部叢刊初編》縮印江南圖書館藏明翻宋刊本），頁 1。

〔註3〕梁啓超〈陰陽五行說之來歷〉，（《東方雜誌》20 卷 10 號，1923 年 5 月）；現收入《古史辨》第五冊下編，（臺北：明倫出版社，1970 年），頁 353。

〔註4〕清高宗敕撰《續文獻通考・學校考》，（臺北：新興書局，《國學基本叢書》，1958 年，初版），卷 48，頁 3230；又參見陶希聖〈孔子廟庭中漢儒及宋儒的位次（上）〉，（《食貨月刊》（復刊）2 卷 1 期，1972 年 4 月），頁 9～29。

〔註5〕章學誠《文史通義・言公上》，（臺北：廣文書局，1981 年，再版），卷 2，頁 30。

諸子之言，紛然殽亂，暴秦力併天下，懲東周王官之失守，深以爲患，欲獨重官學，乃設挾書之法，行是古之罪，燔滅文章，以愚黔首。漢興，除挾書之律，開獻書之路，然書缺簡脫，禮壞樂崩；武帝遂建藏書之策，置寫書之官，下及諸子傳說，皆充秘府。迄成帝時，詔劉向領校中五經秘書。上古書籍多用簡策書寫，簡重絲細，日久殘散；且篇卷單行，非同後世圖書之固定；既經向等校讎，向復撰敘錄，先秦古籍，得以復聚。吾人今因錄以求書，因書以溯沿學術源流，覽其旨歸，周知先秦學術之大凡，無茫然不知所從之苦，皆子政之功也。而於校讎目錄之學，發凡起例，向誠百世不祧之宗也。

向生爲宗室，以明經有行，歷事三主，其憂患意識自較異姓大臣爲殷，乃深恐佞人之得勢，賢人之獲譖，遂藉陰陽災異之說以警天子，戒人臣。弘恭、石顯用事，則言恭、顯；趙后專孽，則言趙后；王氏竊權，則言王氏。論者或謂其導民於迷信，殊不知向以骨肉之親，位列九卿，其操危慮患之深，亦不讓周公、屈原也。夫生當君主專制之時代，欲使人主振衰起弊，振奮朝綱；非藉陰陽災異之說，焉能使人主畏愼？而向精忠鬱勃發於至誠，所上封事，指切時弊，略無隱諱；使其言行於當時，則孝宣之業，不至中衰，炎劉之祚，無由幾絕也。

劉向思想，前人或有研覈，然皆屬一鱗半爪，未能深叩也；故余不揣譾陋，通覽向書，深入剖析，詳加推研，援史引經，比較參證，以見全貌。總其大嵩如后：

一曰學術系統化。劉向於成帝河平三年，領校中五經秘書。每一書就，向輒條其篇目，撮其旨意，錄而奏之。開後世解題提要之先聲，爲目錄學不祧之宗，然校讎目錄之學，非其人博通古今學術，而又審辨乎源流失得，則於群書之旨義，必不能索其奧而詔方來。今觀向所傳敘錄，提要鉤玄，如燭照數計，斯可見向之學術淹通深奧矣。向之學術既博通，然鮮有專事整合研究者，今分別就其校讎目錄學、經學、倫理思想、天人思想、政治思想，逐一探賾索隱，條辨縷析，期乎綱舉目張，愜理稱實耳。

二曰補前人之不足。歷來研究劉向者，多就其撰著考校，一則以經、史、子、集之書爲校讎之所本，一則爲探索其源，累前人之菁華，使其書之來源愈明而訛謬之處愈減，厥功偉矣。至於專事劉向思想之探微，雖間亦有之，然皆未能做全面之推研，逐一探賾索隱。欲研究一家之思想，必就其原始資料，因文以求心，方不離其眞相原貌；故茲篇之作也，蒐集史傳所載劉向之

作，詳加考覈；嫁名僞託者，不予採取，以力求取材確實周備，以暢發其義諦，使思想系統之建立，以免流於空疏無本也。

三曰解前人之紛爭。向學淹博通達，專積思於經術，舉凡合乎六經之義者，均爲向所資取，不特兼攝眾說，復能用之，非俗儒之囿於一家言之可比也。前人考論向之所學，雖析義剖辭，援引周詳，然皆各據一端，肆其所言，所謂「差之毫釐，謬以千里。」可不愼歟？！乃詳予統計、歸納、比較，務期全豹燦然，是非判然，乃得彰其所以是，證其所以非，決其疑而息其訟也。

四曰正前人之誤解。漢代學風不純，頗雜陰陽災異之說，亦當時儒者爲求經世致用，竭盡才力以效忠君主。然人主至尊，無所畏憚，遂藉陰陽災異之說以警人主，庶使其君有失德者，猶知恐懼而內自省；非方士之流，以仙道鬼神惑君者之可比也。前人每以惑世誣民罪之，殊不知時代風尙使然；其以陰陽災異之說爲手段，蓋亦「孔子作春秋而亂臣賊子懼」之引申也。前修之罪向者，豈知向哉？今敘其源流，闡其學說，考其旨要，或彰其用心之苦，或正前人之誤解。

余以魯質淺學，慕向功在墳典，忠於君國之可風。爰爬羅董理，縷分類聚，幸其或有一得之愚，而不足自信；罣漏之處，則在所不免，尙祁博雅君子，幸有以垂教焉。

第二章　劉向之生平暨其著述

第一節　劉向生卒考

劉向字子政，漢高祖同父少弟楚元王交之後，〔註1〕陽城侯德之次子。〔註2〕考子政之生卒年月，說者不一，皆依據《漢書‧楚元王傳》所言：「居列大夫官前後三十餘年，年七十二卒，卒後十三歲而王氏代漢。」〔註3〕推之。約之有五說，縷述如后：

一、主張生於昭帝元鳳元年（西元前80年），卒於成帝元延四年（西元前9年）

吳修《續疑年錄》曰：

> 孝皇以甘露三年始立穀梁博士，是歲向三十。推之卒後十三歲而王氏代漢，則子政生於元鳳元年辛丑，卒於元延四年壬子。〔註4〕

按：穀梁之立雖在甘露三年，而諸傳記無是歲向年三十歲之明文，吳氏何據而云？

葛啓揚〈劉向生卒年月及其著作考略〉曰：

〔註1〕班固撰，顏師古注，王先謙補注《漢書‧楚元王傳》，（臺北：藝文印書館，景虛受堂本），卷36，頁1。

〔註2〕班固撰，顏師古注，王先謙補注《漢書‧楚元王傳》，（臺北：藝文印書館，景虛受堂本），卷36，頁3。

〔註3〕班固撰，顏師古注，王先謙補注《漢書‧楚元王傳》，（臺北：藝文印書館，景虛受堂本），卷36，頁30。

〔註4〕吳修《續疑年錄》，（臺北：藝文印書館，《百部叢書集成‧粵雅堂叢書》），卷1，頁1。

按百官公卿表，神爵共四年，則王褒求金馬碧雞之寶，既在神爵元年，按王褒傳，則劉向、王褒等待詔，最晚亦須在神爵元年。今依錢大昕等推向生於元鳳二年，則神爵元年，向年十九，尚未入冠。而向傳云：「向……既冠，以行修飭，擢爲諫大夫。是時宣帝循武帝故事，招選名儒俊材置左右，更生以通達能屬文辭，與王褒、張子僑等並進對，獻賦凡數十篇。」斯豈可通耶？此其一。……王莽之居攝，既在元始五年，則向之生卒時期，當由元始五年上推，乃毫無疑義，由元始五年上推十三年，實爲成帝元延四年，今如依錢大昕等推向卒於綏和元年，下距元始五年，實爲十二年，當不能通也。此其二。根據上述二點，吾敢斷言向不生於元鳳二年，不卒於綏和元年，而實生於元鳳元年，卒於元延四年也。〔註5〕

按：《漢書·王褒傳》曰：「神爵、五鳳之間，天下殷富，數有嘉應，上頗作歌詩，欲興協律之事。……益州刺史因奏褒有軼材。上乃徵褒。既至，詔褒爲聖主得賢臣頌其意。」〔註6〕〈褒傳〉既謂「神爵、五鳳之間」，則非限於神爵元年。又〈褒傳〉云：「後方士言益州有金馬、碧雞之寶，可祭祀也，宣帝使褒往祀焉，褒於道病死，上閔惜之。」〔註7〕而褒〈僮約〉云：「神爵三年正月十五日，資中男子王子淵，從成都安志里女子楊惠，買亡夫時戶下髯奴。」〔註8〕是爲神爵三年正月，褒尚在蜀之證；或褒卒尚在後，不可確定矣。〈莽傳〉明言「明年改元曰居攝」〔註9〕非如葛氏所云王莽居攝爲元始五年，且王先謙於正月朔下注曰：「莽以十二月爲歲首，此不與其改正朔。」〔註10〕則莽雖以十二月爲歲首，班書仍以正月爲歲首；依上所考，葛氏之說

〔註 5〕 葛啓揚〈劉向之生卒及其撰著考略〉，（《史學年報》1 卷 5 期，1933 年 8 月），頁 54～55。

〔註 6〕 班固撰，顏師古注，王先謙補注《漢書》，（臺北：藝文印書館，景盧受堂本），卷 64 下，頁 8～9。

〔註 7〕 班固撰，顏師古注，王先謙補注《漢書》，（臺北：藝文印書館，景盧受堂本），卷 64 下，頁 14。

〔註 8〕 章樵注《古文苑》，（臺北：商務印書館，《四部叢刊初編》縮印常熟瞿氏藏宋本），卷 17，頁 120。

〔註 9〕 班固撰，顏師古注，王先謙補注《漢書》，（臺北：藝文印書館，景盧受堂本），卷 99 上，頁 27。

〔註10〕 班固撰，顏師古注，王先謙補注《漢書》，（臺北：藝文印書館，景盧受堂本），卷 99 中，頁 1。

不足信矣。

二、主張生於昭帝元鳳二年（西元前79年），卒於成帝綏和三年（西元前8年）

許素菲《劉向新序研究》曰：

> 向西漢豐縣人，生於漢昭帝元鳳二年（西元前79年），……向歷事
> 宣帝、元帝、成帝三朝，居列大夫前後三十餘年，綏和三年（西元
> 前8年）而卒，年七十二。〔註11〕

按：據《漢書·成帝紀》〔註12〕、〈哀帝紀〉，〔註13〕綏和二年三月成
帝崩，四月哀帝即位，明年改元建平。許氏所云「綏和三年」當為
「建平元年」之誤。建平元年為西元前六年，許氏誤為西元前八年。
若依許氏所推，則向年七十四卒，與史不符。且《漢書·禮樂志》
曰：「成帝以向言下公卿議，會向卒，丞相大司空奏請立辟雍，案
行長安城南，營表未作，遭成帝崩，群臣引以定諡。」〔註14〕是明
言向卒於成帝崩前也，（成帝崩於綏和二年三月〔註15〕）許氏之謬，
豈遽形哉？

三、主張生於昭帝元鳳三年（西元前78年），卒於綏和二年（西元前7年）

姚振宗《七略別錄佚文·敍新編七略別錄》曰：

> 劉中壘卒年，史無明文，唯云：「卒後十三歲而王氏代漢。」以王莽
> 篡位之年計之，蓋卒於成帝綏和二年。〔註16〕

劉汝霖《漢晉學術編年》曰：

> 考禮樂志之文向卒於成帝之前明甚。楚元王傳則云卒後十三歲而王
> 莽代漢。自此下推為初始元年，王莽始稱新皇帝，明年改元為始建

〔註11〕許素菲《劉向新序研究》，（臺北：學生書局，1982年1月），頁6～10。

〔註12〕班固撰，顏師古注，王先謙補注《漢書》，（臺北：藝文印書館，景盧受堂本），
卷10，頁16。

〔註13〕班固撰，顏師古注，王先謙補注《漢書》，（臺北：藝文印書館，景盧受堂本），
卷11，頁1～2。

〔註14〕班固撰，顏師古注，王先謙補注《漢書》，（臺北：藝文印書館，景盧受堂本），
卷22，頁6。

〔註15〕班固撰，顏師古注，王先謙補注《漢書》，（臺北：藝文印書館，景盧受堂本），
卷10，頁16；又見卷11，頁1～2。

〔註16〕姚振宗《七略別錄佚文》，（《快閣師石山房叢書》，清宣統三年清鈔藍格底稿
本），頁4，第1條。

國，故推定向卒於是年（綏和二年）。〔註17〕

按：姚、劉二氏皆以王莽篡位爲初始元年，由初始元年上推，向卒於綏和二年矣。然《漢書》帝紀盡於平帝元始五年，〔註18〕無孺子嬰本紀；〈王子侯表〉〔註19〕、〈外戚恩澤侯表〉〔註20〕、〈百官公卿表〉，〔註21〕皆及孝平而止，無記孺子嬰者。〈成帝紀・贊〉曰：「建始以來，王氏始執國命，哀平短祚，莽遂篡位。」〔註22〕亦不數孺子嬰，是漢人以莽居攝爲莽代漢；二氏所推誤矣。

四、主張生於昭帝元鳳四年（西元前 77 年），卒於哀帝建平元年（西元前 6 年）

吳修《續疑年錄》曰：

向生于元鳳四年甲辰，卒於建平元年乙卯。〔註23〕

按：吳氏僅言生平，未詳所據。

梅毓《劉更生年表・自序》曰：

據嘉定錢大昕《疑年錄》謂向生于昭帝元鳳四年，卒哀帝建平元年，其考證至爲精確。〔註24〕

按：錢氏大昕之《疑年錄》，各本均無劉向，且錢氏不主向生于昭帝元鳳四年；〔註25〕梅說似爲吳修《續疑年錄》之誤，吳氏《續疑年錄》

〔註17〕劉汝霖《漢晉學術編年》，（臺北：長安出版社，1980 年 10 月，一版），頁 92 ～93。

〔註18〕班固撰，顏師古注，王先謙補注《漢書》，（臺北：藝文印書館，景虛受堂本），卷 12，頁 8～10。

〔註19〕班固撰，顏師古注，王先謙補注《漢書》，（臺北：藝文印書館，景虛受堂本），卷 15，頁 59。

〔註20〕班固撰，顏師古注，王先謙補注《漢書》，（臺北：藝文印書館，景虛受堂本），卷 18，頁 33。

〔註21〕班固撰，顏師古注，王先謙補注《漢書》，（臺北：藝文印書館，景虛受堂本），卷 19，頁 49～53。

〔註22〕班固撰，顏師古注，王先謙補注《漢書》，（臺北：藝文印書館，景虛受堂本），卷 10，頁 16。

〔註23〕吳修《續疑年錄》，（《天壤閣叢書》，清同志光緒間福山王氏天壤閣家塾刊本），卷 1，頁 1。

〔註24〕梅毓《劉更生年表》，（臺北：藝文印書館，《叢書集成續編・積學齋叢書》），頁 3。

〔註25〕班固撰，顏師古注，王先謙補注《漢書》，（臺北：藝文印書館，景虛受堂本），卷 36，頁 30，王先謙《補注》引「錢大昕曰：依此推檢，向當卒於成帝綏和

僅言生平，未加考證，不知梅氏所說，出于何所據？

王先謙《漢書補注》曰：

> 葉德輝曰：「《漢紀》云：前後四十餘年。案傳言卒後十三年王氏代漢，則向卒於哀帝建平元年。由建平元年上推，向生于昭帝元鳳四年，自既冠擢爲諫大夫，至此實四十餘年，當以《漢紀》爲是。」吳修《續疑年錄》亦推向生元鳳四年，卒建平元年，蓋莽代漢在孺子嬰初始元年十二月，是年上距向正十三歲之後。〔註26〕

周呆〈劉子政生卒年月及其著述考辨〉曰：

> 以當時之事，莽固有代漢之勢，而名號未改，漢祚猶存，孔子修春秋，首重正名，故隱公不書即位。孟堅漢人，自當以正名紀載爲是。有可爲漢惜者，且欲紀之，況子嬰居攝之本爲漢室末帝乎？更有進者，《漢書·王莽傳》曰：「九月，東郡太守翟義，都試勒車騎，因發犇命，立嚴鄉侯劉信爲天子。移檄郡國，言莽毒殺平帝，攝天子位，欲絕漢室，今共行天罰誅莽，郡國疑惑，眾十餘萬人。莽惶懼不能食，晝夜抱孺子嬰告禱郊廟，放大誥作策，遣諫議大夫桓譚等班於天下，諭以攝政當反政孺子嬰之意。」又莽奏太后曰：「陛下至聖，遭家不造，遇漢十二世三七之阨，承天威命詔臣莽居攝，受孺子之託，任天下之寄，臣莽兢兢業業，懼於不稱。」是則莽在居攝之時，尚有畏懼，尚謂當反政孺子，尚謂臣莽兢兢業業。由此可知，莽在斯時，未顯然以代漢自居也。莽尚以居攝爲漢，孟堅安得遽以居攝爲新。……如向當卒在綏和元年，則成帝以向言下公卿議，亦當在元年矣，何以一年而營表尚未作乎？按〈禮樂志〉稱「成帝以向言下公卿議，會向卒。」而〈藝文志〉則稱「會向卒，哀帝復使子歆卒父業。」以前之會向卒言，似卒在成帝時，以後之會向卒言，似卒在哀帝時，志中所記年月，多概言之，未足以爲據也。必也以表紀傳爲準，始能得其眞正年月，……子政生於元鳳四年，則神爵四年之「既冠以行修飭擢爲諫大夫，是時宣帝修武帝故事，招選名儒俊材置左右，更生以通達能屬文辭，與王褒、張子僑等並進對」，（本傳）與王褒僮約之神爵三年褒尚

元年。」。

〔註26〕班固撰，顏師古注，王先謙補注《漢書》，（臺北：藝文印書館，景盧受堂本），卷36，頁30～31。

在蜀者相合。五鳳元年子政以獻方坐論，復與〈劉德傳〉及〈百官表〉合。再以卒後十三年爲王莽始建國元年，復與《漢書‧年表》合。大小得宜，有左右逢源之概，當以此說（生於元鳳四年，卒於哀帝建平元年）爲可信也。〔註27〕

按：〈楚元王傳〉言：「向居列大夫官，前後三十餘年。」〔註28〕《漢紀》云四十餘年，〔註29〕施之勉先生辨曰：「宣帝神爵五鳳之間，向既冠，擢爲諫議大夫，至元帝初元二年，因外親上封事，免爲庶人，遂廢十餘年（見向本傳）。成帝即位，乃復進用，以護三輔都水，光祿大夫，領校中五經秘書，以致終老。是向仕於宣元兩朝，不過十二三年，中間復屢屢繫獄。仕於成帝，則二十四五年。通前後計之，止三十七八年，不得四十餘也。郇園不辨析而從之，疏矣。」〔註30〕其說誠是矣。孺子本未成君之稱，蓋漢儒謂周公攝位，書洛誥、大誥之王若曰，皆周公自稱，成王僅爲孺子，如春秋時先君未葬、未逾年，則稱子之例；莽之居攝正用此說。孺子之立，固尚未正帝位，故《漢書》帝紀盡於孝平，無記孺子嬰者。又《後漢書‧公孫述傳》引讖記謂「孔子作春秋爲赤制，而斷十二公，明漢至平帝十二代歷數盡也。一姓不得再受命。」〔註31〕《後漢書‧杜篤傳》曰：「創業於高祖，……祚缺於孝平，傳世十一，歷載三百。」〔註32〕均不數孺子嬰，此亦漢人以居攝爲莽代漢之證。

莽於居三年（西元8年）十一月甲子上奏，引《左傳》：「隱公元年春王正月，不書即位，攝也。」〔註33〕隱公爲攝，但《春秋》仍稱之爲隱公，王莽以此譬喻，其居攝踐阼，仍應稱皇帝；故莽奏太后曰：

〔註27〕周杲〈劉子政生卒年月及其著述考辨〉，（《文學年報》2期），頁79～80。

〔註28〕班固撰，顏師古注，王先謙補注《漢書》，（臺北：藝文印書館，景盧受堂本），卷36，頁30。

〔註29〕荀悅《前漢紀》，（臺北：商務印書館，景印岫盧現藏罕傳善本叢刊本，1973年12月，初版），卷27，頁4。

〔註30〕施之勉〈劉向卒於成帝綏和元年〉，（《大陸雜誌》7卷2期，1953年7月），頁32。

〔註31〕范曄《後漢書》，（臺北：藝文印書館，景盧受堂本），卷43，頁19。

〔註32〕范曄《後漢書》，（臺北：藝文印書館，景盧受堂本），卷110，頁5。

〔註33〕杜預注，孔穎達正義《春秋左氏傳正義》，（臺北：藝文印書館，《十三經注疏》景阮刻本），卷2，頁13。

「號令天下，天下奏言事，毋言攝。」〔註34〕莽欲爲眞皇帝，特一時不便對太皇太后改口，遂奏言太皇太后、孝平皇后，皆稱假旺帝，並仍承諾養育孺子。〔註35〕然莽謀即眞之事，則臣民俱知。梓童人哀章預作銅匱，內藏圖書，言「王莽爲眞天子」，哀章一聞知王莽章奏發下，遂持此匱至高帝廟以付僕射，僕射以聞，十一月戊辰，遂即眞天子位。〔註36〕焉能謂莽兢兢業業，懼於不稱？

〈禮樂志〉稱：「成帝以向言下公卿議，會向卒。」〔註37〕〈藝文志〉則稱：「會向卒，哀帝復使向子侍中奉車都尉歆卒父業。」〔註38〕〈劉歆本傳〉曰：「河平中，受詔與父向領校秘書，……哀帝初即位，大司馬王莽舉歆宗室有材行，爲侍中太中大夫。遷騎都尉、奉車光祿大夫，貴幸。復領五經，卒父前業，歆乃集六藝群書，種別爲《七略》，語在〈藝文志〉。」〔註39〕太中大夫秩比千石，光祿大夫秩比二千石，〔註40〕倘歆先已爲奉車光祿大夫，不俟莽薦再爲太中大夫。〈藝文志〉特提先言之，當以〈禮樂志〉「成帝以向言下公卿議，會向卒。」爲是。依王先謙、葉德輝、周昺等人所言，子政生於昭帝元鳳四年（西元前 77 年），卒於哀帝建平元年（西元前 6 年）；則劉歆於綏和二年（西元前 7 年）議立《左氏春秋》及《毛詩》、《逸禮》、《古文尚書》於學官，〔註41〕當由子政議立方是，爲何由歆議立？又子政卒於丞

〔註34〕班固撰，顏師古注，王先謙補注《漢書》，（臺北：藝文印書館，景盧受堂本），卷 99 上，頁 35。

〔註35〕班固撰，顏師古注，王先謙補注《漢書》，（臺北：藝文印書館，景盧受堂本），卷 99 上，頁 35。

〔註36〕班固撰，顏師古注，王先謙補注《漢書》，（臺北：藝文印書館，景盧受堂本），卷 99 上，頁 35～36。錢穆《漢劉向、歆父子年譜》，（臺北：商務印書館，1980 年），將此事繫於初始元年十二月，見其書頁 112。

〔註37〕班固撰，顏師古注，王先謙補注《漢書》，（臺北：藝文印書館，景盧受堂本），卷 22，頁 6。

〔註38〕班固撰，顏師古注，王先謙補注《漢書》，（臺北：藝文印書館，景盧受堂本），卷 30，頁 2。

〔註39〕班固撰，顏師古注，王先謙補注《漢書》，（臺北：藝文印書館，景盧受堂本），卷 36，頁 31。

〔註40〕班固撰，顏師古注，王先謙補注《漢書》，（臺北：藝文印書館，景盧受堂本），卷 19，頁 9。

〔註41〕錢穆〈劉向歆父子年譜〉及劉汝霖《漢晉學術編年》均繫此事於哀帝建平元年；黃彰健《經今古文學問題新論》（臺北：中央研究院歷史語言研究所，《中

相翟方進之前，翟方進於綏和二年二月卒，〔註42〕子政若卒於建平
元年，豈非與史不合？故余以為子政「生於昭帝元鳳四年，卒於哀
帝建平元年」之說，不足信矣。

五、主張生於昭帝元鳳二年（西元前 79 年），卒於成帝綏和元年（西元前 8 年）

錢大昕曰：

依此推檢，向當卒於成帝綏和元年。〔註43〕

吳榮光曰：

元鳳二年壬寅，劉子政生。……綏和元年癸丑，劉子政卒（年七十二）。〔註44〕

錢穆〈劉向歆父子年譜〉曰：

向實生於元鳳二年，錢氏推不誤。自綏和元年後十三年為孺子嬰居攝元年，莽稱假皇帝，《漢書・帝紀》盡於孝平元始五年，無孺子嬰。〈王子侯表〉、〈外戚恩澤侯表〉、〈百官公卿表〉，皆及孝平而止，無記孺子嬰者。此漢人以莽代漢在居攝元年之證也。又王莽〈班符命〉亦言：「漢氏平帝末年，火德銷盡，土德當代，皇天眷然，去漢與新。」《後漢・杜篤傳》謂：「創業於高祖，祚缺於孝平，傳世十一，歷載三百。」均不數孺子嬰。……〈向傳〉云：「向年七十二卒，卒後十三歲而王氏代漢。」則向卒尚在今年（綏和元年）。成帝崩在明年（綏和二年）三月，其二月，翟方進卒。〈孔光傳〉：「丞相方進薨，召左將軍光當拜，已刻侯印，書贊，上暴崩，即其夜於大行前拜受丞相博山侯印綬。」是方進既卒，成帝未崩，其間未有丞相。〈禮樂志〉謂向病卒，丞相大司空奏請立辟雍，此丞相當為方進，而向卒在方進卒前也。〈禮樂志〉又云：「成帝以向言下公卿議，會向病卒。」夫下其議以及於病

央研究院歷史語言研究所專刊》之 79，1982 年，初版）主張為綏和二年，見
其書頁 22～23。此從黃氏之說。

〔註42〕班固撰，顏師古注，王先謙補注《漢書》，（臺北：藝文印書館，景盧受堂本），
卷84，頁 7～9；又見卷 19 下，頁 48。

〔註43〕班固撰，顏師古注，王先謙補注《漢書》，（臺北：藝文印書館，景盧受堂本），
卷36，頁 30。

〔註44〕吳榮光《歷代名人年譜》，（臺北：商務印書館，1978 年 9 月），頁 19、頁 29。
吳氏採表列式，本文所引係用其年表所言。

卒，向之卒以及於丞相大司空之請，又及於丞相之卒，其間皆需時。
方進卒在明年（綏和二年）二月，向卒定在今年（綏和元年）矣。〈何
武傳〉：「成帝欲修辟雍，通三公官，即改御史大夫爲大司空。」改三
公官名，其議發自何武，或本與向請修辟雍同時，故史連綴爲說。則
向之請修辟雍，或者尚在今年（綏和元年）春夏之間耶？〔註45〕

施之勉〈劉向卒於成帝綏和元年〉曰：

按，《漢書・禮樂志》，成帝時，犍爲郡於水濱得古磬十六枚，議者
以爲善祥。劉向因是說上，宜興辟雍，設庠序，陳禮樂，隆雅頌之
聲，盛揖讓之容。成帝以向言下公卿議，會向病卒。丞相大司空奏
請立辟雍，案行長安城南，營表未作，遭成帝崩，辟臣引以定諡。〈何
武傳〉，綏和元年（元作三年，依朱一新王先謙說改。）武爲御史大
夫，成帝欲修辟雍，通三公官，即改御史大夫爲大司空，武更爲大
司空。〈成帝紀〉，綏和元年，夏四月，以御史大夫爲大司空，封爲
列侯。益大司馬大司空奉，如丞相。〈公卿表〉，御史大夫，成帝綏
和元年，更名大司空，金印紫綬，祿比丞相。據此，則向當卒於成
帝綏和元年，其生在昭帝元鳳二年。錢氏（錢大昕）所推不誤。（西
漢年紀亦以向卒於綏和元年）。蓋成帝欲修辟雍，丞相大司空奏請立
辟雍，皆在綏和元年，而向說上興辟雍設庠序，尤在於前，則向卒
於綏和元年，確然無疑。《續疑年錄》以向卒於哀帝建平元年，實誤，
郁園從之，非也。《續疑年錄》之誤，蓋以莽之代漢，在孺子嬰初始
元年，不知莽居攝踐阼，即改元稱制（見〈元后傳〉）。居攝元年，
上距向卒，正十三歲之後。〔註46〕

徐復觀〈劉向新序說苑的研究〉曰：

若依錢大昕劉向生於昭帝元鳳二年（前79）之說，向此時（元康元
年，前65）年十四。而爲諫大夫當爲神爵三年（前59）。若依葉德
輝向生於昭帝元鳳四年（前77）之說，向此時年十二，而爲諫大夫
當爲五鳳元年（前57）。據傳，向既冠（年二十）爲諫大夫，接著
以能屬文並進對，獻賦頌凡數十篇。再接著才「典上方鑄作事，因

〔註45〕錢穆《兩漢經學今古文平議》，（臺北：東大圖書公司，1978年），頁1～2、頁53。
〔註46〕施之勉《劉向卒於成帝綏和元年》，（《大陸雜誌》7卷2期，1953年7月），頁32。

費甚多而方不驗，繫當死。」其父劉德臨死前爲其「上書訟罪」，是五鳳二年（前 56）。若劉向在五鳳元年爲諫大夫，次年（五鳳二年）即因鑄金不驗犯法，一年之間，容納不了上面許多轉折。所以我和錢賓四先生一樣，認爲錢大昕所推之劉向生年爲不誤。〔註 47〕

按：向於成帝陽朔二年（西元前 23 年）上封事極諫曰：「歷上古至秦漢，外戚僭貴未有如王氏者也。……物盛必有非常之變先見，爲其人微象。……事勢不兩立，王氏與劉氏亦且不並立。」〔註 48〕故班固言「卒後十三歲而王氏代漢。」〔註 49〕以史家特筆，明向之先識也。《漢書・帝紀》盡於平帝元始五年，〔註 50〕無記孺子嬰者，以居攝之時，政出自莽，是班固以「王氏代漢」爲居攝元年，非爲始建國元年。若「王氏代漢」爲王莽即眞，何不云「王莽篡位」、「王莽竊位」〔註 51〕耶？故余以爲子政「生於昭帝元鳳二年（西元前 79 年），卒於成帝綏和元年（西元前 8 年）。」之說，似無疑義矣。

第二節　劉向年譜

△昭帝元鳳二年，壬寅（西元前 79 年）一歲。

劉向生。

按：劉向生年已辨於前，詳參閱〈劉向生卒考〉。

△元鳳三年，癸卯。（西元前 78 年）二歲。

睦孟言事伏誅。

《漢書・睦弘傳》：「睦弘字孟，魯國蕃人也。……以明經爲議郎，至符節令。孝昭元鳳三年正月，泰山萊蕪山南，匈匈有數千人聲。民視之，有大石自立，高丈五尺，大四十八圍……是時昌邑有枯社木臥復生，又上林苑

〔註 47〕徐復觀《兩漢思想史》，（臺北：學生書局，1980 年 9 月），卷 3，頁 53。
〔註 48〕班固撰，顏師古注，王先謙補注《漢書》，（臺北：藝文印書館，景虛受堂本），卷 36，頁 26～27。
〔註 49〕班固撰，顏師古注，王先謙補注《漢書》，（臺北：藝文印書館，景虛受堂本），卷 36，頁 30。
〔註 50〕班固撰，顏師古注，王先謙補注《漢書》，（臺北：藝文印書館，景虛受堂本），卷 12，頁 8～10。
〔註 51〕班固撰，顏師古注，王先謙補注《漢書》，（臺北：藝文印書館，景虛受堂本），卷 36，頁 35；卷 99 下，頁 29。

中大柳樹斷枯臥地，亦自立生。……孟推春秋之意，以爲……大石自立，僵柳復起，……當有從匹夫爲天子者。……即說曰：『先師董仲舒有言，雖有繼體守文之君，不害聖人之命，漢家堯後，有傳國之運，漢帝宜誰差天下，求索賢人，襢以帝位，而退自封百里，如殷、周二王後，以承順天下。』孟使友人內官長賜上此書。時昭帝幼，大將軍霍光秉政，惡之，下其書廷尉。奏賜，孟妄設妖言惑眾，大逆不道，皆伏誅。」〔註52〕

《補注》引齊召南曰：「案以漢爲堯後，始見此文。」〔註53〕

　　按：《後漢書・賈逵傳》：「五經家皆無以證圖讖明劉氏爲堯後者，而左氏獨有明文。」〔註54〕後人多疑《左傳》係劉歆助莽而改纂，然《漢書・高祖紀・贊》引劉向〈高祖頌〉曰：「漢帝本系，出自唐帝。降及于周，在秦作劉。涉魏而東，遂爲豐公。」〔註55〕豈僞屬左氏者乃劉向乎？漢家堯後之說，眭弘於元鳳三年提出，此時向尚臥襁褓，足證劉歆之改纂與否，與此無涉。

向父劉德爲宗正。

　　《漢書・百官公卿表》：「（元鳳三年）青州刺史劉德爲宗正。」〔註56〕

△元鳳四年，甲辰。（西元前 77 年）三歲。

京房生。

　　《漢書・京房傳》：「房本姓李，推律自定爲京氏，死時年四十一。」〔註57〕

　　《漢書・淮陽憲王劉欽傳》：「京房及博兄弟三人皆棄市，妻子徙邊。」
　　〔註58〕

　　《漢書・元帝紀》：「（建昭）二年……淮陽王舅張博、魏郡太守京房坐窺

〔註52〕班固撰，顏師古注，王先謙補注《漢書》，（臺北：藝文印書館，景虛受堂本），
　　　　卷 75，頁 1～2。

〔註53〕班固撰，顏師古注，王先謙補注《漢書》，（臺北：藝文印書館，景虛受堂本），
　　　　卷 75，頁 1。

〔註54〕范曄《後漢書》，（臺北：藝文印書館，景虛受堂本），卷 66，頁 16。

〔註55〕班固撰，顏師古注，王先謙補注《漢書》，（臺北：藝文印書館，景虛受堂本），
　　　　卷 1 下，頁 26。

〔註56〕班固撰，顏師古注，王先謙補注《漢書》，（臺北：藝文印書館，景虛受堂本），
　　　　卷 19 下，頁 29。

〔註57〕班固撰，顏師古注，王先謙補注《漢書》，（臺北：藝文印書館，景虛受堂本），
　　　　卷 75，頁 11。

〔註58〕班固撰，顏師古注，王先謙補注《漢書》，（臺北：藝文印書館，景虛受堂本），
　　　　卷 80，頁 5。

道諸侯王以邪意，漏泄省中語，博要斬，房棄市。」〔註59〕

　　按：京房死時年四十一，建昭二年爲西元前三七年，上推則元鳳四年
　　（西元前 77 年）京房生。

正月，田千秋卒。

　　《漢書・百官公卿表》：「（元鳳四年）正月甲戌，丞相千秋薨。」〔註60〕

二月，王訢爲相。

　　《漢書・百官公卿表》：「（元鳳四年）二月乙丑，御史大夫王訢爲丞相。」
　　〔註61〕

△元鳳五年，乙巳。（西元前 76 年）四歲。

十二月，王訢卒。

　　《漢書・百官公卿表》：「（元鳳五年）十二月庚戌，丞相王訢薨。」〔註62〕

△元鳳六年，丙午。（西元前 75 年）五歲。

十一月，楊敞爲相。

　　《漢書・百官公卿表》：「（元鳳六年）十一月己丑，御史大夫楊敞爲丞相。」
　　〔註63〕

△元平元年，丁未。（西元前 74 年）六歲。

四月，昭帝崩。

　　《漢書・宣帝紀》：「元平元年四月，昭帝崩，毋嗣。」〔註64〕

六月，昌邑王入即位，以淫亂，尋廢。

　　《漢書・宣帝紀》：「（元平元年），大將軍霍光請皇后徵昌邑王。六月丙寅，
　　王受皇帝璽綬，尊皇后曰皇太后。癸巳，光奏王賀淫亂，請廢。」〔註65〕

〔註59〕 班固撰，顏師古注，王先謙補注《漢書》，（臺北：藝文印書館，景虛受堂本），
　　　　卷 9，頁 11。
〔註60〕 班固撰，顏師古注，王先謙補注《漢書》，（臺北：藝文印書館，景虛受堂本），
　　　　卷 19 下，頁 29。
〔註61〕 班固撰，顏師古注，王先謙補注《漢書》，（臺北：藝文印書館，景虛受堂本），
　　　　卷 19 下，頁 29。
〔註62〕 班固撰，顏師古注，王先謙補注《漢書》，（臺北：藝文印書館，景虛受堂本），
　　　　卷 19 下，頁 29。
〔註63〕 班固撰，顏師古注，王先謙補注《漢書》，（臺北：藝文印書館，景虛受堂本），
　　　　卷 19 下，頁 30。
〔註64〕 班固撰，顏師古注，王先謙補注《漢書》，（臺北：藝文印書館，景虛受堂本），
　　　　卷 8，頁 3。
〔註65〕 班固撰，顏師古注，王先謙補注《漢書》，（臺北：藝文印書館，景虛受堂本），

七月，皇太后遣宗正劉德迎立宣帝。

　　《漢書・宣帝紀》：「秋七月，……遣宗正德至曾孫尙冠里舍……就齊宗
　　正府。庚申，入未央宮，見皇太后，封爲陽武侯。已而群臣奉上璽綬，
　　即皇帝位。」〔註66〕

八月，楊敞卒。

　　《漢書・百官公卿表》：「（元平元年）八月己巳，丞相敞薨。」〔註67〕

九月，蔡義爲相。

　　《漢書・百官公卿表》：「（元平元年）九月戊戌，御史大夫蔡義爲丞相。」
　　〔註68〕

△**宣帝本始元年，戊申。**（西元前73年）**七歲。**

春，大將軍霍光歸政，不受。

　　《漢書・宣帝紀》：「本始元年春……大將軍稽首歸政，上謙讓委任焉，
　　論定策功，益封大將軍光萬七千戶。」〔註69〕

　　《漢書・霍光傳》：「上即位，廼歸政，上謙讓不受，諸事皆先關白光，
　　然後奏御天子。」〔註70〕

父德賜爵關內侯，並食邑。

　　《漢書・宣帝紀》：「本始元年。……賜右扶風德、典屬國武、廷尉光、
　　宗正德……爵皆關內侯，德、武食邑。」〔註71〕

△**宣帝本始二年，己酉。**（西元前72年）**八歲。**

春，大司農田延年自殺。

　　《漢書・宣帝紀》：「本始二年春，……大司農陽城侯田延年有罪，自殺。」

　　　　卷8，頁3。
〔註66〕班固撰，顏師古注，王先謙補注《漢書》，（臺北：藝文印書館，景盧受堂本），
　　　　卷8，頁3。
〔註67〕班固撰，顏師古注，王先謙補注《漢書》，（臺北：藝文印書館，景盧受堂本），
　　　　卷19下，頁30。
〔註68〕班固撰，顏師古注，王先謙補注《漢書》，（臺北：藝文印書館，景盧受堂本），
　　　　卷19下，頁30。
〔註69〕班固撰，顏師古注，王先謙補注《漢書》，（臺北：藝文印書館，景盧受堂本），
　　　　卷8，頁3～4。
〔註70〕班固撰，顏師古注，王先謙補注《漢書》，（臺北：藝文印書館，景盧受堂本），
　　　　卷68，頁11。
〔註71〕班固撰，顏師古注，王先謙補注《漢書》，（臺北：藝文印書館，景盧受堂本），
　　　　卷8，頁4。

〔註72〕

《漢書‧儒林傳》：「倉說禮數萬言，號曰《后氏曲臺記》。」〔註73〕

《漢書‧百官公卿表》：「（本始二年）博士后倉爲少府。」〔註74〕

△**本始三年，庚戌。**（西元前71年）**九歲。**

六月，蔡義卒。

《漢書‧百官公卿表》：「（本始三年）六月己丑，丞相義薨。」〔註75〕

韋賢相。

《漢書‧百官公卿表》：「（六月）甲辰，長信少府韋賢爲丞相。」〔註76〕

按：錢穆〈劉向歆父子年譜〉以「賜宗正劉德爵關內侯，並食邑」繫
於本始三年，與《漢書‧宣帝紀》不合，〔註77〕恐錢氏誤矣。

△**本始四年，辛亥。**（西元前70年）**十歲。**

赦夏侯勝，出爲諫大夫給事中。

《漢書‧夏侯勝傳》：「宣帝初即位，欲襃先帝，……群臣大議庭中，皆
曰宜如詔書。……勝獨曰：『武帝雖有攘四夷，廣土斥境之功，……亡
德澤於民，不宜爲立廟樂。』……丞相義、御史大夫廣明劾奏勝非議詔
書，……丞相長史黃霸阿縱勝不舉劾，俱下獄。……至四年夏，關東四
十九郡同日地動，……下詔曰：『蓋災異者，天地之戒也。……有以應
變，補朕之闕，毋有所諱。』因大赦。勝出爲諫大夫給事中。」〔註78〕

△**地節元年，壬子。**（西元前69年）**十一歲。**

于定國爲廷尉。

〔註72〕班固撰，顏師古注，王先謙補注《漢書》，（臺北：藝文印書館，景盧受堂本），
卷8，頁5。

〔註73〕班固撰，顏師古注，王先謙補注《漢書》，（臺北：藝文印書館，景盧受堂本），
卷88，頁21。

〔註74〕班固撰，顏師古注，王先謙補注《漢書》，（臺北：藝文印書館，景盧受堂本），
卷19下，頁30。

〔註75〕班固撰，顏師古注，王先謙補注《漢書》，（臺北：藝文印書館，景盧受堂本），
卷19下，頁31。

〔註76〕班固撰，顏師古注，王先謙補注《漢書》，（臺北：藝文印書館，景盧受堂本），
卷19下，頁31。

〔註77〕班固撰，顏師古注，王先謙補注《漢書》，（臺北：藝文印書館，景盧受堂本），
卷8，頁3～4。

〔註78〕班固撰，顏師古注，王先謙補注《漢書》，（臺北：藝文印書館，景盧受堂本），
卷75，頁3～4。

《漢書‧百官公卿表》:「(地節元年)水衡都尉光祿大夫于定國爲廷尉。」
〔註79〕

△**地節二年，癸丑。**(西元前 68 年)**十二歲。**

向年十二，以父德任爲輦郎。

《漢書‧楚元王傳》:「向字子政，本名更生，年十二，以父德任爲輦郎。」
〔註80〕

霍光卒。

《漢書‧宣帝紀》:「(地節) 二年春三月庚午，大司馬大將軍光薨。」
〔註81〕

龔勝生。

《漢書‧王莽傳中》:「(始建國三年)拜楚國龔勝爲太子師友祭酒，勝不
應徵，不食而死。」〔註82〕

《漢書‧龔勝傳》:「(勝)遂不復開口飲食，積十四日死，死時七十九矣。」
〔註83〕

　　按:龔勝年七十九卒於始建國三年(西元 11 年)，上推至地節二年(西
　　元前 68 年)生。

△**地節三年，甲寅。**(西元前 67 年)**十三歲。**

韋賢致仕。

《漢書‧韋賢傳》:「本始三年代蔡義爲丞相，封扶陽侯，食邑七百戶，
時賢年七十餘。爲相五歲，地節三年以老病乞骸骨，賜黃金百斤，罷歸，
加賜第一區。丞相致仕自賢始，年八十二薨。」〔註84〕

　　按:錢穆以韋賢卒此年，誤。蓋《漢書‧外戚恩澤侯表‧扶陽節侯韋

〔註79〕班固撰，顏師古注，王先謙補注《漢書》，(臺北:藝文印書館，景虛受堂本)，
　　　　卷 19 下，頁 32。
〔註80〕班固撰，顏師古注，王先謙補注《漢書》，(臺北:藝文印書館，景虛受堂本)，
　　　　卷 36，頁 6。
〔註81〕班固撰，顏師古注，王先謙補注《漢書》，(臺北:藝文印書館，景虛受堂本)，
　　　　卷 8，頁 7。
〔註82〕班固撰，顏師古注，王先謙補注《漢書》，(臺北:藝文印書館，景虛受堂本)，
　　　　卷 99 中，頁 18。
〔註83〕班固撰，顏師古注，王先謙補注《漢書》，(臺北:藝文印書館，景虛受堂本)，
　　　　卷 72，頁 20。
〔註84〕班固撰，顏師古注，王先謙補注《漢書》，(臺北:藝文印書館，景虛受堂本)，
　　　　卷 73，頁 4。

賢》:「（本始三年）六月甲辰封，十年薨。」〔註85〕自本始三年（西元前71年）至元康四年（西元前62年），凡十年。又地節三年賢爲相五年，至元康四年共五年，復與〈外戚恩澤侯表〉合，是賢不卒於地節三年。

魏相相，霍禹爲大司馬。

《漢書·百官公卿表》:「（地節三年）六月壬辰，御史大夫魏相爲丞相。……右將軍霍禹爲大司馬。」〔註86〕

蕭望之爲謁者。

《漢書·蕭望之傳》:「地節三年夏，京師雨雹，望之因是上疏，願賜清閒之宴，陳災異之意。……對奏，天子拜望之爲謁者。」〔註87〕

疏廣爲太子太傅，丙吉爲御史大夫。

《漢書·疏廣傳》:「地節三年，立皇太子，選丙吉爲太傅，疏廣爲少傅，數月，吉遷御史大夫，廣徙爲太傅。」〔註88〕

《漢書·百官公卿表》:「（地節三年）六月辛丑，太子太傅丙吉爲御史太夫。」〔註89〕

△地節四年，乙卯。（西元前66年）十四歲。

三月，封父德爲陽城侯。

《漢書·外戚恩澤侯表·陽城繆侯劉德》:「（地節）四年三月寅封。」〔註90〕

《漢書·楚元王傳》:「（德）地節中，以親親行謹厚，封爲陽城侯。」〔註91〕

〔註85〕班固撰，顏師古注，王先謙補注《漢書》，（臺北：藝文印書館，景虛受堂本），卷18，頁14。

〔註86〕班固撰，顏師古注，王先謙補注《漢書》，（臺北：藝文印書館，景虛受堂本），卷19下，頁32。

〔註87〕班固撰，顏師古注，王先謙補注《漢書》，（臺北：藝文印書館，景虛受堂本），卷78，頁2～3。

〔註88〕班固撰，顏師古注，王先謙補注《漢書》，（臺北：藝文印書館，景虛受堂本），卷71，頁3。

〔註89〕班固撰，顏師古注，王先謙補注《漢書》，（臺北：藝文印書館，景虛受堂本），卷19下，頁32。

〔註90〕班固撰，顏師古注，王先謙補注《漢書》，（臺北：藝文印書館，景虛受堂本），卷18，頁15。

〔註91〕班固撰，顏師古注，王先謙補注《漢書》，（臺北：藝文印書館，景虛受堂本），

七月，霍氏謀反伏誅。

《漢書・宣帝紀》：「（地節四年）秋七月，大司馬霍禹謀反。」〔註92〕

《漢書・霍光傳》：「會事發覺，……禹要斬，顯及諸女昆弟皆棄市。」

〔註93〕

△元康元年，丙辰。（西元前65年）十五歲。

平原太守蕭望之爲少府。

《漢書・百官公卿表》：「（元康元年）平原太守蕭望之爲少府。」〔註94〕

孔光生。

《漢書・孔光傳》：「光年七十，元始五年薨。」〔註95〕

按：元始五年爲西元五年，上推至元康元年（西元前65年）爲孔光生年。

△元康二年，丁巳。（西元前64年）十六歲。

蕭望之爲左馮翊。

《漢書・百官公卿表》：「（元康二年）少府蕭望之爲左馮翊。」〔註96〕

△元康三年，戊午。（西元前63年）十七歲。

疏廣、疏受辭歸故里。

《漢書・疏廣傳》：「（廣父子）在位五歲，……父子俱移病，滿三月賜告。

廣遂稱篤，上疏請骸骨，上以其年篤老，皆許之。」〔註97〕

按：疏廣以地節三年爲太子傅，〔註98〕至元康元年共五歲，故繫於此。

△元康四年，己未。（西元前62年）十八歲。

　　卷36，頁5。

〔註92〕班固撰，顏師古注，王先謙補注《漢書》，（臺北：藝文印書館，景虛受堂本），
　　卷8，頁10。

〔註93〕班固撰，顏師古注，王先謙補注《漢書》，（臺北：藝文印書館，景虛受堂本），
　　卷68，頁17。

〔註94〕班固撰，顏師古注，王先謙補注《漢書》，（臺北：藝文印書館，景虛受堂本），
　　卷19下，頁33。

〔註95〕班固撰，顏師古注，王先謙補注《漢書》，（臺北：藝文印書館，景虛受堂本），
　　卷81，頁22。

〔註96〕班固撰，顏師古注，王先謙補注《漢書》，（臺北：藝文印書館，景虛受堂本），
　　卷19下，頁33。

〔註97〕班固撰，顏師古注，王先謙補注《漢書》，（臺北：藝文印書館，景虛受堂本），
　　卷71，頁4。

〔註98〕班固撰，顏師古注，王先謙補注《漢書》，（臺北：藝文印書館，景虛受堂本），
　　卷71，頁3。

韋賢卒。

《漢書・外戚恩澤侯表・扶陽節侯韋賢》：「（本始三年）六月甲辰封，十年薨。」〔註99〕

按：自本始三年（西元前71年）至元康四年（西元前62年）共十年，是韋賢卒於是年。

△**神爵元年，庚申。**（西元前61年）**十九歲。**

三月，改元。

《漢書・宣帝紀》：「三月，行幸河東，祠后土。詔曰：『……元康四年嘉穀玄稷降于郡國，神爵仍集，……其以五年爲神爵元年。』」〔註100〕

遣諫大夫王褒求金馬碧雞之神於益州。

《漢書・郊祀志》：「（神爵元年）或言益州有金馬碧雞之神，可醮祭而致，於是遣諫大夫王褒使持節而求之。」〔註101〕

《漢書・王褒傳》：「宣帝時，修武帝故事，講論六藝群書，博奇異之好，……劉向、張子僑、華龍、柳褒等待詔金馬門。神爵、五鳳之間，天下殷富，數有嘉應，上頗作歌詩，欲興協律之事，……詔褒爲聖主得賢臣頌其意。……上令褒與張子僑等並待詔。……後方士言益州有金馬碧雞之寶，可祭祀致也。宣帝使褒往祀焉。褒於道病死，上閔惜之。」〔註102〕

按：據〈郊祀志〉，其事當在今年。然王褒〈僮約〉云：「神爵三年正月十五日，資中男子王子淵，從成都安志里女子楊惠，買亡夫時戶下髯奴。」〔註103〕是神爵三年褒尚在蜀，與史不合；或褒卒尚在後，不可確定矣。

張敞爲京兆尹。

《漢書・百官公卿表》：「（神爵元年）膠東相張敞爲京兆尹。」〔註104〕

〔註99〕班固撰，顏師古注，王先謙補注《漢書》，（臺北：藝文印書館，景虛受堂本），卷18，頁13。

〔註100〕班固撰，顏師古注，王先謙補注《漢書》，（臺北：藝文印書館，景虛受堂本），卷8，頁15～16。

〔註101〕班固撰，顏師古注，王先謙補注《漢書》，（臺北：藝文印書館，景虛受堂本），卷25下，頁9。

〔註102〕班固撰，顏師古注，王先謙補注《漢書》，（臺北：藝文印書館，景虛受堂本），卷64下，頁8～14。

〔註103〕章樵注《古文苑》，（臺北：商務印書館，《四部叢刊初編》縮印常熟瞿氏藏宋本），卷17，頁120。

〔註104〕班固撰，顏師古注，王先謙補注《漢書》，（臺北：藝文印書館，景虛受堂本），卷19下，頁34。

《漢書・郊祀志》：「（神爵元年）美陽得鼎，……多以爲宜薦見宗廟，……
張敞好古文字，按鼎銘勒而上議曰：『……此鼎殆周所以襃賜大臣，大臣
子孫刻銘其先功，臧之於宮廟也。……不宜薦見於宗廟。』制曰：『京兆
尹議是。』」〔註105〕

蕭望之爲大鴻臚。

　　《漢書・百官公卿表》：「（神爵元年）左馮翊蕭望之爲大鴻臚。」〔註106〕
　　　　按：錢穆〈劉向歆父子年譜〉繫此於元康元年，誤。〔註107〕

△**神爵**二年，辛丑。（西元前60年）二十歲。

向年二十，擢爲諫大夫。

　　《漢書・楚元王傳》：「既冠，以行修飭擢爲諫大夫。是時，宣帝循武帝
故事，招選名儒俊材置左右，更生以通達能屬文辭，與王襃、張子僑等
並進對，獻賦頌凡數十篇。」〔註108〕

　　　　按：據〈郊祀志〉，王襃卒於神爵元年，〔註109〕向年十九；據〈僮約〉
　　〔註110〕王襃尚在蜀未赴朝，焉能與向等並進對，不可確定矣。

九月，司隸校尉蓋寬饒自剄北闕下。

　　《漢書・蓋寬饒傳》：「寬饒奏封事，……引韓氏易傳言：『五帝官天下，
三王家天下，家以傳子，官以傳賢。若四時之運，功成者去。不得其人，
則不居其位。』書奏，……下寬饒吏，寬饒引佩刀自剄北闕下。」〔註111〕

　　《漢書・宣帝紀》：「（神爵二年）九月，司隸校尉蓋寬饒有罪，下有司，
自殺。」〔註112〕

〔註105〕班固撰，顏師古注，王先謙補注《漢書》，（臺北：藝文印書館，景盧受堂本），
　　　　卷25下，頁9～10。
〔註106〕班固撰，顏師古注，王先謙補注《漢書》，（臺北：藝文印書館，景盧受堂本），
　　　　卷19下，頁34。
〔註107〕錢穆《兩漢經學今古文平議》（臺北：東大圖書公司，1978年），頁6。
〔註108〕班固撰，顏師古注，王先謙補注《漢書》，（臺北：藝文印書館，景盧受堂本），
　　　　卷36，頁6。
〔註109〕班固撰，顏師古注，王先謙補注《漢書》，（臺北：藝文印書館，景盧受堂本），
　　　　卷25下，頁9。
〔註110〕章樵注《古文苑》，（臺北：商務印書館，《四部叢刊初編》縮印常熟瞿氏藏宋
　　　　本），卷17，頁120。
〔註111〕班固撰，顏師古注，王先謙補注《漢書》，（臺北：藝文印書館，景盧受堂本），
　　　　卷77，頁3～4。
〔註112〕班固撰，顏師古注，王先謙補注《漢書》，（臺北：藝文印書館，景盧受堂本），

△**神爵**三年，壬戌。（西元前 59 年）二十一歲。

魏相卒，丙吉爲相。

《漢書・百官公卿表》：「（神爵三年）三月丙午，丞相魏相薨。四月戊戌，御史大夫丙吉爲丞相。」〔註113〕

蕭望之爲御史大夫。

《漢書・百官公卿表》：「（神爵三年）七月甲子，大鴻臚蕭望之爲御史大夫。」〔註114〕

△**神爵**四年，癸亥。（西元前 58 年）二十二歲。

韋玄成爲衛尉。

《漢書・百官公卿表》：「（神爵四年）河內太守韋玄成爲衛尉。」〔註115〕

△**五鳳**元年，甲子。（西元前 57 年）二十三歲。

正月，改元。

《漢書・宣帝紀》：「五鳳元年春正月，行幸甘泉，郊泰畤。」〔註116〕

《漢書・郊祀志》：「明年正月，復幸甘泉，郊泰畤，改元曰五鳳。」〔註117〕

△**五鳳**二年，乙丑。（西元前 56 年）二十四歲。

向年廿四歲。父德卒，兄安民嗣。向以典尙方鑄作事繫獄，得踰冬減死論。

《漢書・楚元王傳》：「上復興神僊方術之事，而淮南有枕中鴻寶秘書，書言神僊使鬼物爲金之術，及鄒衍重道延命方，世人莫見，而更生父德，武帝時治淮南獄得其書。更生幼而讀誦，以爲奇，獻之，言黃金可成。上令典尙方鑄作事，……不驗，……吏劾更生當死。更生兄陽城侯安民上書入國戶半贖更生罪，上亦奇其材，得踰冬減死論。」〔註118〕

卷 8，頁 17。

〔註113〕班固撰，顏師古注，王先謙補注《漢書》，（臺北：藝文印書館，景虛受堂本），卷 19 下，頁 34。

〔註114〕班固撰，顏師古注，王先謙補注《漢書》，（臺北：藝文印書館，景虛受堂本），卷 19 下，頁 34。

〔註115〕班固撰，顏師古注，王先謙補注《漢書》，（臺北：藝文印書館，景虛受堂本），卷 19 下，頁 34。

〔註116〕班固撰，顏師古注，王先謙補注《漢書》，（臺北：藝文印書館，景虛受堂本），卷 8，頁 18。

〔註117〕班固撰，顏師古注，王先謙補注《漢書》，（臺北：藝文印書館，景虛受堂本），卷 25 下，頁 10。

〔註118〕班固撰，顏師古注，王先謙補注《漢書》，（臺北：藝文印書館，景虛受堂本），卷 36，頁 6～7。

又曰：「（德）地節中，以親親行謹厚，封爲陽城侯。……立十一年，子向坐鑄僞黃金，當伏法，會薨。」〔註119〕

《漢書・外戚恩澤侯表・陽城繆侯劉德》：「（地節）四年三月甲寅封，十年薨。五鳳二年，節侯安民嗣。」〔註120〕

　　按：據本傳地節四年（西元前66年）至五鳳二年（西元前56年），凡十一年，表作十年，疑脫一「一」字。劉汝霖繫此事於五鳳元年，誤。〔註121〕

　　又〈郊祀志〉序更生坐論爲美陽得鼎前，〔註122〕則神爵元年，向年十九，豈以是年上書，歷六年不驗而始坐罪歟？〔註123〕

△五鳳三年，丙寅。（西元前55年）二十五歲。

正月，丙吉卒。

《漢書・百官公卿表》：「（五鳳三年）正月癸卯，丞相吉薨。」〔註124〕

二月，黃霸爲相。

《漢書・百官公卿表》：「（五鳳三年）二月壬申，御史大夫黃霸爲丞相。」〔註125〕

△五鳳四年，丁卯。（西元前54年）二十六歲。

匈奴單于稱臣。

《漢書・宣帝紀》：「（五鳳四年）匈奴單于稱臣，遣弟谷蠡王入侍。」〔註126〕

△甘露元年，戊辰。（西元前53年）二十七歲。

〔註119〕班固撰，顏師古注，王先謙補注《漢書》，（臺北：藝文印書館，景虛受堂本），卷36，頁5。

〔註120〕班固撰，顏師古注，王先謙補注《漢書》，（臺北：藝文印書館，景虛受堂本），卷18，頁15。

〔註121〕劉汝霖《漢晉學術編年》，（臺北：長安出版社，1980年10月，一版），頁122。

〔註122〕班固撰，顏師古注，王先謙補注《漢書》，（臺北：藝文印書館，景虛受堂本），卷25下，頁9。

〔註123〕參見錢穆《兩漢經學今古文平議》（臺北：東大圖書公司，1978），頁13。

〔註124〕班固撰，顏師古注，王先謙補注《漢書》，（臺北：藝文印書館，景虛受堂本），卷19下，頁35。

〔註125〕班固撰，顏師古注，王先謙補注《漢書》，（臺北：藝文印書館，景虛受堂本），卷19下，頁35。

〔註126〕班固撰，顏師古注，王先謙補注《漢書》，（臺北：藝文印書館，景虛受堂本），卷8，頁20。

揚雄生。

《漢書‧揚雄傳》:「年七十一，天鳳五年卒。」〔註127〕

按：天鳳五年爲西元十八年，年七十一卒，則生於甘露元年（西元前53年）是也。

又《文選》李善注任昉〈王儉集序〉引《七略》云：「子雲家諜言以甘露元年生。」〔註128〕

△甘露二年，己巳。（西元前52年）二十八歲。

五月，廷尉于定國爲御史大夫。

《漢書‧百官公卿表》:「（甘露二年）五月己丑，廷尉于定國爲御史大夫。」〔註129〕

△甘露三年，庚午。（西元前51年）二十九歲。

向年二十九，與諸儒講五經同異於石渠閣，復拜爲郎中，給事黃門，遷散騎大夫給事中。

《漢書‧宣帝紀》:「（甘露三年）詔諸儒講五經同異，太子太傅蕭望之等平奏其議，上親稱制臨決焉。乃立梁丘《易》、大小夏侯《尚書》、《穀梁春秋》博士。」〔註130〕

《漢書‧儒林傳》:「宣帝即位，聞衛太子好《穀梁春秋》，……上善《穀梁》說，……乃以（蔡）千秋爲郎中戶將，選郎十人從受。……劉向以故諫大夫通達待詔，受《穀梁》，……自元康中始講，至甘露元年，積十餘歲，皆明習。乃召五經名儒太子太傅蕭望之等大議殿中，平《公羊》、《穀梁》同異，各以經處是非。……待詔劉向、周慶、丁姓並論。……望之等十一人各以經誼對，多從《穀梁》。由是《穀梁》之學大盛。」〔註131〕

按：據《補注》引周壽昌曰:「《後書‧翟酺傳》『孝宣論六經於石渠』

〔註127〕班固撰，顏師古注，王先謙補注《漢書》，（臺北：藝文印書館，景虛受堂本），卷87下，頁22。

〔註128〕蕭統編，李善注《昭明文選》，（臺北：弘道文化公司，景宋淳熙本重雕鄱陽胡氏藏版本），卷46，頁8。

〔註129〕班固撰，顏師古注，王先謙補注《漢書》，（臺北：藝文印書館，景虛受堂本），卷19下，頁35～36。

〔註130〕班固撰，顏師古注，王先謙補注《漢書》，（臺北：藝文印書館，景虛受堂本），卷8，頁23。

〔註131〕班固撰，顏師古注，王先謙補注《漢書》，（臺北：藝文印書館，景虛受堂本），卷88，頁23～24。

章懷注『甘露三年，詔講五經同異於殿中，兼平《公》、《穀》同異，上親臨決。』即作甘露三年。」〔註132〕石渠議當在甘露三年。

依〈向傳〉所言，向於鑄僞黃金下吏當死，五鳳二年得踰冬減死，會初立《穀梁》，詔受《穀梁》。則向約於五鳳二、三年間受《穀梁》，至甘露三年，安得有十餘年耶？〔註133〕

△**甘露四年，辛未。**（西元前 50 年）**三十歲。**

廣川王廢遷房陵。

《漢書・宣帝紀》：「（甘露）四年夏，廣川王海陽有罪，廢遷房陵。」〔註134〕

△**黃龍元年，壬申。**（西元前 49 年）**三十一歲。**

帝寢疾，以史高爲大司馬車騎將軍，蕭望之爲前將軍，光祿勳周堪爲光祿大夫，皆受遺詔輔政，領尙書事。

《漢書・百官公卿表》：「（黃龍元年）十二月癸酉，侍中樂陵侯史高爲大司馬車騎將軍。……太子太傅蕭望之爲前將軍。」〔註135〕

十二月，帝崩。

《漢書・宣帝紀》：「（黃龍元年）冬十二月甲戌，帝崩于未央宮。」〔註136〕

△**元帝初元元年，癸酉。**（西元前 48 年）**三十二歲。**

向年三十二，擢爲宗正。

《漢書・百官公卿表》：「（初元元年）散騎諫大夫劉更生爲宗正。」〔註137〕

《漢書・楚元王傳》：「元帝初即位，太傅蕭望之爲前將軍，周堪爲諸吏光祿大夫，……更生年少於望之、堪，然二人重之，薦更生宗室忠直，……擢爲散騎宗正給事中，與侍中金敞拾遺左右，四人同心輔政。」〔註138〕

〔註132〕班固撰，顏師古注，王先謙補注《漢書》，（臺北：藝文印書館，景盧受堂本），卷 8，頁 23。

〔註133〕參見錢穆《兩漢經學今古文平議》（臺北：東大圖書公司，1978），頁 15。

〔註134〕班固撰，顏師古注，王先謙補注《漢書》，（臺北：藝文印書館，景盧受堂本），卷 8，頁 23。

〔註135〕班固撰，顏師古注，王先謙補注《漢書》，（臺北：藝文印書館，景盧受堂本），卷 19 下，頁 36。

〔註136〕班固撰，顏師古注，王先謙補注《漢書》，（臺北：藝文印書館，景盧受堂本），卷 8，頁 24。

〔註137〕班固撰，顏師古注，王先謙補注《漢書》，（臺北：藝文印書館，景盧受堂本），卷 19 下，頁 36。

〔註138〕班固撰，顏師古注，王先謙補注《漢書》，（臺北：藝文印書館，景盧受堂本），

△初元二年，甲戌。（西元前 47 年）三十三歲。

向年三十三，與周堪、蕭望之同下獄，皆免爲庶人。

夏，蕭望之爵關內侯。

秋，徵周堪、劉向爲中郎。

冬，向使外親上變事，坐免爲庶人；望之自殺。

《漢書・蕭望之傳》：「恭、顯奏：『望之、堪、更生朋黨相稱舉，數譖訴
大臣，毀離親戚，欲以專擅權勢，爲臣不忠，誣上不道，請謁者召致廷
尉。』……於是堪、更生皆下獄。……制詔丞相御史『前將軍望之，傅
朕八年，亡它罪過。今事久遠，識忘難明，其赦望之罪。』收前將軍光
祿勳印綬，及堪、更生皆免爲庶人。」〔註139〕

《漢書・楚元王傳》：「夏，……上感悟，下詔賜望之爵關內侯，奉朝請。……
秋，徵堪、向欲以爲諫大夫，恭、顯白皆爲中郎。冬，地復震，時恭、
顯、許、史子弟侍中諸曹皆側目於望之等，更生懼焉，乃使其外親上變
事。……書奏，恭、顯疑其更生所爲，……辭果服，遂逮更生繫獄。下
太傅韋玄成諫大夫貢禹與廷尉雜考，……更生坐免爲庶人。望之亦坐使
子上書自冤前事，……望之自殺。」〔註140〕

△初元三年，乙亥。（西元前 46 年）三十四歲。

周堪爲光祿勳，張猛爲光祿大夫給事中。

《漢書・楚元王傳》：「望之自殺，天子甚悼恨之，乃擢周堪爲光祿勳，
堪弟子張猛光祿大夫給事中。」〔註141〕

《漢書・百官公卿表》：「（初元三年）光祿大夫周堪爲光祿勳。」〔註142〕

△初元四年，丙子。（西元前 45 年）三十五歲。

王莽生。

《漢書・五行志中之上》：「王莽生於元帝初元四年。」〔註143〕

卷 36，頁 7。

〔註139〕班固撰，顏師古注，王先謙補注《漢書》，（臺北：藝文印書館，景虛受堂本），
卷 78，頁 11。

〔註140〕班固撰，顏師古注，王先謙補注《漢書》，（臺北：藝文印書館，景虛受堂本），
卷 36，頁 7～8。

〔註141〕班固撰，顏師古注，王先謙補注《漢書》，（臺北：藝文印書館，景虛受堂本），
卷 36，頁 8。

〔註142〕班固撰，顏師古注，王先謙補注《漢書》，（臺北：藝文印書館，景虛受堂本），
卷 19 下，頁 37。

△初元五年，丁丑。（西元前 44 年）三十六歲。

六月，貢禹爲御史大夫。

十二月，貢禹卒。

　　《漢書・百官公卿表》：「（初元五年）六月辛酉，長信少府貢禹爲御史大
　　夫，十二月，丁未卒。」〔註144〕

△永光三年，戊寅。（西元前 43 年）三十七歲。

向年三十七歲，上條災異封事。

　　《漢書・楚元王傳》：「更生見堪、孟在位，幾已得復進，懼其傾危，乃
　　上封事。」〔註145〕

　　　按：封事有云：「初元以來六年矣。」〔註146〕知在是年。

周堪左遷爲河東太守，張猛爲槐里令。

　　《漢書・楚元王傳》：「恭、顯見其書，愈與許、史比，而怨更生等。……
　　是歲夏寒，日青無光，恭、顯及許、史皆言堪、猛用事之咎，……左遷
　　堪爲河東太守，猛槐里令。」〔註147〕

△永光二年，己卯。（西元前 42 年）三十八歲。

韋玄成爲相。

　　《漢書・百官公卿表》：「（永光二年）二月丁酉，御史大夫韋玄成爲丞相。」
　　〔註148〕

冬，復鹽鐵官、博士弟子員。

　　《漢書・元帝紀》：「（永光三年）冬，復鹽鐵官、博士弟子員。」〔註149〕

〔註143〕班固撰，顏師古注，王先謙補注《漢書》，（臺北：藝文印書館，景虛受堂本），
　　　　卷 27 中之上，頁 26。
〔註144〕班固撰，顏師古注，王先謙補注《漢書》，（臺北：藝文印書館，景虛受堂本），
　　　　卷 19 下，頁 37～38。
〔註145〕班固撰，顏師古注，王先謙補注《漢書》，（臺北：藝文印書館，景虛受堂本），
　　　　卷 36，頁 8。
〔註146〕班固撰，顏師古注，王先謙補注《漢書》，（臺北：藝文印書館，景虛受堂本），
　　　　卷 36，頁 14。
〔註147〕班固撰，顏師古注，王先謙補注《漢書》，（臺北：藝文印書館，景虛受堂本），
　　　　卷 36，頁 17～18。
〔註148〕班固撰，顏師古注，王先謙補注《漢書》，（臺北：藝文印書館，景虛受堂本），
　　　　卷 19 下，頁 38。
〔註149〕班固撰，顏師古注，王先謙補注《漢書》，（臺北：藝文印書館，景虛受堂本），
　　　　卷 9，頁 9。

△永光四年，辛巳。（西元前 40 年）四十歲。

周堪卒，張猛自殺；向著文傷之，由是獲廢。

《漢書‧元帝紀》：「（永光四年）夏六月甲戌，孝宣園東闕災。」〔註150〕

《漢書‧楚元王傳》：「後三歲餘，孝宣廟闕災，其晦，日有蝕之。於是上詔諸前言日變在堪、猛者責問，……徵堪詣行在所拜爲光祿大夫，秩中二千石，領尙書事；猛復爲太中大夫給事中。顯幹尙書，尙書五人皆其黨也，堪希得見，常因顯白事，事決顯口。會堪疾，瘖不能言而卒。顯誣譖猛，令自殺於公車。更生傷之，乃著〈疾讒〉、〈摘要〉、〈救危〉及〈世頌〉，凡八篇，依興古事，悼己及同類也。遂廢十餘年。」〔註151〕

△永光五年，壬午。（西元前 39 年）四十一歲。

十二月，毀太上皇、孝惠皇帝寢廟園。

《漢書‧元帝紀》：「（永光五年）十二月乙酉，毀太上皇、孝惠皇帝寢廟園。」〔註152〕

按：此以親盡則毀，韋玄成、尹更始等主之，事詳〈韋玄成傳〉。〔註153〕

△建昭元年，癸未。（西元前 38 年）四十二歲。

冬，罷孝文太后，孝昭太后墓園。

《漢書‧元帝紀》：「（建昭元年）冬，……罷孝文太后、孝昭太后寢園。」〔註154〕

按：此亦發生於韋玄成，事詳〈韋玄成傳〉。〔註155〕

△建昭二年，甲申。（西元前 37 年）四十三歲。

京房棄市。

《漢書‧元帝紀》：「（建昭二年）淮陽王舅張博、魏郡太守京房坐窺道諸

〔註150〕班固撰，顏師古注，王先謙補注《漢書》，（臺北：藝文印書館，景虛受堂本），卷9，頁9。

〔註151〕班固撰，顏師古注，王先謙補注《漢書》，（臺北：藝文印書館，景虛受堂本），卷36，頁18。

〔註152〕班固撰，顏師古注，王先謙補注《漢書》，（臺北：藝文印書館，景虛受堂本），卷9，頁10。

〔註153〕班固撰，顏師古注，王先謙補注《漢書》，（臺北：藝文印書館，景虛受堂本），卷73，頁13～14。

〔註154〕班固撰，顏師古注，王先謙補注《漢書》，（臺北：藝文印書館，景虛受堂本），卷9，頁10～11。

〔註155〕班固撰，顏師古注，王先謙補注《漢書》，（臺北：藝文印書館，景虛受堂本），卷73，頁14。

侯王以邪意，漏泄省中語，博要斬，房棄市。」〔註156〕

△建昭三年，乙酉。（西元前 36 年）四十四歲。

韋玄成卒，匡衡爲相。

《漢書・百官公卿表》：「（建昭三年）六月甲辰，丞相玄成薨。七月癸亥，御史大夫匡衡爲丞相。」〔註157〕

甘延壽、陳湯斬郅支單于。

《漢書・元帝紀》：「（建昭三年）秋，使護西域騎都尉甘延壽、副校尉陳湯撟發戊己校尉屯田吏士及西域胡兵攻郅支單于。冬，斬其首，傳詣京師，縣蠻夷邸門。」〔註158〕

△建昭四年，丙戌。（西元前 35 年）四十五歲。

春，以誅郅支單于告祠郊廟。

《漢書・元帝紀》：「（建昭四年），春正月，以誅郅支單于告祠郊廟。」

〔註159〕

△建昭五年，丁亥。（西元前 34 年）四十六歲。

秋，復太上皇寢廟園、原廟、昭靈后、武哀王、昭哀后、衛思后園。

《漢書・元帝紀》：「（建昭五年）秋七月庚子，復太上皇寢廟園、原廟、昭靈后、武哀王、昭哀后、衛思后園。」〔註160〕

　按：元帝寢疾，夢神靈譴罷諸廟祠，上遂復焉。〔註161〕

△竟寧元年，戊子。（西元前 33 年）四十七歲。

四月，封甘延壽爲義成侯，賜陳湯爵關內侯。

《漢書・功臣表・義成侯甘延壽》：「竟寧元年四月戊辰封。」〔註162〕

〔註156〕班固撰，顏師古注，王先謙補注《漢書》，（臺北：藝文印書館，景虛受堂本），卷9，頁11。

〔註157〕班固撰，顏師古注，王先謙補注《漢書》，（臺北：藝文印書館，景虛受堂本），卷19下，頁39。

〔註158〕班固撰，顏師古注，王先謙補注《漢書》，（臺北：藝文印書館，景虛受堂本），卷9，頁11。

〔註159〕班固撰，顏師古注，王先謙補注《漢書》，（臺北：藝文印書館，景虛受堂本），卷9，頁11。

〔註160〕班固撰，顏師古注，王先謙補注《漢書》，（臺北：藝文印書館，景虛受堂本），卷9，頁10。

〔註161〕班固撰，顏師古注，王先謙補注《漢書》，（臺北：藝文印書館，景虛受堂本），卷25下，頁11。

〔註162〕班固撰，顏師古注，王先謙補注《漢書》，（臺北：藝文印書館，景虛受堂本），

《漢書・陳湯傳》:「元帝取安遠侯鄭吉故事,封千戶。衡、顯復爭,廼封延壽爲義成侯,賜湯爵關內侯。」〔註163〕

按:延壽、陳湯出西域,斬郅支單于於建昭三年,爲匡衡、石顯所抑,劉向以故宗正〈上理甘延壽陳湯疏〉,兩人乃得封。〔註164〕據〈功臣表〉、〈元帝紀〉,二人封在今年,梅毓列建昭三年,誤。〔註165〕

五月,帝崩。

六月,成帝即位,以王鳳爲大司馬大將軍領尙書事。

《漢書・成帝紀》:「竟寧元年五月,元帝崩。六月己未,太子即皇帝位,……以元舅侍中衛尉陽平侯王鳳爲大司馬大將軍,領尙書事。」〔註166〕

△成帝建始元年,己丑。(西元前32年)四十八歲。

向年四十八歲,復進用爲中郎,領護三輔都水,遷光祿大夫;更名向。

《漢書・楚元王傳》:「成帝即位,顯等伏辜。更生乃復進用,更名向。向以故九卿召拜爲中郎,使領護三輔都水,數奏封事,遷光祿大夫。」〔註167〕

△建始二年,庚寅。(西元前31年)四十九歲。

詔三輔內郡舉賢良方正各一人。

《漢書・成帝紀》:「(建始二年)二月,詔三輔內郡舉賢良方正各一人。」〔註168〕

△建始三年,辛卯。(西元前30年)五十歲。

冬,日食,地震,詔舉方正直言極諫之士,詣公車。

《漢書・成帝紀》:「(建始三年)冬十二月戊申朔,日有蝕之。夜,地震

卷17,頁31。

〔註163〕班固撰,顏師古注,王先謙補注《漢書》,(臺北:藝文印書館,景虛受堂本),卷70,頁13。

〔註164〕班固撰,顏師古注,王先謙補注《漢書》,(臺北:藝文印書館,景虛受堂本),卷70,頁11。

〔註165〕梅毓《劉更生年表》,(臺北:藝文印書館,《叢書集成續編・積學齋叢書》),頁5。

〔註166〕班固撰,顏師古注,王先謙補注《漢書》,(臺北:藝文印書館,景虛受堂本),卷10,頁2。

〔註167〕班固撰,顏師古注,王先謙補注《漢書》,(臺北:藝文印書館,景虛受堂本),卷36,頁18~19。

〔註168〕班固撰,顏師古注,王先謙補注《漢書》,(臺北:藝文印書館,景虛受堂本),卷10,頁3。

未央宮殿中。詔曰:『……舉賢良方正能直言極諫之士,詣公車,朕將覽焉。』」〔註169〕

　△建始四年,壬辰。(西元前29年)五十一歲。

夏四月雨雪,召直言之士,對白虎殿。

　　《漢書‧杜欽傳》:「(建始四年)夏,上盡召直言之士詣白虎殿對策。」

〔註170〕

　　《漢書‧成帝紀》:「(建始四年)夏四月,雨雪。」〔註171〕

　　按:杜欽對策以咎在後宮,詳〈杜欽傳〉。〔註172〕

　△河平元年,癸巳。(西元前28年)五十二歲。

三月,改元。

　　《漢書‧成帝紀》:「河平元年春三月,詔曰:『河決東郡,流漂二州,校尉王延世隄塞輒平,其改元爲河平。』」〔註173〕

　△河平二年,甲午。(西元前27年)五十三歲。

悉封王氏諸舅:譚、商、立、根、逢時爲列侯。

　　《漢書‧成帝紀》:「(河平二年)夏六月,封舅譚、商、立、根、逢時皆爲列侯。」〔註174〕

　△河平三年,乙未。(西元前26年)五十四歲。

向校中秘書,每一書已,向輒條其篇目,撮其旨意,錄而奏之。

　　《漢書‧成帝紀》:「(河平三年)光祿大夫劉向校中秘書。謁者陳農使,使求遺書於天下。」〔註175〕

〔註169〕班固撰,顏師古注,王先謙補注《漢書》,(臺北:藝文印書館,景盧受堂本),卷10,頁4。

〔註170〕班固撰,顏師古注,王先謙補注《漢書》,(臺北:藝文印書館,景盧受堂本),卷60,頁9。

〔註171〕班固撰,顏師古注,王先謙補注《漢書》,(臺北:藝文印書館,景盧受堂本),卷10,頁5。

〔註172〕班固撰,顏師古注,王先謙補注《漢書》,(臺北:藝文印書館,景盧受堂本),卷60,頁9~11。

〔註173〕班固撰,顏師古注,王先謙補注《漢書》,(臺北:藝文印書館,景盧受堂本),卷10,頁5。

〔註174〕班固撰,顏師古注,王先謙補注《漢書》,(臺北:藝文印書館,景盧受堂本),卷10,頁5。

〔註175〕班固撰,顏師古注,王先謙補注《漢書》,(臺北:藝文印書館,景盧受堂本),卷10,頁5~6。

按：向校經傳、諸子、詩賦，步兵校尉任宏校兵書，太史令尹咸校數術，侍醫李柱國校方技。每一書已，向輒條其篇目，撮其旨意，錄而奏之。〔註176〕

上所著《洪範五行傳》。

《漢書·楚元王傳》：「向領校中五經秘書，向見《尚書·洪範》箕子爲武王陳五行陰陽休咎之應，向乃集合上古以來歷春秋六國至秦漢符瑞災異之記，推迹行事，連傳禍福，著其占驗，比類相從，各有條目，凡十一篇，號曰《洪範五行傳》，論奏之。天子心知向忠精，故爲鳳兄弟起此論也，然終不能奪王氏權。」〔註177〕

△河平四年，丙申。（西元前 25 年）五十五歲。

王商免相，張禹爲相。

《漢書·百官公卿表》：「（河平四年）四月壬寅，丞相商免。六月丙午，諸吏散騎光祿大夫張禹爲丞相。」〔註178〕

△陽朔元年，丁酉。（西元前 24 年）五十六歲。

王章卒。

《漢書·成帝紀》：「（陽朔元年）冬，京兆尹王章有罪，下獄死。」〔註179〕

△陽朔二年，戊戌。（西元前 23 年）五十七歲。

向上極諫外戚封。

《漢書·楚元王傳》：「時上無繼嗣，政由王氏出，災異浸甚，……向遂上封事極諫。……書奏，天子召見向，歎息悲傷其意，謂曰：『君且休矣，吾將思之。』」〔註180〕

按：錢穆於〈劉向歆父子年譜〉曰：「疏云：『大將軍秉事用權，五侯騎奢僭甚，並作威福，擊斷自恣。』陽朔元年王章見殺，四年王鳳卒。

〔註176〕班固撰，顏師古注，王先謙補注《漢書》，（臺北：藝文印書館，景虛受堂本），卷 30，頁 1～2。

〔註177〕班固撰，顏師古注，王先謙補注《漢書》，（臺北：藝文印書館，景虛受堂本），卷 36，頁 19。

〔註178〕班固撰，顏師古注，王先謙補注《漢書》，（臺北：藝文印書館，景虛受堂本），卷 19 下，頁 42～43。

〔註179〕班固撰，顏師古注，王先謙補注《漢書》，（臺北：藝文印書館，景虛受堂本），卷 10，頁 6。

〔註180〕班固撰，顏師古注，王先謙補注《漢書》，（臺北：藝文印書館，景虛受堂本），卷 36，頁 24～28。

《通鑑》載此疏於陽朔二年，情事恰符。」〔註181〕今從其說，然王鳳卒於陽朔三年。〔註182〕

△陽朔三年，己亥。（西元前22年）五十八歲。

王鳳卒，以王音爲大司馬。

《漢書・百官公卿表》：「（陽朔三年）八月丁巳，大司馬鳳薨。九月甲子，御史大夫王音爲大司馬車騎將軍。」〔註183〕

王莽年二十四，爲黃門郎，遷射聲校尉。

《漢書・王莽傳》：「鳳且死，以託太后及帝，拜爲黃門郎，遷射聲校尉。」〔註184〕

△陽朔四年，庚子。（西元前21年）五十九歲。

王駿爲京兆尹。

《漢書・百官公卿表》：「（陽朔四年）少府王駿爲京兆尹。」〔註185〕

△鴻嘉元年，辛丑。（西元前20年）六十歲。

丞相張禹賜金，安車駟馬免，薛宣爲相。

《漢書・百官公卿表》：「（鴻嘉元年）三月庚戌，丞相禹賜金，安車駟馬免。四月庚辰，御史大夫薛宣爲丞相。」〔註186〕

△鴻嘉二年，壬寅。（西元前19年）六十一歲。

詔舉敦厚有行義能直言者。

《漢書・成帝紀》：「（鴻嘉二年）詔曰：『古之選賢，傅納以言，明試以功，……教化流行，風雨和時，……其舉敦厚有行義能直言者，冀聞切言嘉謀，匡朕之不逮。』」〔註187〕

〔註181〕錢穆《兩漢經學今古文平議》（臺北：東大圖書公司，1978），頁36。
〔註182〕班固撰，顏師古注，王先謙補注《漢書》，（臺北：藝文印書館，景廬受堂本），卷10，頁7；又見卷19下，頁43。
〔註183〕班固撰，顏師古注，王先謙補注《漢書》，（臺北：藝文印書館，景廬受堂本），卷19下，頁43。
〔註184〕班固撰，顏師古注，王先謙補注《漢書》，（臺北：藝文印書館，景廬受堂本），卷99上，頁1。
〔註185〕班固撰，顏師古注，王先謙補注《漢書》，（臺北：藝文印書館，景廬受堂本），卷19下，頁43。
〔註186〕班固撰，顏師古注，王先謙補注《漢書》，（臺北：藝文印書館，景廬受堂本），卷19下，頁44。
〔註187〕班固撰，顏師古注，王先謙補注《漢書》，（臺北：藝文印書館，景廬受堂本），卷10，頁9。

△鴻嘉三年，癸卯。（西元前 18 年）六十二歲。

翟方進爲京兆尹。

《漢書·百官公卿表》：「（鴻嘉三年）丞相司直翟方進爲京兆尹。」〔註188〕

△鴻嘉四年，甲辰。（西元前 17 年）六十三歲。

王譚卒。

《漢書·外戚恩澤侯表·平阿安侯譚》：「河平二年六月乙亥，以皇太后弟關內侯侯，……十一年薨。」〔註189〕

按：河平二年（西元前 27 年）至此凡十一年，是王譚卒於今年。

△永始元年，乙巳。（西元前 16 年）六十四歲。

向上疏諫延陵泰奢。

《漢書·成帝紀》：「（永始元年）秋七月，詔曰：『朕執德不固，……過聽將作大匠萬年言昌陵三年可成。作治五年，……天下虛耗，百姓罷勞，……終不可成，朕惟其難，怛然傷心。……其罷昌陵，及故陵勿徙吏民。』」〔註190〕

《漢書·楚元王傳》：「營起昌陵數年不成，復還歸延陵，制度泰奢，向上疏諫……上甚感向言，而不能從其計。」〔註191〕

按：錢穆繫「向爲《列女傳》、《新序》、《說苑》。」於此年。〔註192〕

《漢書·楚元王傳》曰：「向睹俗彌奢淫，而趙衛之屬起微賤，踰禮制，向以爲王教由內及外，自近者始，故採取詩書所載賢妃貞婦，興國顯家可法則，及孽嬖亂亡者，序次爲《列女傳》，凡八篇，以戒天子。及采傳記行事，著《新序》、《說苑》凡五十篇，奏之。」〔註193〕

上書之年月，盧文弨《群書拾補》載宋本《新序》每卷首有「陽朔元

〔註188〕班固撰，顏師古注，王先謙補注《漢書》，（臺北：藝文印書館，景盧受堂本），卷 19 下，頁 45。

〔註189〕班固撰，顏師古注，王先謙補注《漢書》，（臺北：藝文印書館，景盧受堂本），卷 18，頁 19。

〔註190〕班固撰，顏師古注，王先謙補注《漢書》，（臺北：藝文印書館，景盧受堂本），卷 10，頁 11。

〔註191〕班固撰，顏師古注，王先謙補注《漢書》，（臺北：藝文印書館，景盧受堂本），卷 36，頁 19～24。

〔註192〕錢穆《兩漢經學今古文平議》（臺北：東大圖書公司，1978），頁 39。

〔註193〕班固撰，顏師古注，王先謙補注《漢書》，（臺北：藝文印書館，景盧受堂本），卷 36，頁 24。

年二月癸卯，護左都水使者光祿大夫臣劉向上」之一行；〔註194〕王應麟《藝文志考證》云「《說苑》鴻嘉四年三月己亥上。」〔註195〕似《新序》、《說苑》、《列女傳》成書之時先後不一，非如錢氏所言。

△永始二年，丙午。（西元前15年）六十五歲。

王音卒，以王商為大司馬。

　　《漢書・百官公卿表》：「（永始二年）正月乙巳，大司馬音薨。二月丁酉，特進成都侯王商為大司馬衛將軍。」〔註196〕

翟方進為相。

　　《漢書・百官公卿表》：「（永始二年）十月己丑，丞相宣免。十一月壬子，執金吾翟方進為丞相。」〔註197〕

△永始三年，丁未。（西元前14年）六十六歲。

冬十月，以向言復甘泉泰畤、汾陰后土、雍五畤、陳倉陳寶祠。

　　《漢書・郊祀志》：「初罷甘泉泰畤作南郊日，大風壞甘泉竹宮，折拔畤中樹木十圍以上百餘。天子異之，以問劉向。對曰：『家人尚不欲絕種祠，況於國之神寶舊畤。……及漢宗廟之禮，不得擅議，皆祖宗之君與賢臣所共定。古今異制，經無明文，至尊至重，難以疑說正也。』……後上以無繼嗣故，今皇太后詔有司曰：『……其復甘泉泰畤，汾陰后土如故，及雍五畤、陳寶祠在陳倉者。』」〔註198〕

　　《漢書・成帝紀》：「（永始三年）冬十月庚辰，皇太后詔有司復甘泉泰畤、汾陰后土、雍五畤、陳倉陳寶祠。」〔註199〕

△永始四年，戊申。（西元前13年）六十七歲。

大司馬王商賜金，安車駟馬免。

〔註194〕盧文弨《群書拾補》，（臺北：商務印書館，《國學基本叢書》），頁441。

〔註195〕王應麟《漢書藝文志考證》，（臺北：開明書店，《二十五史補編》，1959年6月，臺一版），頁24。

〔註196〕班固撰，顏師古注，王先謙補注《漢書》，（臺北：藝文印書館，景虛受堂本），卷19，頁45。

〔註197〕班固撰，顏師古注，王先謙補注《漢書》，（臺北：藝文印書館，景虛受堂本），卷19，頁45。

〔註198〕班固撰，顏師古注，王先謙補注《漢書》，（臺北：藝文印書館，景虛受堂本），卷25下，頁15。

〔註199〕班固撰，顏師古注，王先謙補注《漢書》，（臺北：藝文印書館，景虛受堂本），卷10，頁12。

《漢書‧百官公卿表》：「（永始四年）十一月庚申，大司馬商賜日，安車駟馬免。」〔註200〕

△元延元年，已酉。（西元前12年）六十八歲。

星孛東井。

《漢書‧成帝紀》：「（元延元年）秋七月，有星孛于東井。」〔註201〕

王商卒，王根為大司驃騎將軍。

《漢書‧百官公卿表》：「（元延元年）正月壬戌，成都侯商復為大司馬衛將軍，……辛亥薨。庚申，光祿勳王根為大司驃騎將軍。」〔註202〕

△元延二年，庚戌。（西元前11年）六十九歲。

揚雄奏〈甘泉賦〉、〈河東賦〉、〈羽獵賦〉。

《漢書‧成帝紀》：「（元延）二年春正月，行幸甘泉，郊泰畤。三月，行幸河東，祠后土。……冬，行幸長楊宮，從胡客大校獵。」〔註203〕

《漢書‧揚雄傳》：「孝成帝時，客有薦雄文似相如者，上方郊祀甘泉泰畤，汾陰后土，……正月從上甘泉還，奏〈甘泉賦〉以風。……其三月，將祭后土，……還，上〈河東賦〉以勸。……其十二月羽獵，雄從，……故聊因〈校獵賦〉以風。」〔註204〕

△元延三年，辛亥。（西元前10年）七十歲。

蜀郡岷山崩，雍江；向上奏論災異。

《漢書‧成帝紀》：「元延三年春正月丙寅，蜀郡岷山崩，雍江三日，江水竭。」〔註205〕

《漢書‧楚元王傳》：「元延中，星孛東井，蜀郡岷山崩，雍江。向惡此異，……復上奏。……然終不能用也。……向自見得幸於上，故常顯訟

〔註200〕班固撰，顏師古注，王先謙補注《漢書》，（臺北：藝文印書館，景虛受堂本），卷19下，頁46。

〔註201〕班固撰，顏師古注，王先謙補注《漢書》，（臺北：藝文印書館，景虛受堂本），卷10，頁13。

〔註202〕班固撰，顏師古注，王先謙補注《漢書》，（臺北：藝文印書館，景虛受堂本），卷19，頁46。

〔註203〕班固撰，顏師古注，王先謙補注《漢書》，（臺北：藝文印書館，景虛受堂本），卷10，頁14。

〔註204〕班固撰，顏師古注，王先謙補注《漢書》，（臺北：藝文印書館，景虛受堂本），卷87上，頁8～34。

〔註205〕班固撰，顏師古注，王先謙補注《漢書》，（臺北：藝文印書館，景虛受堂本），卷10，頁14。

宗室，譏刺王氏及在位大臣，其言多痛切，……上數欲用向爲九卿，輒不爲王氏居位者及丞相御史所持，故終不遷。」〔註206〕

△元延四年，壬子。（西元前10年）**七十一歲**。

谷永爲大司農。

《漢書・百官公卿表》：「（元延四年）北地太守谷永爲大司農。」〔註207〕

△綏和元年，癸丑。（西元前9年）**七十二歲**。

四月，改御史大夫爲大司空。

《漢書・成帝紀》：「（綏和元年）夏四月，以大司驃騎將軍爲大司馬，罷將軍官。御史大夫爲大司空。」〔註208〕

《漢書・何武傳》：「成帝欲修辟雍，通三公官，即改御史大夫爲大司空。」〔註209〕

向年七十二，說興辟雍，即以是年卒。

《漢書・禮樂志》：「成帝時，犍爲郡於水濱得古磬十六枚，議者以爲善祥。劉向因是說上：『宜興辟雍，設庠序，陳禮樂，隆雅頌之聲，盛揖讓之容，以風化天下。如此而不治者，未之有也。……夫教化之比於刑法，刑法輕，是舍所重而急所輕也。且教化，所恃以爲治也，刑法所以助治也。……初，叔孫通將制定禮儀，見非於齊魯之士，然卒爲漢儒宗，業垂後嗣，斯成法也。』成帝以向言下公卿議，會向病卒，丞相大司空奏請立辟雍。」〔註210〕

按：《漢書・楚元王傳》言向年七十二卒，卒後十三歲代漢，則向卒當在今年矣。綏和元年，成帝欲修辟雍，通改三公官，即改御史大夫爲大司空，何武更爲大司空；則向之請修辟雍，或者尚在綏和元年春夏之際耶？

〔註206〕班固撰，顏師古注，王先謙補注《漢書》，（臺北：藝文印書館，景虛受堂本），卷36，頁28～30。

〔註207〕班固撰，顏師古注，王先謙補注《漢書》，（臺北：藝文印書館，景虛受堂本），卷19下，頁47。

〔註208〕班固撰，顏師古注，王先謙補注《漢書》，（臺北：藝文印書館，景虛受堂本），卷10，頁15。

〔註209〕班固撰，顏師古注，王先謙補注《漢書》，（臺北：藝文印書館，景虛受堂本），卷86，頁3。

〔註210〕班固撰，顏師古注，王先謙補注《漢書》，（臺北：藝文印書館，景虛受堂本），卷22，頁5～6。

第三節　劉向著述考

　　劉向學問淵博，加以校書中秘十餘年，後世之欲行其學者，或嫁名僞託，大有魚目混珠之慨。茲特將各書所載向之著作，分類考訂，條述如后：

一、撰　著

（一）《洪範五行傳論》

《漢書・楚元王傳》曰：

> 向領校中五經秘書，向見尚書洪範箕子爲武王陳五行陰陽休咎之應。向乃集合上古以來歷春秋六國至秦漢符瑞災異之記，推迹行事，連傳禍福，著其占驗，比類相從，各有條目，凡十一篇，號曰《洪範五行傳論》。〔註211〕

《漢書・藝文志・尚書家》：「劉向《五行傳記》十一卷。」〔註212〕

《隋書・經籍志》：「《尚書洪範五行傳論》十一卷，漢光祿大夫劉向注。」
　　〔註213〕

《舊唐書・經籍志》：「《尚書洪範五行傳》十一卷，劉向撰。」〔註214〕

《新唐書・藝文志》：「劉向《洪範五行傳論》十一卷。」〔註215〕

　　按：《漢書・藝文志》謂劉向《五行傳記》十一卷，則《洪範五行傳論》又名《五行傳記》也。揆諸史志，則《洪範五行傳論》爲子政所作，當無疑義。明張溥《百三家集・劉中壘集》輯有《洪範五行傳》一篇，〔註216〕黃奭《黃氏逸書考》輯有劉向《洪範五行傳》，〔註217〕陳壽祺輯有《洪範五

〔註211〕班固撰，顏師古注，王先謙補注《漢書》，（臺北：藝文印書館，景虛受堂本），卷36，頁19。

〔註212〕班固撰，顏師古注，王先謙補注《漢書》，（臺北：藝文印書館，景虛受堂本），卷30，頁6。

〔註213〕魏徵等《隋書》，（臺北：商務印書館，《景印文淵閣四庫全書》本），卷32，頁10。

〔註214〕劉昫《舊唐書》，（臺北：商務印書館，《景印文淵閣四庫全書》本），卷26，頁5。

〔註215〕歐陽脩等《新唐書》，（臺北：商務印書館，《景印文淵閣四庫全書》本），卷47，頁3。

〔註216〕張溥《漢魏六朝百三名家集》，（民國十四年上海掃葉山房石印本）。

〔註217〕黃奭《黃氏逸書考》，（臺北：藝文印書館，《叢書集成三編》）。

行傳》三卷。〔註218〕

（二）《別錄》

《漢書・藝文志》曰：

> 成帝時，以書頗散亡，使謁者陳農求遺書於天下。詔光祿大夫劉向
> 校經傳、諸子、詩賦，步兵校尉任宏校兵書，太史令尹咸校數術，
> 侍醫李柱國校方技。每一書已，向輒條其篇目，撮其旨意，錄而奏
> 之。〔註219〕

阮孝緒〈七錄序〉曰：

> 昔劉向校書，輒爲一錄，論其指歸，辨其訛謬，隨竟奏上，皆載在
> 本書。時又別集眾錄，謂之別錄，即今之別錄是也。〔註220〕

是劉向校書撰寫敘錄時，除附載於各本書外，又別集爲一書，即《別錄》是也。

《隋書・經籍志》：「《七略別錄》二十卷，劉向撰。」〔註221〕

《舊唐書・經籍志》：「《七略別錄》二十卷，劉向撰。」〔註222〕

《新唐書・藝文志》：「劉向《七略別錄》二十卷。」〔註223〕

自《唐志》著錄後，史無傳焉，蓋亡於宋。〔註224〕

按：《別錄》爲劉向之作，當屬無疑。今有輯本多家：清洪頤煊《經典集
林》輯劉向《別錄》一卷，〔註225〕嚴可均《全漢文》輯《別錄》一卷，
〔註226〕馬國翰《玉函山房輯佚書》輯《七略別錄》一卷，〔註227〕顧觀光

〔註218〕陳壽祺《左海全集》，（清嘉慶道光間刊本），第31～34冊。

〔註219〕班固撰，顏師古注，王先謙補注《漢書》，（臺北：藝文印書館，景廬受堂本），卷30，頁1～2。

〔註220〕釋道宣《廣弘明集》，（臺北：商務印書館，《四部叢刊初編》縮印明刊本），卷3，頁35。

〔註221〕魏徵等《隋書》，（臺北：商務印書館，《景印文淵閣四庫全書》本），卷33，頁27。

〔註222〕劉昫《舊唐書》，（臺北：商務印書館，《景印文淵閣四庫全書》本），卷48，頁16。

〔註223〕歐陽脩等《新唐書》，（臺北：商務印書館，《景印文淵閣四庫全書》本），卷26，頁27。

〔註224〕梁啓超《圖書大辭典簿錄之部》，（臺北：中華書局，1958年6月，臺一版），頁4。

〔註225〕劉向《別錄》，（臺北：藝文印書館，《百部叢書集成・經典集林》景清嘉慶問經堂刊本）。

〔註226〕嚴可均《全漢文》，（臺北：世界書局，《全上古三代秦漢三國六朝文》景清光緒二十年甲午春黃岡王氏刊本），卷38。

輯本一卷，〔註228〕姚振宗《快閣師石山房叢書》輯《七略別錄佚文》一卷。〔註229〕姚輯本最後出，輯錄較備，篇目亦較明析也。〔註230〕

（三）奏 議

《漢書》載有劉向之奏議凡十篇：〈使外親上變事〉、〈條災異封事〉、〈極諫用外戚封事〉、〈諫延陵泰奢疏〉、〈論星孛山崩疏〉〔註231〕、〈理甘延壽陳湯疏〉〔註232〕、〈奏劾甘忠可〉〔註233〕、〈對成帝甘泉泰畤問〉〔註234〕、〈說成帝定禮樂〉〔註235〕、〈日食對〉〔註236〕，即嚴可均《全漢文‧劉向集》之第二卷（除〈誡子歆書〉一篇），〔註237〕亦見於張溥《百三家集‧劉中壘集》。〔註238〕

（四）賦

《漢書‧楚元王傳》曰：

> 宣帝循武帝故事，招選名儒俊材置左右。更生以通達能屬文辭，與王褒、張子僑等並進對，獻賦頌凡數十篇。〔註239〕

〔註227〕馬國翰《玉函山房輯佚書》，（臺北：文海出版社，景清同治十年濟南皇華館書局補刻本），頁2382～2388。

〔註228〕梁啓超《圖書大辭典簿錄之部》，（臺北：中華書局，1958年6月，臺一版），頁3，謂顧本為北京圖書館藏鈔本。然今不得見。

〔註229〕姚振宗《七略別錄逸文》，（《快閣叢書》，清宣統三年清鈔藍格底稿本）。

〔註230〕昌彼得《中國目錄學講義》，（臺北：文史哲出版社，1974年10月，初版），頁119。

〔註231〕班固撰，顏師古注，王先謙補注《漢書》，（臺北：藝文印書館，景虛受堂本），卷36，頁。

〔註232〕班固撰，顏師古注，王先謙補注《漢書》，（臺北：藝文印書館，景虛受堂本），卷70，頁11～13。

〔註233〕班固撰，顏師古注，王先謙補注《漢書》，（臺北：藝文印書館，景虛受堂本），卷75，頁31。

〔註234〕班固撰，顏師古注，王先謙補注《漢書》，（臺北：藝文印書館，景虛受堂本），卷25下，頁15。

〔註235〕班固撰，顏師古注，王先謙補注《漢書》，（臺北：藝文印書館，景虛受堂本），卷22，頁5～6。

〔註236〕班固撰，顏師古注，王先謙補注《漢書》，（臺北：藝文印書館，景虛受堂本），卷27下之下，頁15。

〔註237〕嚴可均《全漢文》，（臺北：世界書局，《全上古三代秦漢三國六朝文》景清光緒二十年甲午春黃岡王氏刊本），卷36。

〔註238〕張溥《漢魏六朝百三名家集》，（民國十四年上海掃葉山房石印本）。

〔註239〕班固撰，顏師古注，王先謙補注《漢書》，（臺北：藝文印書館，景虛受堂本），卷36，頁6。

《漢書‧藝文志》:「劉向賦三十三篇。」〔註240〕

可窺其全豹者:為〈請雨華山賦〉(存殘篇)、〈九歎〉、〈高祖頌〉等數篇。

按:王逸《楚辭章句》曰:「〈九歎〉者,護左都水使光祿大夫劉向之所作也。」〔註241〕宋陳振孫《直齋書錄解題》曰:「《劉中壘集》五卷,漢中壘校尉劉向子政撰。前四卷封事並見《漢書》,〈九歎〉見《楚辭》,〈請雨華山賦〉見《古文苑》。」〔註242〕則〈九歌〉、〈請華山賦〉為子政之作,固無疑義;明張溥《劉中壘集》〔註243〕、嚴可均《全漢文》〔註244〕皆取之。〈高祖頌〉見於《漢書‧高祖紀‧贊》,〔註245〕亦當為子政之作,張溥《劉中壘集》亦載之。

僅存數語者:嚴可均《全漢文輯‧文選注》引〈雅琴賦〉七條,〈圍棊賦〉四語。〔註246〕

按:《昭明文選‧韋弘嗣博奕論》李善注引「略觀圍棊,法於用兵,怯者無功,貪者先亡。」四句,謂為劉向〈圍棊賦〉語。〔註247〕然《藝文類聚》七十四卷〈馬融圍棊賦〉亦有此四句,〔註248〕未知孰是?

僅存其目者:《御覽》卷七百十、《北堂書鈔》卷一百三十三引《別錄》曰:「向有〈麒麟角杖賦〉」,〔註249〕《御覽》卷七百一七引《別錄》曰:「向

〔註240〕班固撰,顏師古注,王先謙補注《漢書》,(臺北:藝文印書館,景盧受堂本),卷30,頁53。

〔註241〕王逸章句,洪興祖補註《楚辭補註》,(臺北:藝文印書館,1973年10月,四版),卷16,頁1。

〔註242〕陳振孫《直齋書錄解題》,(臺北:廣文書局,景清武英殿輯永樂大典本,1968年),卷16,頁953;章樵注《古文苑》,(臺北:商務,《四部叢刊初編》縮印常熟瞿氏藏宋本),卷21,頁141亦載此賦。

〔註243〕張溥《漢魏六朝百三名家集》,(民國十四年上海掃葉山房石印本)。

〔註244〕嚴可均《全漢文》,(臺北:世界書局,《全上古三代秦漢三國六朝文》景清光緒二十年甲午春黃岡王氏刊本),卷35,頁1。

〔註245〕班固撰,顏師古注,王先謙補注《漢書》,(臺北:藝文印書館,景盧受堂本),卷1下,頁26。

〔註246〕嚴可均《全漢文》,(臺北:世界書局,《全上古三代秦漢三國六朝文》景清光緒二十年甲午春黃岡王氏刊本,1982年,四版),卷35,頁1～2。

〔註247〕蕭統編,李善注《昭明文選》,(臺北:弘道文化公司,景宋淳熙本重雕鄱陽胡氏藏版本),卷52,頁7。

〔註248〕歐陽詢《藝文類聚》,(臺北:新興書局,宋刻本缺卷用明本補),卷74,頁1905。

〔註249〕李昉《太平御覽》,(臺北:商務印書館,《景印文淵閣四庫全書》本),卷710,頁10;又見虞世南《北堂書鈔》,(臺北:新興書局,景清光緒二十二年校宋

有〈合賦〉」，〔註250〕《御覽》卷八百三十二引《別錄》曰：「向有〈行過江上弋雁賦〉、〈行弋賦〉、〈弋雌得雄賦〉。」〔註251〕

（五）雜　文

《漢書・楚元王傳》曰：

> 會（周）堪疾，瘖不能言而卒。顯誣譖猛，令自殺於公車。更生傷之，乃著疾讒、摘要、救危及世頌，凡八篇，依興故事，悼己及同類也。〔註252〕

按：據《漢書》所言，此八篇為向所作，然今不傳。嚴可均《全漢文》載有〈誡子歆書〉一篇，〔註253〕內述劉歆為黃門侍郎，與〈歆傳〉合，為子政之作，當屬不謬。《劉中壘集》、《全漢文》均載有〈杖銘〉、〈薰鑪銘〉，〔註254〕似為子政所作。至《全漢文》所載〈五紀說〉、〈五紀論〉二篇，乃嚴氏錄自《宋書・天文志》者。〔註255〕周呆曰：「其說與《五行傳》略同，而簡漏特甚。雖子政之《五行傳》為數十一，〈漢志〉所載，非其全書，而此二篇，終莫信為子政之物也。」〔註256〕可備一說。

二、編　撰

（一）《列女傳》

《漢書・楚元王傳》曰：

> 向睹俗彌奢淫，而趙衛之屬，起微賤，踰禮制，向以為王教由內及

　　　刻本），卷 133，頁 12。
〔註250〕李昉《太平御覽》，（臺北：商務印書館，《景印文淵閣四庫全書》本），卷 717，頁 7。
〔註251〕李昉《太平御覽》，（臺北：商務印書館，《景印文淵閣四庫全書》本），卷 833，頁 7。
〔註252〕班固撰，顏師古注，王先謙補注《漢書》，臺北：藝文印書館，景盧受堂本（），卷 36，頁 18。
〔註253〕嚴可均《全漢文》，（臺北：世界書局，《全上古三代秦漢三國六朝文》景清光緒二十年甲午春黃岡王氏刊本），卷 36，頁 11～12。
〔註254〕張溥《漢魏六朝百三名家集》，（民國十四年上海掃葉山房石印本）；嚴可均《全漢文》，（臺北：世界書局，《全上古三代秦漢三國六朝文》景清光緒二十年甲午春黃岡王氏刊本），卷 37，頁 9。
〔註255〕嚴可均《全漢文》，（臺北：世界書局，《全上古三代秦漢三國六朝文》景清光緒二十年甲午春黃岡王氏刊本），卷 37，頁 9。
〔註256〕周呆〈劉子政生卒年月及其著述考辨〉，（《文學年報》，第 2 期），頁 84。

外，自近者始，故採取詩書所載賢妃貞婦，興國顯家可法則，及孽嬖亂亡者，序次爲《列女傳》，凡八篇，以戒天子。〔註257〕

羅根澤曰：

〈漢志‧諸子略‧儒家〉載「劉向所序六十七篇。」註「《新序》、《説苑》、《世說》、《列女傳》頌圖也。」……《初學記》二十五、《太平御覽》七百一俱引劉向《別錄》曰：「臣向與黃門侍郎歆所校《列女傳》，種類相從爲七篇，以著禍福榮辱之效，是非得失之分，畫之屏風四堵。」劉向於《説苑》、《列女傳》皆曰校，校字之義，據《文選‧魏都賦》註引劉向《別錄》云：「一人讀書，校其上下，得謬誤爲校。」然則二書，劉向時已有成書，已有定名，故劉向得讀而校之，其非作始劉向，毫無疑義。〔註258〕

又曰：

於《列女傳》曰：「種類相從爲七篇。」知此等書爲當時所固有，以其次序凌亂，故向又爲之整理排次。……此三書（《新序》、《説苑》、《列女傳》）蓋佚其作者，故《七略》繫之劉向，而冠以所序二字，明爲劉向所序次，而非劉向所撰著也。〔註259〕

張心澂曰：

「某某所序」即今所謂「某某編輯」，如《説苑》有由向增入者，可云「某某編撰」。唐長孫無忌《隋書‧經籍志》於《新序》、《説苑》、《列女傳》三書皆云「劉向撰」，後世因之。……曰「撰」曰「著」者非。〔註260〕

按：羅氏引《別錄》所言謂向時已有成書，已有定名。然據《漢書‧楚元王傳》所言，劉向以外家日盛，其漸必危劉氏，身爲宗室遺老，歷事三主，睹趙魏之屬起微賤，踰禮制，遂序次《列女傳》，以戒天子；〔註261〕其動機明矣。又言「故採取詩書所載賢妃貞婦，興國顯家可法則，及孽嬖亂亡

〔註257〕班固撰，顏師古注，王先謙補注《漢書》，（臺北：藝文印書館，景盧受堂本），卷36，頁24。

〔註258〕羅根澤《諸子考索》，（臺北：學林書店，1977年，初版），頁540～542。

〔註259〕羅根澤《諸子考索》，（臺北：學林書店，1977年，初版），頁541～542。

〔註260〕張心澂《僞書通考》，（臺北：宏業書局，1975年6月），頁638。

〔註261〕班固撰，顏師古注，王先謙補注《漢書》，（臺北：藝文印書館，景盧受堂本），卷36，頁24。

者，序次爲《列女傳》。」〔註262〕是向時未有《列女傳》一書，經由向采取而成。筆削取捨之間，自有義法，且寓劉向之意於其間；況研究史實，必以紀傳爲準，始能得其實，故余以爲《列女傳》一書爲劉向所編撰，似當無疑義矣。

（二）《新序》

《漢書・楚元王傳》曰：

> （向）采傳記行事，著《新序》、《說苑》凡五十篇奏之。〔註263〕

《漢書・藝文志》載劉向所序六十七篇，並注云：「《新序》、《說苑》、《世說》、《列女傳》頌圖也。」〔註264〕《晉書・陸喜傳》謂劉向省《新語》而作《新序》。桓譚詠《新序》而作《新論》。〔註265〕《隋書・經籍志》言《新序》爲劉向所撰，〔註266〕而《史記・商君傳・索隱》則謂《新序》是劉歆所撰，〔註267〕眾說紛紜，莫衷一是。

羅根澤曰：

> 向於《說苑》、《列女傳》皆曰「校」。校字之義，據《文選・魏都賦》註引劉向《別錄》曰：「一人讀書，校其上下，得謬誤爲校。」然則二書，劉向時已有成書，已有定名，故劉向得讀而校之，其作始劉向，毫無疑義。惟《新序》一書，敍錄久佚，無從考證。然《說苑・敍錄》言「除去與《新序》復重者」云云，則《新序》亦當時已成之書，非自劉向撰著。〔註268〕

張心澂曰：

> 「某某所序」即今所謂「某某編輯」，如《說苑》有由向增入者，可

〔註262〕班固撰，顏師古注，王先謙補注《漢書》，（臺北：藝文印書館，景虛受堂本），卷36，頁24。

〔註263〕班固撰，顏師古注，王先謙補注《漢書》，（臺北：藝文印書館，景虛受堂本），卷36，頁24。

〔註264〕班固撰，顏師古注，王先謙補注《漢書》，（臺北：藝文印書館，景虛受堂本），卷30，頁32。

〔註265〕房玄齡等撰，吳士鑑、劉承幹斠注《晉書》，（臺北：商務印書館，《景印文淵閣四庫全書》本），卷54，頁28。

〔註266〕魏徵等《隋書》，（臺北：商務印書館，《景印文淵閣四庫全書》本），卷33，頁1。

〔註267〕司馬遷撰，裴駰集解，司馬貞索隱，張守節正義《史記》，（臺北：藝文印書館，景武英殿本），卷68，頁10。

〔註268〕羅根澤《諸子考索》，（臺北：學林書店，1977年，初版），頁540〜541。

云「某某編撰」。唐長孫無忌撰《隋書・經籍志》，於《新序》、《説苑》、《列女傳》三書皆云「劉向撰」，後世因之。宋曾鞏序《新序》曰：「向之序此書」，序《説苑》曰：「劉向所序」是也。曰「撰」曰「著」者非。〔註269〕

按：《新序》卷四有「臣向愚以鴻範推之」云云，該書多章首尾時有議論，而文義句法，率與之同，書內增益一己之說者，當亦不少，〔註270〕然則《新序》一書，當爲劉向所編撰。

（三）《說苑》

《漢書・楚元王傳》曰：

向以爲王教由内及外，自近者始。故採取詩書所載賢妃貞婦，興國顯家可法則，及孽嬖亂亡者，序次爲《列女傳》，凡八篇，以戒天子。及采傳記行事，著《新序》、《説苑》凡五十篇奏之。〔註271〕

《說苑・敘錄》曰：

護左都水使者光祿大夫臣向言：所校中《説苑》雜事及臣向書、民間書、誣校讐。其事類眾多，章句相溷，或上下謬亂，難分別次。除去與《新序》復重者，其餘者淺薄不中義理，別集以爲百家後；以類相從，一一條別篇目。更以造新事十萬言，以上。凡二十篇，七百八十四章；號曰《新苑》，皆可觀。臣向昧死。〔註272〕

姚振宗曰：

《新苑》疑《新説苑》，脱説字。猶重編《國語》稱《新國語》也。〔註273〕

余嘉錫曰：

夫謂之采傳記行事，則非其所自作。謂爲校中書《説苑雜事》，則當

〔註269〕張心澂《僞書通考》，（臺北：宏業書局，1975年6月），頁638。
〔註270〕蔡信發《新序疏證》，（臺北：嘉新水泥公司文化基金會，《嘉新水泥公司文化基金會研究論文》第367種，1980年），頁2。
〔註271〕班固撰，顏師古注，王先謙補注《漢書》，（臺北：藝文印書館，景盧受堂本），卷36，頁24。
〔註272〕劉向《説苑》，（臺北：商務印書館，《四部叢刊初編》縮印平湖葛氏傳樸堂藏明鈔本），頁1。
〔註273〕姚振宗《七略別錄佚文》，（《快閣師石山房叢書》，清宣統三年清鈔藍格底稿本），頁19。

時本有《說苑》之書，向但除其與《新序》復重者，爲之條別篇目，
令以類相從耳。〔註274〕

羅根澤謂劉向於《說苑》，只是序，而非撰著，其說曰：

劉向敍錄於《說苑》曰：「以類編次，一一條列篇目。」於《列女傳》
曰：「種類相從爲七篇。」知此等書爲當時所固有，以其次序凌亂，
故劉向爲之整理排次。劉向爲之整理排次之書甚多，不獨於三書爲然
也。……此三書蓋佚其作者，故《七略》繫之劉向，而冠以「所序」
二字，明爲劉向所序次，而非劉向所撰著者也。〔註275〕

張心澂曰：

「某某所序」即今所謂「某某編輯」，如《說苑》有由向增入者，可
云「某某編撰」。……宋曾鞏序《新序》曰：「向之序此書。」，序《說
苑》曰：「劉向所序」是也。曰「撰」曰「著」者非。〔註276〕

嚴靈峰先生曰：

依《說苑・敍錄》全文，可以斷定：現行「說苑」乃劉向所校讐，
並分類加工篇目。可說是「編校」而非「自著」。〔註277〕

按：羅氏以作者不明，故繫之劉向。若果如羅氏所說，「內業十五篇」、「儒
家言十八篇」〔註278〕等及〈藝文志〉所載「不知作者」之書，當全納入
劉向所序；可見因作者不明而繫於劉向之說，不可信矣。

現行本之《說苑》，各卷首皆有總論性之文章，明示各卷之思想立場，且全
書之思想體系井然有序，並非「校定」而成。復以《說苑・敍錄》明言「更
以造新事十萬言」〔註279〕是《說苑》有由向增入者，則《說苑》爲劉向所
編撰者也。《說苑》書名，據錄所言「號曰《新苑》」〔註280〕而《漢書》本
傳及《漢志》，皆曰《說苑》。姚振宗以爲《新苑》疑即《新說苑》，脫「說」

〔註274〕余嘉錫《四庫提要辨證》，（臺北：藝文印書館，排印本，1937年），頁23。

〔註275〕羅根澤《諸子考索》，（臺北：學林書店，1977年，初版），頁541～542。

〔註276〕張心澂《僞書通考》，（臺北：宏業書局，1975年6月），頁638。

〔註277〕嚴靈峰〈劉向說苑敍錄研究〉，（《大陸雜誌》56卷6期，1978年6月），頁42。

〔註278〕班固撰，顏師古注，王先謙補注《漢書》，（臺北：藝文印書館，景虛受堂本），
卷30，頁29、頁32。

〔註279〕劉向《說苑》，（臺北：商務印書館，《四部叢刊初編》縮印平湖葛氏傳樸堂藏
明鈔本），頁1。

〔註280〕劉向《說苑》，（臺北：商務印書館，《四部叢刊初編》縮印平湖葛氏傳樸堂藏
明鈔本），頁1。

字，〔註281〕羅根澤以爲《說苑》蓋即劉向增補之《新苑》。〔註282〕要之，《新苑》、《新說苑》、《說苑》，殆同書之異名也。劉向本就《說苑雜事》定名爲《新苑》或《新說苑》，至班固撰〈劉向傳〉時，改稱或誤稱爲《說苑》，後世依之，至今不改。

三、漢志著錄未傳者

（一）《世說》

《漢書・藝文志》曰：

> 「劉向所序六十七篇。」注：「《新序》、《說苑》、《世說》、《列女傳》傳頌圖也。」〔註283〕

按：〈向傳〉言向爲《列女傳》八篇、《新序》、《說苑》凡五十篇，〔註284〕則《世說》當爲九卷。然此書《隋志》、《唐志》皆不著錄。宋黃伯思〈跋世說新語後〉曰：「《世說》之名，肇劉向，六十七篇中，已有此目。其書今亡。」〔註285〕是宋之時已亡矣。

（二）《新國語》

《漢書・藝文志》曰：

> 「《新國語》五十四篇。」注：「劉向分《國語》。」〔註286〕

按：此書《隋志》、《唐志》皆未著錄，蓋未傳也。

（三）《稽疑》

《漢書・藝文志》曰：

> 「凡書九家，四百一十二篇。」注：「入劉向《稽疑》一篇。」〔註287〕

〔註281〕姚振宗《七略別錄佚文》，（《快閣師石山房叢書》，清宣統三年清鈔藍格底稿本），頁19。
〔註282〕羅根澤《諸子考索》，（臺北：學林書店，1977年，初版），頁541。
〔註283〕班固撰，顏師古注，王先謙補注《漢書》，（臺北：藝文印書館，景盧受堂本），卷30，頁32。
〔註284〕班固撰，顏師古注，王先謙補注《漢書》，（臺北：藝文印書館，景盧受堂本），卷36，頁24。
〔註285〕黃伯思《東觀餘論》，（明萬曆甲申秀水項氏萬卷堂刊本），卷下，頁10。
〔註286〕班固撰，顏師古注，王先謙補注《漢書》，（臺北：藝文印書館，景盧受堂本），卷30，頁17。
〔註287〕班固撰，顏師古注，王先謙補注《漢書》，（臺北：藝文印書館，景盧受堂本），卷30，頁7。

按：此書《隋志》、《唐志》皆無著錄，亦未傳。

（四）《說老子》

《漢書·藝文志》曰：

> 劉向《說老子》四篇。〔註288〕

按：此書隋、唐諸志皆不著錄，亦未傳也。

四、疑係僞託者

（一）《五經通義》、《五經要義》、《五經雜義》

《隋書·經籍志》有《五經通義》八卷，注云梁九卷，不題撰人名氏；又載《五經要義》五卷，注云梁十七卷，雷氏撰；又《五經雜義》六卷，孫暢之撰。〔註289〕《舊唐書·經籍志》載《五經通義》九卷、《五經要義》五卷、《五經雜義》七卷，均著劉向撰；《新唐書·藝文志》同。〔註290〕

《五經通義》今有黃奭〔註291〕、馬國翰〔註292〕、洪頤煊〔註293〕等人輯本各一卷。《五經要義》今有洪頤煊〔註294〕、馬國翰〔註295〕、黃奭〔註296〕等人輯本各一卷，然洪題劉向，馬題雷氏，黃題雷次宗。《五經雜義》未見輯本，想已久亡矣。

三書是否爲子政所著，鮮有辨者。劉師培謂三書均非出於子政，其言曰：

〔註288〕班固撰，顏師古注，王先謙補注《漢書》，（臺北：藝文印書館，景盧受堂本），卷30，頁34。

〔註289〕魏徵等《隋書》，（臺北：商務印書館，《景印文淵閣四庫全書》本），卷32，頁28。

〔註290〕劉昫《舊唐書》，（臺北：商務印書館，《景印文淵閣四庫全書》本），卷26，頁12；歐陽修等《新唐書》，（臺北：商務印書館，《景印文淵閣四庫全書》本），卷47，頁10。

〔註291〕黃奭《黃氏逸書考》，（臺北：藝文印書館，《叢書集成三編》）。

〔註292〕馬國翰《玉函山房輯佚書》，（臺北：文海出版社，景清同治十年濟南皇華館書局補刻本），頁1934～1940。

〔註293〕劉向《五經通義》，（臺北：藝文印書館，《百部叢書集成·經典集林》景清嘉慶問經堂刊本），卷5，頁1～7。

〔註294〕劉向《五經要義》，（臺北：藝文印書館，《百部叢書集成·經典集林》景清嘉慶問經堂刊本），卷6，頁1～3。

〔註295〕馬國翰《玉函山房輯佚書》，（臺北：文海出版社，景清同治十年濟南皇華館書局補刻本），頁1941～1942。

〔註296〕黃奭《黃氏逸書考》，（臺北：藝文印書館，《叢書集成三編》）。

漢儒論石渠之書，班〈志〉所著錄者，《書》《禮》《春秋》《論語》，各有議奏，爲篇一百三十七，自注均云「石渠論」。別有《五經雜議》，爲篇十八。伺《孝經》《爾雅》間，注與上同，後先互勘，則議下脫「奏」字，蓋誼於專經靡所麗，斯之謂雜說，雖不滯於一經，體則弗殊於奏議。又觀范書〈蔡邕傳〉，載邕事云：「孝宣會諸儒於石渠，章帝集學士於白虎……今考白虎論經，刪集奏議，別爲通議。持以相衡，則石渠各議奏，凡帝制所題，亦應別集爲書。」證以蔡言，則彼書亦名《通義》，惟目爲班〈志〉所弗臚，說爲後儒弗稱，撰集之人，今亦靡稽。……〈隋志·經部〉有《五經通義》八卷，注云梁九卷。有《五經要義》五卷，注云梁十七卷，雷氏撰。又有《五經雜議》六卷，孫暢之撰。……自新舊《唐書·藝文志》，於經論五經之書，有《雜義》七卷，《通義》九卷，《要義》五卷，均曰劉向撰。夫三書卷帙，均與〈隋志〉略符，〈隋志〉於《要義》、《雜義》，既標雷孫二氏爲撰人，則與子政靡所涉。如曰別屬一書，則應爲《隋志》所弗詳，顯出唐儒之脂筆。蓋標題之誤，撰者之僞，二者必居其一焉。至於《通義》，則《通典》一百四，曾與《白虎通義》並臚，彼語列前，此文伺後……今此文於《通義》標曰「云」，於《題詞》、《白虎通》均標「曰」，則《題詞》、《白虎通》二書，似均《通義》所引，由是而言，不惟非子政之書……蓋書出漢魏間，說與今文爲近。〈隋志〉不載作者姓名，是其慎也。……又子政於石渠僅預講論之盛，未奉撰集之詔，班史具存，唐志孤證，詎足孰乎？〔註297〕

劉氏之說足破〈唐志〉之謬，三書非子政所撰，固無疑義矣。

（二）《列仙傳》

〈隋志〉著錄《列仙傳》三卷；又《列仙傳讚》二卷，劉向撰。〔註298〕《舊唐書·經籍志》著錄《列仙傳讚》一卷，劉向撰。〔註299〕《新唐書·藝

〔註297〕劉師培〈劉向撰五經通義、五經要義、五經雜義辨〉，《國粹學報》70 期，1910 年 8 月），頁 1～2。
〔註298〕魏徵等《隋書》，（臺北：商務印書館，《景印文淵閣四庫全書》本），卷33，頁 18。
〔註299〕劉昫《舊唐書》，（臺北：商務印書館，《景印文淵閣四庫全書》本），卷26，頁 23。

文志》著錄劉向《列仙傳》二卷。〔註300〕《宋史・藝文志》著錄劉向《列仙傳》三卷。〔註301〕

　　按：陳振孫《直齋書錄解題》曰：「《列仙傳》二卷，漢劉向傳，凡七十二人，每傳有贊，似非向本書，西漢人文章不爾也。《館閣書目》，三卷六十二人，《崇文總目》作二卷七十二人，與此合。」〔註302〕又黃伯思〈跋劉向列仙傳後〉亦云：「傳云劉向作，而《漢書》向所序六十七篇，但有《新序》、《說苑》、《列女傳》等，而無此書。又敘事並贊不類向文，恐非其筆。然事詳語約，辭旨明潤，疑東京文也。」〔註303〕是《列仙傳》疑係嫁名於劉向，非向所自作也。

其他又別有〈漢志〉不著錄，〈舊唐志〉著錄之《周易繫辭義》，〔註304〕兩〈唐志〉著錄之《九章重差》，〔註305〕皆誤為劉向所作，其書今亡。

五、輯　佚

（一）〈樂記〉

《漢書・藝文志》曰：

　　（王）禹，成帝時為謁者，數言其義，獻二十四卷記。劉向校書得〈樂記〉二十三篇，與禹不同。〔註306〕

此書久亡，今馬國翰輯有〈樂記〉一卷，錄《玉函山房輯佚書》，〔註307〕任兆

〔註300〕歐陽脩等《新唐書》，（臺北：商務印書館，《景印文淵閣四庫全書》本），卷49，頁4。

〔註301〕托托《宋史》，（臺北：商務印書館，《景印文淵閣四庫全書》本），卷250，頁12。

〔註302〕陳振孫《直齋書錄解題》，（臺北：廣文書局，景清武英殿輯永樂大典本），卷12，頁743。

〔註303〕黃伯思《東觀餘論》，（明萬曆甲申秀水項氏萬卷堂刊本），卷下，頁38～39。

〔註304〕劉昫《舊唐書》，（臺北：商務印書館，《景印文淵閣四庫全書》本），卷26，頁5。

〔註305〕歐陽脩等《新唐書》，（臺北：商務印書館，《景印文淵閣四庫全書》本），卷49，頁17。

〔註306〕班固撰，顏師古注，王先謙補注《漢書》，（臺北：藝文印書館，景虛受堂本），卷30，頁15。

〔註307〕馬國翰《玉函山房輯佚書》，（臺北：文海出版社，景清同治十年濟南皇華館書局補刻本），頁1150～1151。

麟亦輯有〈樂記〉一卷。〔註308〕

（二）《孝子傳》

茆泮林《古孝子傳輯本·題記》曰：

> 劉向《孝子傳》，隋、唐〈志〉皆不著錄，惟《玉海》，引唐許南容
> 策京兆，稱劉向修孝子之圖。〔註309〕

此書久佚，今有茆泮林〔註310〕、黃奭〔註311〕、王仁俊〔註312〕輯本各一卷，僅數人，不足徵矣。

（三）《春秋穀梁傳說》

馬國翰曰：

> 《春秋穀梁傳說》一卷，漢劉向撰。向有《洪範五行傳記》，已著錄。
> 《漢書·儒林傳》云：「劉向以故諫大夫通達，待詔受《穀梁》。」
> 不言撰作。隋、唐〈志〉皆不著錄，皆《晉書·五行志》引劉向《春
> 秋》說，范注楊疏亦並引劉向，則劉氏實有書矣。〔註313〕

《漢書》本傳未云撰作，隋、唐〈志〉皆不著錄，馬氏以《晉書·五行志》引子政《春秋說》，蒐集十六節，錄於《玉房山房輯佚書》；〔註314〕又王仁俊輯有《春秋穀梁劉更生義》一卷。〔註315〕

據《叢書子目》，王仁俊輯有《孟子劉中壘注》一卷〔註316〕、《周易劉氏

〔註308〕中國學術史研究所編《叢書子目類編》，（臺北：中國學典館復館籌備處，1967
　　　年，初版），頁99。
〔註309〕劉向《古孝子傳》，（臺北：藝文印書館，《百部叢書集成·十種古逸書》），頁
　　　1。
〔註310〕劉向《古孝子傳》，（臺北：藝文印書館，《百部叢書集成·十種古逸書》），頁
　　　1～2。
〔註311〕黃奭《黃氏逸書考》，（臺北：藝文印書館，《叢書集成三編》）。
〔註312〕中國學術史研究所編《叢書子目類編》，（臺北：中國學典館復館籌備處，1967
　　　年，初版），頁442。
〔註313〕馬國翰《玉函山房輯佚書》，（臺北：文海出版社，景清同治十年濟南皇華館
　　　書局補刻本），頁1188。
〔註314〕馬國翰《玉函山房輯佚書》，（臺北：文海出版社，景清同治十年濟南皇華館
　　　書局補刻本），頁1188～1191。
〔註315〕中國學術史研究所編《叢書子目類編》，（臺北：中國學典館復館籌備處，1967
　　　年，初版），頁118。
〔註316〕中國學術史研究所編《叢書子目類編》，（臺北：中國學典館復館籌備處，1967
　　　年，初版），頁145。

義》一卷。〔註317〕

附：劉向著述版本述要

一、《新序》

（一）《新序》版本，見於舊目所收者：

《增訂四庫簡明目錄標注》上：

> 《新序》十卷，漢劉向撰。唐以前本皆三十卷，宋以後本皆十卷。
> 蓋不知為合併，為殘缺也。

注：

> 《漢魏叢書》本。嘉靖丁未何良俊刊本。明袁弘道等刊本。胡維新
> 本。黃丕烈有北宋刊本，十一行，行二十字。明正德五年楚藩刊本。
> 蔣寅坊有宋刊本。《群書拾補》內有校正《新序》若干條，《新序》
> 逸文五十一條，校正《說苑》若干條，《說苑》逸文二十五條。

續錄：

> 元刊本，半葉十一行，行十八字，目錄在序前，明初刊大字本。明
> 內府本。明翻宋本。明刊《劉氏二書》本。《子書百種》本。光緒癸
> 未長洲蔣氏鐵華館影宋刊本，廣《漢魏叢書》本。《四部叢刊》本。
> 日本享保二十年尚古堂刊本。日本文政尚古堂刊本。

（二）《新序》善本見於臺者：

1. 明嘉靖乙未楚府崇本書院重刊黑口十行本（藏中圖、故宮）
2. 明嘉靖丁未華亭何良俊刊《新序》、《說苑》合刻本（藏中圖、故宮、史語所）
3. 明嘉靖己未楊美益刊本（《劉氏二書》之一，藏中圖）
4. 明刊黑口十行本（藏中圖、故宮）
5. 明刊黑口十一行本（藏中圖、故宮）
6. 明刊白口十行本（藏中圖）
7. 明刊白口十行本，附近人葉德輝手書題記（藏故宮）

〔註317〕中國學術史研究所編《叢書子目類編》，（臺北：中國學典館復館籌備處，1967年，初版），頁5。

8. 明金閶擁萬堂刊本（秘書九種之一，藏故宮）

9. 明陳用光校明刊本（藏史語所）

10. 明《天一閣叢書》刊本（藏史語所）

11. 明萬曆《漢魏叢書》刊本（藏中圖、故宮、史語所）

12. 明末何氏《漢魏叢書》刊本（藏中圖、臺大）

13. 清《文淵閣四庫全書》本（四庫薈要本，藏故宮）

14. 《新序考》不分卷（日本岡本保孝撰，日本鈔本，藏故宮）

15. 《新序旁證》十卷（清不著撰人手稿本，藏中圖）

16. 《劉向新序纂注》十卷（日本武井驥撰，日本文政四年刊本，藏故宮）

二、《說苑》

（一）《說苑》版本，見於舊目所收者：

《增訂四庫簡明目錄標注》上：

> 《說苑》二十卷，漢劉向撰。

注：

> 《漢魏叢書》本。明嘉靖何良俊刊本。嘉靖乙未刊大字本。明正德五年楚藩刊本。胡維新本。拜經樓有宋咸淳乙丑刊本九行，行十八字。許氏有借拜經樓宋刻校本。日本國有新刊纂注本。陳少章曰：明洪武十五年頒《說苑》、《新序》于天下學校，令生學講讀；見〈劉仲質傳〉。

續錄：

> 黃有北宋本，宋板卷一第二行有鴻嘉年號，歸湘潭袁氏。李木齋有宋刊殘本，存十一至二十卷，半葉十一行，行二十字，以洪武本配定。鄧孝先有咸淳本，汪閬源藏書，傅沅叔曾校於漢魏本。元刊本，每半葉十一行，行十八字。元刊大字本。元麻沙小字本。明內府本。明翻宋本。明袁弘道等校刊本。明嘉靖楊美益刊《劉氏二書》本，《子書百種》本。廣《漢魏叢書》本。《四部叢書》本。民國元年湖北官書處刊本。日本寬政六年興藝館刊纂注本。

（二）《說苑》善本見於臺者：

1. 宋咸淳元年鎮江府學重刊明補本（藏史語所）

2. 傅鈔宋咸淳鎮江府學刊本（藏中圖）

3. 元刊明代修補九行本（藏故宮）

4. 明初刊黑口十行本（藏故宮）

5. 明刊黑口十一行本（吳興張氏韞輝齋藏書，藏中圖）

6. 明初刊黑口十三行本（藏中圖）

7. 明初刊黑口十一行本，首冊鈔配（藏故宮）

8. 明刊白口十行本（藏中圖）

9. 明正德五年楚藩刊本（藏中圖）

10. 明嘉靖乙未楚藩崇本書院重刊本（藏中圖）

11. 明嘉靖丁未華亭何良俊合刻本（藏中圖、故宮）

12. 明嘉靖楊美益刊本（《劉氏二書》之一，藏中圖）

13. 明新安吳勉學校刊本（藏中圖）

14. 明金閶擁萬堂刊本（秘書九種之一，藏故宮）

15. 明《天一閣叢書》刊本（藏史語所）

16. 明萬曆間《漢魏叢書》本（藏中圖、故宮、史語所）

17. 明末何氏《漢魏叢書》刊本（藏中圖、臺大）

18. 清《文淵閣四庫全書》本（《四庫薈要》本，藏故宮）

19. 《說苑考》不分卷（日本岡本保孝撰，日本鈔本，藏故宮）

20. 《說苑旁證》（清不著撰人手稿本，藏中圖）

21. 《劉向說苑纂注》二十卷（日本關嘉撰，日本寬政六年興藝館刊本，藏故宮）

三、《列女傳》

（一）《列女傳》版本，見於舊目所收者：

《增訂四庫簡明目錄標注》上：

> 古《列女傳》七卷，《續列女傳》一卷，漢劉向撰。續傳一卷，不知誰作，或曰班昭，或曰項原，皆影附無據也。舊合爲一編，宋王回乃以有頌無頌離析其文爲今本。

注：

> 明黃魯曾刊本。明張溥刊本。又有明刊繪圖本。阮刊仿宋繪圖本。顧抱沖仿宋刊本，佳，附考證一卷。又郝懿行妻王照圓補注本。汪遠孫妻梁端校注本。

續錄：

　　宋建安余氏勤有堂刊本，八卷。黃魯曾刊本，十二行，二十字，次
　　行吳郡黃魯曾贊，三行吳郡朱景固校正。明萬曆三十四年刊本。明
　　汪氏增輯本十六卷，仇英繪圖。清乾隆間知不足齋刊本。崇文局本。
　　同治十三年補刊梁端校注本。光緒十八年刊清蕭道管集注本八卷，
　　補遺一卷。

（二）《列女傳》善本見於臺者：

　1.明黃魯曾刊本（藏中圖）
　2.明萬曆丙武新都黃嘉育刊本附圖（藏中圖）
　3.明萬曆刊本（藏史語所）
　4.明嘉靖吳郡黃氏刊本（漢唐三傳之一，藏中圖）
　5.清《文淵閣四庫全書》本（《四庫薈要》本，藏故宮）

第四節　劉向新傳

　　劉向世系圖如下：〔註318〕

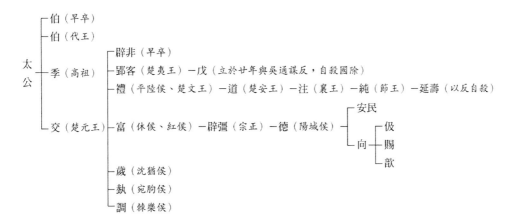

　　劉向，本名更生。高祖交，漢高祖同父少弟也，好書多材藝；少時嘗與
魯穆生、白生、申公俱受《詩》於浮丘伯；伯者，荀卿門人也。高祖兄弟四
人，長兄伯，次仲；伯蚤卒。

〔註318〕據班固撰，顏師古注，王先謙補注《漢書》，（臺北：藝文印書館，景虛受堂
　　　　本），卷36而列。

　　高祖爲沛公時，景駒自立爲楚王，高祖使仲與審食其留侍太上皇；交與蕭何、曹參等俱從高祖見景駒，遇項梁，共立楚懷王。因西攻南陽，入武關，與秦戰於藍田。至霸上，交受封爲文信君。從入蜀、漢，還定三秦，誅項籍。高祖即帝位，交與盧綰常侍上，出入臥內，傳言語諸內事隱謀。

　　高帝六年（西元前 201 年）廢楚王信，分其地爲二國。立從父兄劉賈爲荊王；交爲楚王，王薛郡、東海、彭城三十六縣。

　　元王既至楚，以穆生、白生、申公爲中大夫。孝惠、高后時，漢之公卿皆武力功臣，〔註 319〕然元王獨尚儒，時，浮丘伯在長安，元王遣子郢客與申公俱卒業。文帝時，聞申公爲《詩》最精，以爲博士。元王好《詩》，諸子皆讀《詩》，申公始爲《詩傳》，號《魯詩》。元王亦次之《詩傳》，號曰《元王詩》，世或有之。

　　高后二年（西元前 186 年），以元王子上邳侯郢客爲宗正。元王立二十三年薨，太子辟非先卒，文帝乃以宗正上邳侯郢客嗣，是爲楚夷王。文帝尊寵元王，子生，爵比皇子。景帝時，以親親封元王寵子五人：禮爲平陸侯，富爲休侯，歲爲沈猶侯，埶爲宛朐侯，調爲棘樂侯。

　　申公爲博士，失官，隨郢客歸，復爲中大夫。郢客令申公傅太子戊，戊不好學，病申公。郢客立四年薨，子戊嗣。王戊意忌儒生，醴酒不設，穆生遂謝病去，申公、白公勸不能而獨留之。景帝二年爲薄太后服，私姦，削東海、薛郡，乃與吳通謀。申公、白公諫，不聽，胥靡之，衣赭衣，使杵臼雅舂於市。申公愧之，歸魯退居家教，終身不出門。〔註 320〕休侯使人諫王，不聽，反欲誅之；休侯懼，乃與太夫人奔京師。景帝三年春，削書到，遂應吳王濞反。其相張尚、太傅趙夷吾諫，不聽，殺之。起兵會吳，至昌邑南，與漢將周亞夫戰。漢絕其糧道，士饑，戊自殺，軍遂降漢。景帝乃立宗正平陸侯禮爲楚王，奉元王後，是爲文王。

　　更生之曾祖休侯富，既奔京師，王戊反，坐免侯，後景帝聞其數諫戊，乃更封富爲紅侯。太夫人與竇太后有親，求留京師，詔許之。富子辟彊等四人供養，仕於朝。

〔註 319〕班固撰，顏師古注，王先謙補注《漢書》，（臺北：藝文印書館，景虛受堂本），
　　　　卷 88，頁 3。
〔註 320〕班固撰，顏師古注，王先謙補注《漢書》，（臺北：藝文印書館，景虛受堂本），
　　　　卷 88，頁 15～16。

更生之祖辟彊亦好讀《詩》，能屬文。武帝時，以宗室子隨二千石論議，冠諸宗室。清靜少欲，常以書自娛，不肯仕。昭帝即位，大將軍霍光欲擇宗室可用者，辟彊子德待詔丞相府，年三十餘，欲用之。或言父見在，亦先帝所寵也。遂拜辟彊爲光祿大夫，守長樂尉，時年已八十矣。徙爲宗正，數月卒。

更生父德，修黃老術，有智略。少時，數言事，召見甘泉宮，武帝謂之「千里駒」。昭帝初，爲宗正丞，雜治劉澤詔獄。德常治老子知足之計，妻死，畏盛滿，不敢娶大將軍霍光之女。德數責以公主起居無狀，侍御史以爲光望德不受女，承指劾德誹謗詔獄。光聞而恨之，復召守青州刺史。歲餘，復爲宗正；地節中，以親親行謹厚封爲陽城侯。子安民爲郎中右曹，宗家以德得官宿衛者二十餘人。立十一年，子更生坐鑄僞黃金，當伏法，德上書訟罪，會薨，謚爲繆侯。

劉向字子政，本名更生，西漢豐縣人，楚元王交之玄孫也。生於漢昭帝元鳳二年，〔註321〕宣帝地節二年，年十二，以父德任爲輦郎。

宣帝神爵二年，更生年二十，以行修飭擢爲諫大夫，是時，宣帝循武帝故事，招選名儒俊材置左右，更生以通達能屬文辭，與王褒、張子僑等並進對，獻賦頌凡數十篇。上復興神僊方術之事，而淮南有《枕中鴻寶秘書》，書言神僊使鬼物爲金之術，及鄒衍重道延命；世人莫見，而更生父德，武帝時治淮南獄得其書。更生幼而讀誦，以爲奇，獻之，言黃金可成。上令典尙方鑄作事，費甚多，方不驗。

五鳳二年，〔註322〕上以更生鑄僞黃金，繫當死。父德上書訟罪，會薨；兄陽城侯安民上書入國戶半贖更生罪。上亦奇其材，得踰冬減死論。會初立《穀梁》，更生以通達待詔，受《穀梁》。

甘露三年，更生年二十九，宣帝詔諸儒講五經同異於石渠，兼平《公》、《穀》同異。待詔劉更生、周慶、丁姓並論；蕭望之等十一人各以經誼對，多從《穀梁》，由是《穀梁》之學大盛。〔註323〕復拜更生爲郎中給事黃門，遷散騎大夫給事中。

元帝初元元年，更生年三十二。上初即位，太傅蕭望之爲前將軍，周堪

〔註321〕詳參本文第二章第一節〈劉向生卒考〉。
〔註322〕詳參本文第二章第二節〈劉向年譜〉之「五鳳二年」。
〔註323〕班固撰，顏師古注，王先謙補注《漢書》，（臺北：藝文印書館，景虛受堂本），
　　　　卷8，頁22～23；卷88，頁24。

為諸吏光祿大夫，皆領尙書事，甚見尊任。更生更少於望之、堪，然二人重之，薦更生宗室忠直，明經有行，擢為散騎宗正給事中，與侍中金敞拾遺左右，四人同心輔政，患苦外戚許、史在位放縱，而中書宦官弘恭、石顯弄權，議欲罷退之。

望之、周堪數薦明儒茂材，以備諫官。會稽鄭朋陰欲附望之，上疏言許、史罪過。章視周堪，堪白令朋待詔金馬門。朋又奏記望之，望之見納，接待以意。朋因數稱述望之，短車騎將軍（史高），言許、史過失。後朋行傾邪，望之絕不與通，朋怨恨，更求入許、史，推所言許、史事曰：「皆周堪、劉更生教我，我關東人，何以知此？」待詔華龍欲入堪等，堪等不納，故與朋相結。恭、顯令二人告望之等謀欲罷車騎將軍疏退許、史狀。事下弘恭問狀。〔註324〕

初元二年，更生年三十三。弘恭、石顯奏：「望之、堪、更生朋黨相稱舉，數譖述大臣，毀離親戚，欲以專擅權勢，為臣不忠，誣不上道，請謁者召致廷尉。」時上初即位，不省謁者召致廷尉為下獄也，可其奏，於是堪、更生皆下獄。後上召堪、更生，曰「繫獄」，上大驚曰：「非但廷尉問耶？」以責恭、顯，於是制詔丞相御史「前將軍望之，傅朕八年，亡它罪過。今事久遠，識忘難明，其赦望之罪。」收前將軍光祿勳印綬，及堪、更生皆免為庶人。〔註325〕秋，徵堪、更生，欲以為諫大夫；恭、顯白，皆為中郎。冬，地震，時恭、顯、許、史子弟諸曹皆側目於望之等，更生懼焉，乃使其外親上變事。書奏，恭、顯疑其更生所為，白請考姦詐，遂逮更生繫獄，更生坐免為庶人；望之亦坐使子上書自冤前事，竟飲鴆自殺。〔註326〕

永光元年，更生年三十七。更生見周堪、張猛在位，幾己得復進，懼其傾危，乃上條災異封事。恭、顯見其書，愈與許、史比，而怨更生等。是歲，夏寒日青無光，恭、顯及許、史皆言堪、猛用事之咎，左遷堪為河東太守，猛槐里令。

永光四年，更生年四十。是年孝宣廟闕災，其晦，日有蝕之。於是上召諸前言日變在堪、猛者責問，皆稽首謝。乃下詔徵堪詣行在所，拜為光祿大

〔註324〕班固撰，顏師古注，王先謙補注《漢書》，（臺北：藝文印書館，景虛受堂本），卷78，頁9～11。

〔註325〕班固撰，顏師古注，王先謙補注《漢書》，（臺北：藝文印書館，景虛受堂本），卷78，頁11。

〔註326〕班固撰，顏師古注，王先謙補注《漢書》，（臺北：藝文印書館，景虛受堂本），卷78，頁11～12。

夫，秩中二千石，領尚書事，猛復爲太中大夫給事中。顯幹尚書，尚書五人，皆其黨也。堪希得見，常因顯白事，事決顯口。會堪疾，瘖不能言而卒。顯誣譖猛，令自殺於公車，更生傷之，乃著〈疾讒〉、〈摘要〉、〈救危〉及〈世頌〉凡八篇，依興古事，悼己及同類也，遂廢十餘年。

竟寧元年，更生年四十七。甘延壽、陳湯出西域，于建昭三年斬郅支單于，爲匡衡、石顯所抑；更生以故宗正上〈理甘延壽陳湯疏〉，元帝廼封延壽爲義成侯，賜湯爵關內侯。〔註327〕

成帝建始元年，更生年四十八。成帝即位，顯等伏辜，更生乃復進用，更名向。向以故九卿召拜爲中郎，使領護三輔都水，數奏封事，遷光祿大夫。

自秦燔文章以愚黔首，書籍殘缺；漢興，改秦之敗，惠帝四年，除挾書令，〔註328〕大收篇籍，廣開獻書之路。迄孝武之世，書缺簡脫，禮壞樂崩，武帝喟然而稱曰：「朕甚閔焉。」於是建藏書之策，置寫書之官，下及諸子傳說，皆充秘府，百年之間，書積如山。河平三年，向年五十四。成帝以書頗散失，詔光祿大夫劉向校中秘書，謁者陳農求遺書於天下；向校經傳、諸子、詩賦，步兵校尉任宏校兵書，太史令尹咸校數術，侍醫李柱國校方技。每一書已，向輒條其篇目，撮其旨意，錄而奏之。〔註329〕向領校中五經秘書，見《尚書·洪範》箕子爲武王陳五行陰陽休咎之應，乃集合上古以來歷春秋六國至秦漢符瑞災異之記，推迹行事，連傳禍福，著其占驗，比類相從，各有條目，凡十一篇，號曰《洪範五行傳》，論奏之。天子心知向忠精，故爲鳳兄弟起此論也，然終不能奪王氏權。

陽朔二年，向年五十七。時上無繼嗣，政由王氏出，災異浸甚，向雅奇陳湯謀，與相親友，獨謂湯曰：「災異如此，而外家日盛，其漸必危劉氏。吾幸得同姓末屬，累世蒙漢厚恩，身爲宗室遺老，歷事三主，上以我先帝舊臣，每進見常加優禮，吾而不言，孰當言者？」遂上極諫外戚封事。書奏，天子召見向，歎息悲傷其意，謂曰：「君且休矣，吾將思之。」以向爲中壘校尉。

永始元年，向年六十四。成帝營起昌陵數年不成，復還歸延壽，制度泰

〔註327〕班固撰，顏師古注，王先謙補注《漢書》，（臺北：藝文印書館，景盧受堂本），卷70，頁11～13。

〔註328〕班固撰，顏師古注，王先謙補注《漢書》，（臺北：藝文印書館，景盧受堂本），卷2，頁5。

〔註329〕班固撰，顏師古注，王先謙補注《漢書》，（臺北：藝文印書館，景盧受堂本），卷30，頁1～2。

奢。向上疏諫之，上甚感其言，而不能從其計。

　　向睹俗彌奢淫，而趙、衛之屬起微賤，踰禮制。向以爲王教由內及外，自近者始。故採取《詩》、《書》所載賢妃貞婦，興國顯家可法則，及孽嬖亂亡者，序次爲《列女傳》，凡八篇，以戒天子。及采傳記行事，著《新序》、《說苑》凡五十五篇，奏之。數上疏言得失，陳法戒。書數十上，以助觀覽，補遺闕，上雖不能盡用，然內嘉其言，常嗟嘆之。〔註330〕

　　永始三年，向年六十六。成帝初罷甘泉泰畤作南郊日，大風壞甘泉竹宮，折拔畤中樹木圍以上百餘。天子異之，以問劉向，向對曰：「家人尙不欲絕種祠，況於國之神寶舊畤，……及漢宗廟之禮，不得擅議，皆祖宗之君與賢臣所共定。古今異制，經無明文，至尊至重，難以疑說正也。」上以無繼嗣故，永始三年令皇太后詔有司復甘泉泰畤、汾陰后土、雍五畤、陳倉陳寶祠。〔註331〕

　　元延三年，向年七十。元延中，星孛東井，蜀郡岷山崩，雍江。向惡此異，懷不能己，元延三年遂上奏論星孛山崩。上輒入之，然終不能用也。向每召見，數言公族者國之枝葉，枝葉落則本根無所庇蔭；同姓疏遠，母黨專政，祿去公室，權在外家，非所以彊漢宗，卑私門，保守社稷，安固後嗣也。向自見得幸於上，故常顯訟宗室，譏刺王氏及在位大臣，其言多痛切，發於至誠。上數欲用向爲九卿，輒不爲王氏居住者及丞相御史所持，故終不遷。

　　綏和元年，向年七十二，上疏請興辟雍，設庠序，陳禮樂，隆雅頌之聲，盛揖讓之容，以風化天下。帝以其言下公卿議，會向病卒。〔註332〕

　　向爲人簡易無威儀，廉靖樂道，不交接世俗，專積思於經術，晝誦書傳，夜觀星宿，或不寐達旦。其三子皆好學，長子伋，以《易》教授至郡守；中子賜，九卿丞；少子歆與向同領校秘書，講六藝傳記，諸子詩賦，數術方技，居列大夫，封紅休侯。向居列大夫官前後三十餘年，綏和元年卒，年七十二，卒後十三歲，而王氏代漢。〔註333〕

〔註330〕詳參本文第二章第二節〈劉向年譜〉之「永始元年」。
〔註331〕班固撰，顏師古注，王先謙補注《漢書》，（臺北：藝文印書館，景虛受堂本），卷25下，頁15；卷10，頁12。
〔註332〕班固撰，顏師古注，王先謙補注《漢書》，（臺北：藝文印書館，景虛受堂本），卷22，頁5～6。
〔註333〕本傳據《漢書》卷36〈楚元王傳〉及劉向有關之資料而成，凡非〈楚元王傳〉所載者，則加注以詳出處。

第三章　劉向之學術思想

第一節　校讎目錄學

　　夫自劉向校書，始有《別錄》，其子歆種別群書，始著《七略》；於是目錄興焉。《文選》左太沖〈魏都賦〉李善注引東漢應劭《風俗通義》釋校讎之義曰：

　　　　案劉向《別錄》：「讎校：一人讀書，校其上下，得謬誤，爲校；一人持本，一人讀書，若怨家相對，爲讎。」〔註1〕

《御覽》六一八引劉向《別錄》云：

　　　　讎校者，一人持本，一人讀析，若怨家相對，故曰讎也。〔註2〕

是校讎之義原指校勘文字篇卷之錯誤而言。宋人鄭樵「取歷朝著錄，略其魚魯豕亥之細，而特以部次條例，疏通倫類，考其得失之故，而爲之校讎。」〔註3〕即棄校訂字句，而直以求書、分類、編目等項爲校讎之主要任務。清人章學誠祖述其說，於《章氏遺書·外編》卷第一〈信摭〉云：

　　　　校讎之學，自劉氏父子淵源流別，最爲推見古人大體；而校訂字句，則其小焉者也。絕學不傳，千載而後，鄭樵始有窺見，特著校讎之

〔註1〕蕭統編，李善注《昭明文選》，（臺北：弘道文化公司，景宋淳熙本重雕鄱陽胡氏藏版本），卷6，頁8。

〔註2〕李昉《太平御覽》，（臺北：商務印書館，《景印文淵閣四庫全書》本），卷618，頁3。

〔註3〕章學誠《校讎通義》，（臺北：廣文書局，1981年，再版），頁1。

略，而未盡其奧，人亦無由知之。世之論校讎者，惟爭辨於行墨字

句之間，不復知有淵源流別矣。〔註4〕

此所謂「校訂字句，則其小焉者也。」與其所稱鄭樵之「略其魚魯豕亥之細」

則微有分別。蓋「校訂字句」其事雖小，義繁文旨，豈可略而不論。清朱一

新《無邪堂答問》卷二云：

劉中壘父子成《七略》一書，爲後世校讎之祖。班〈志〉掇其精要

以著於篇。後惟鄭漁仲、章實齋能窺斯旨，商摧學術，洞澈源流，

不獨九流諸子，各有精義，即詞賦、方技，亦復小道可觀。目錄校

讎之學所以可貴，非專以審訂文字異同爲校讎也。〔註5〕

朱氏以「商摧學術，洞澈源流」爲「目錄校讎之學」，與章氏概言之「校讎學」

有別；浸見「校訂字句」乃校讎之所重；「淵源流別」別爲目錄之學，理不容

相混也。且劉向校書、撰錄，先後有序，本不相混。《漢書・藝文志・序》云：

（劉向校書）每一書已，向輒條其篇目，撮其旨意，錄而奏之。〔註6〕

復觀其《戰國策・序》曰：

護左都水使者光祿大臣向言：所校中《戰國策》書……所校〈戰國

策書錄〉。〔註7〕

《荀子・新書》序曰：

護左都水使者光祿大夫臣向言：所校讎中《孫卿書》……所校讎中

〈孫卿書錄〉。〔註8〕

是校（校讎）爲一事，錄（目錄）爲一事。校讎在目錄之先，目錄爲校讎之

果；「校訂字句」有助於討論學術之「淵源流別」。當時，若舍校讎而言目錄，

則其弊將流於華而不實；以校讎爲目錄，其失在昧於名義也。〔註9〕

〔註4〕章學誠《章氏遺書》，（臺北：漢聲出版社，景民國十一年吳興嘉業堂劉承幹
輯刻本），卷1，頁822。

〔註5〕朱一新《無邪堂答問》，（臺北：世界書局，光緒二十一年廣雅書局刊本，1963
年4月，初版），卷2，頁33。

〔註6〕班固撰，顏師古注，王先謙補注《漢書》，（臺北：藝文印書館，景虛受堂本），
卷30，頁1。

〔註7〕姚振宗《七略別錄佚文》，（《快閣師石山房叢書》，清宣統三年清鈔藍格底稿本），
頁10～12。

〔註8〕姚振宗《七略別錄佚文》，（《快閣師石山房叢書》，清宣統三年清鈔藍格底稿
本），頁16～18。

〔註9〕王叔岷《斠讎學》，（臺北：台聯國風出版社，1972年3月，重刊），頁2。

一、《七略》、《漢志》與《別錄》之關係

《漢書‧藝文志‧序》曰：

> 成帝時，以書頗散亡，使謁者陳農求遺書於天下。詔光祿大夫劉向校經傳、諸子、詩賦，步兵校尉任宏校兵書，太史令尹咸校數術，侍醫李柱國校方技。每一書已，向輒條其篇目，撮其旨意，錄而奏之。會向卒，哀帝復使向子奉車都尉歆卒父業。歆於是總群書而奏其《七略》，故有〈輯略〉、有〈六藝略〉、有〈諸子略〉、有〈詩賦略〉、有〈兵書略〉、有〈數術略〉、有〈方技略〉。今刪其要，以備篇籍。〔註10〕

梁阮孝緒《七錄‧序》云：

> 昔劉向校書，輒爲一錄，論其指歸，辨其訛謬，隨竟奏上，皆載在本書。時又別集眾錄，謂之《別錄》，即今之《別錄》是也。子歆撮其旨要，著爲《七略》。〔註11〕

是所謂「別錄」者，蓋劉向撰寫敘錄時，除附載於各本書外，又別寫一分，集爲一書，隨時增益，即隨時皆可謂爲已經成書。然《隋書‧經籍志》著錄劉向《別錄》曰：「《七略‧別錄》二十卷」，《舊唐書‧經籍志》、《新唐書‧藝文志》因之，《七略》與《別錄》之關係遂失之混淆。如姚振宗乃云劉向：

> 典校既未及竣事，則《別錄》亦無由成書。相傳二十卷，殆子駿奏進《七略》之時勒成之。其曰《七略‧別錄》者，謂《七略》之外，別有此一錄，當時似乎嘗奏御者也。〔註12〕

竟誤以爲《別錄》係劉歆所寫，茲辨證如后：

(1)《七錄‧序》〔註13〕已明言「時」又別集眾錄，顯係劉向寫敘錄於各本書之時，又別寫一分，隨時增益；非至劉歆奏進《七略》時，始於《七略》之外，別著此書也。

〔註10〕班固撰，顏師古注，王先謙補注《漢書》，（臺北：藝文印書館，景虛受堂本），卷30，頁1～2。

〔註11〕釋道宣《廣弘明集》，（臺北：商務印書館，《四部叢刊初編》縮印明刊本），卷3，頁36。

〔註12〕姚振宗《七略別錄佚文‧敘新編七略別錄第三》，（《快閣師石山房叢書》，清宣統三年清鈔藍格底稿本），頁4，第1條。

〔註13〕釋道宣《廣弘明集》，（臺北：商務印書局，《四部叢刊初編》縮印明刊本），卷3，頁36。

（2）唐孔穎達、賈公彥等所撰群經疏，及南朝宋裴駰《史記集解》，唐司馬貞《史記索隱》，顏師古《漢書注》，章懷太子賢《後漢書注》；諸書並引「劉向《別錄》」，絕不加「七略」二字於其上，亦足以佐證作「七略別錄」者誤矣。

（3）《隋書‧經籍志》著錄：「《七略‧別錄》二十卷」，注云劉向撰；又載《七略》七卷，注云劉歆撰。〔註14〕劉歆「撮其旨要」，故《七略》卷少，若係《七略》之別錄，卷數宜少於《七略》，足見「別錄」上「七略」二字乃衍文或「劉向」二字之誤。

據此，則《別錄》乃係劉向各書敘錄之別錄，非《七略》之別錄；姚氏歸之劉歆，則昧於事實也。《別錄》，宋以後不傳，〔註15〕今有洪頤煊《經典集林》、嚴可均《全漢文》、馬國翰《玉函山房輯佚書》、姚振宗《快閣師石山房叢書》、顧觀光輯本〔註16〕等諸輯本，皆一卷。姚輯本最後出，輯錄較備，篇目亦較明析也。〔註17〕

梁啓超於《圖書大辭典‧簿錄之部》曰：

> 各錄本散附各書中，後乃集爲一編，故名《別錄》。此如乾隆間《四庫提要》，本散冠各書之首，後彙爲《四庫總目》以別行矣。後世書目之有解題者，其例本於此。此書及《七略》，唐人各經史注疏徵引甚多，《太平御覽》亦尚有其遺文，惟《崇文總目》已不著錄，似亡於北宋也。〔註18〕

又曰：

> （七略）殆將《別錄》中錄奏之文刪去，僅存書目以備觀覽。後世書目之但列書名者，其例本於此。此將《漢書》中班固自注「出某家、入某家」者校而別之，所餘者十九皆《七略》原文。惟所謂輯

〔註14〕魏徵等《隋書》，（臺北：商務印書館，《景印文淵閣四庫全書》本），卷32，頁27。

〔註15〕梁啓超《圖書大辭典簿錄之部》，（臺北：中華書局，1958年6月，臺一版），頁4。

〔註16〕梁啓超《圖書大辭典簿錄之部》，（臺北：中華，1958年6月，臺一版），頁3，謂顧觀光輯本爲北京圖書館藏鈔本。然顧氏本今不得見。

〔註17〕昌彼得《中國目錄學講義》，（臺北：文史哲出版社，1974年10月，初版），頁119。

〔註18〕梁啓超《圖書大辭典簿錄之部》，（臺北：中華書局，1958年6月，臺一版），頁4。

略者今不可見。當是敍述其分類及去取之義例，或《漢志》中各類
小序中有其原文之一部。〔註19〕

又曰：

《漢書・藝文志》全部採用劉氏《七略》，間有增刪移易則自注出。……
大凡書《六略》三十八種五百九十六家，萬三千二百六十九卷。此爲
現存書目之最古者。欲考先秦學術淵源流別及古代書籍存佚眞僞，必
以此志爲基本。後世書目之編製方法及分類，皆根據或損益此志。又
案：班〈志〉祖述劉《略》，人所共知矣。然志〈序〉末句云：「今刪
其要，以備篇籍。」是明有所刪訂，非直鈔舊文也。〔註20〕

將《別錄》、《七略》及《漢書・藝文志》之關係闡明。是敍錄猶如《四庫全
書》之書前提要，時時隨校訂之書奏進。《別錄》則如《總目提要》，彙集敍
錄而成。《七略》則如《簡明目錄》，是以《隋志》著錄《別錄》有二十卷之
多，而《七略》僅七卷。至《漢書・藝文志》則如清末以來諸家所製僅有書
名、卷數、著者之《四庫書目表》。

　　述至此，《別錄》、《七略》與《漢志》之關係，可得而言矣。「別錄」者，
劉向等校書，「條其篇目，撮其旨意」之錄，別集而成者也。「七略」者，劉
歆取《別錄》所載，「總括群篇」、「撮其旨要」，「種別」而成者也。《漢志》
者，班固取《七略》「刪其要」而成者也。班固對於《七略》，祗下「刪其要」
之工夫，縱有差異，亦不過「出幾家，入幾家」而已，雖章宗源《隋書經籍
志考證》，曾證其略有異同，〔註21〕然大體固無甚出入也。故由《漢志》可以

〔註19〕梁啓超《圖書大辭典簿錄之部》，（臺北：中華書局，1958 年 6 月，臺一版），
　　　　頁 4。
〔註20〕梁啓超《圖書大辭典簿錄之部》，（臺北：中華書局，1958 年 6 月，臺一版），
　　　　頁 4～5。
〔註21〕章宗源《隋書經籍志考證》，（臺北：開明書店，《二十五史補編》，1959 年 6
　　　　月，臺一版，第 4 冊），頁 5002～5003 言及《七略》與班〈志〉之不同，茲
　　　　分類說明之：
　　　　一、班〈志〉無而《七略》有者。如《鄒子終始》之解題：「鄒子有終始五德，
　　　　　　從所不勝，木德繼之，金德次之，火德次之，土德次之。」（《文選注》）
　　　　　　又《雅琴》：「琴之言禁也，雅之言正也，君子守正以身禁也。」（《文選・
　　　　　　長門賦》注）乃雅琴趙氏等解題。類此種種，《班志》皆未取。
　　　　二、《班志》注較《七略》簡者。如〈淮南〉〈道訓〉二篇，《別錄》有：「所校
　　　　　　讎中《易傳・淮南》九師道訓，除複重，定著二十篇。淮南王聘善易者九
　　　　　　人，從之採獲，故中書著曰：淮南九師言。」班〈志〉則簡爲：「淮南王

想見《七略》之原狀，由《戰國策》、《孫卿書》等書之敘錄可以想見《別錄》之原狀。明乎《別錄》之重在解題，故文繁而事贍；《七略》但明類例，故綱舉而目張；著錄之旨趣不同，卷數之豐殺迴異，《錄》、《略》之別灼灼然矣。

二、劉向校書之義例

宋戴公時，正考父校商之名頌十二篇於周太師，以那爲首，可見校讎目錄早已濫觴於周。秦始皇爲根絕儒者「以古非今」計，乃下令禁書，凡史官非秦紀皆燒之，非博士官所職，有藏《詩》、《書》百家語者，皆詣守尉雜燒之。〔註22〕其後項羽入秦，咸陽一炬，未燒之秦紀及博士所職之《詩》、《書》百家語，亦同歸於盡。漢初，張良、韓信序次兵法，蕭何次律令，張蒼定章程，叔孫通定禮儀。未及六經諸子者，因秦代挾書之禁，至惠帝四年，方明令解除，民間藏書纔先後出現；二因高祖初定天下，惟在章軍政等切於實用者，尚無暇及於經子。〔註23〕

惠帝既除挾書禁令，大收篇籍，廣開獻書之路；武帝時「百年之間，書積如丘山。」故「外有太常、太史、博士之藏，內有延閣、廣內、秘室之府。」；

安聘明易者九人，號九師説。」又《鄒奭子》十二篇，《七略》：「鄒衍之所言，五德終始，天地廣大，盡言天事，故曰談天。鄒奭修衍之文，若雕龍文，故曰雕龍。」而班〈志〉則簡爲「齊人，號曰雕龍奭。」等等。

三、班〈志〉引文與《七略》不同者。《七略》：「詩以言情，情者信之符也；書以決斷，斷者心之證也。」（《初學記·文部》及《御覽·學部》）《漢志》則作：「詩以正言，義之用也；春秋以斷事，信之符也。」

四、班〈志〉書名與《七略》不同者。如《七略》作《晏子春秋》七篇，《班志》則削去「春秋」二字，爲「晏子八篇」。又《七略》：「新語二卷，陸賈撰」；《班志》則改爲「陸賈二十二篇」，而不言《新語》等等。

五、歸類不同者。如《軍禮司馬法》百五十五篇，《七略》本在「兵書略兵權謀家」中，班氏則歸入「六藝略禮類」。又班〈志〉〈兵書略〉較《七略》省伊尹、太公、管子、孫子、鶡冠子、蘇子、蒯通、陸賈、淮南王及司馬法十家，二百七十一篇，加入蹴鞠二十五篇（自注）。蹴鞠，《七略》本在〈諸子略·雜家類〉，等等。

六、班〈志〉新加入者。如書入劉向《稽疑》一篇，《小學》入揚雄《蒼頡訓纂》一篇，杜林《蒼頡訓纂》一篇，杜林《蒼頡故》一篇，儒八揚雄所敘三十八篇等等。

〔註22〕《毛詩正義·商頌譜》，（臺北：藝文印書館，《十三經注疏》景阮刻本），卷20-3，頁4；司馬遷撰，裴駰集解，司馬貞索隱，張守節正義《史記》，（臺北：藝文印書館，景武英殿本），卷6，頁22。

〔註23〕蔣伯潛《校讎目錄學纂要》，（臺北：盤庚出版社，1979年2月，第一版），頁16。

〔註 24〕成帝河平三年，「以書頗散亡，使謁者陳農求遺書於天下。詔光祿大夫劉向校經傳、諸子、詩賦，步兵校尉任宏校兵書，太史令尹咸校數術，侍醫李柱國校方技。」，〔註 25〕尚有杜參〔註 26〕、班游〔註 27〕、及向子伋、歆，〔註 28〕而由向總其成。茲從殘存敘錄鈎出其校書之義例如左：

（一）廣羅輔本

劉向校書之際，因書籍無論用竹用帛，皆為鈔本，不能無誤；況竹簡繁重，絲綸韋編皆易斷絕，編絕則簡散，或脫或亂；加之閱時既久，復遭秦火，留存亦多殘缺。如只據一本，或有懷疑，或有缺失，其義皆不可通，須與他本讎校，方知衍奪錯誤之處，故劉向校書廣羅眾本，以相校讎。如〈管子敘錄〉：

> 臣向言：所校讎中《管子》書三百八十九篇，大中大夫卜圭書二十七篇，臣富參書四十一篇，射聲校尉立書十一篇，太史書九十六篇，凡中外書五百六十四篇，以校。〔註 29〕

又如〈晏子敘錄〉：

> 臣向言：所校中書《晏子》十一篇，臣向謹與長社尉臣參校讎，太史書五篇，臣向書一篇，參書十三篇，凡中外書三十篇，為八百三十八章。〔註 30〕

〔註 24〕班固撰，顏師古注，王先謙補注《漢書》，（臺北：藝文印書館，景廬受堂本），卷 30，如淳注；頁 1。

〔註 25〕班固撰，顏師古注，王先謙補注《漢書》，（臺北：藝文印書館，景廬受堂本），卷 30，頁 1。

〔註 26〕班固撰，顏師古注，王先謙補注《漢書・詩賦略》，（臺北：藝文印書館，景廬受堂本），卷 30，頁 30「博士弟子杜參賦二篇。」顏師古曰：「劉向別錄云：『臣向謹與長社尉杜參校中秘書。』」劉歆又云：『參，杜陵人，以陽朔元年病死，死時年二十餘。』」又晏子《春秋敘錄》曰：「臣向謹與長社尉臣參校讎」。

〔註 27〕班固撰，顏師古注，王先謙補注《漢書》，（臺北：藝文印書館，景廬受堂本），卷 100，頁 4～5「游博學有俊材，……以對策為議郎，……與劉向校書。」

〔註 28〕阮孝緒《七錄・序》：「至孝成之世，頗有亡逸，乃使謁者陳農求遺書於天下，命光祿大夫劉向及子俊、歆等讎校篇籍，每一篇已，輒錄而奏之。」，見釋道宣《廣弘明集》，（臺北：商務印書館，《四部叢刊初編》縮印明刊本），卷 3，頁 35。按：俊當作伋，向本傳云：「長子伋，以易教授，官至郡守。」，不曾云受詔校書，阮氏所言，不知所據。

〔註 29〕姚振宗《七略別錄佚文》，（《快閣師石山房叢書》，清宣統三年清鈔藍格底稿本），頁 20。

〔註 30〕姚振宗《七略別錄佚文》，（《快閣師石山房叢書》，清宣統三年清鈔藍格底稿本），頁 14。

又如〈鄧析敘錄〉：

> 中《鄧析》書四篇，臣敘書一篇，凡中外書五篇，以相校。〔註31〕

又如〈申子敘錄〉：

> 今民間所有上下二篇，中書六篇，皆合。〔註32〕

讀此，可知向等校書之先，廣羅輔本，相互校讎，不拘一家，擇善而從。

（二）校補訛脫

古書傳流，年代久遠，帛殘簡斷，缺文難免輾轉傳寫，形聲交誤，不加刊正，實難句讀。一書之中，其脫誤或在篇章，或在字句，苟無善本相校，必致文義難曉，索解而不得。是以劉向之校讎，其第二步工作，便是校補訛脫。如〈戰國策敘錄〉：

> 本字多誤脫為半字，以趙為肖，以齊為立，如此字者多。〔註33〕

又如〈晏子敘錄〉：

> 中書以天為芳，又為備，先為牛，章為長，如此類者多。〔註34〕

又如《漢志》於「易家」云：

> 劉向以中古文《易經》校施、孟、梁丘經，或脫去無咎、悔亡，唯費氏經與古文同。〔註35〕

又如〈漢志〉於「書家」云：

> 劉向以中古文校歐陽、大小夏侯三家經文，〈酒誥〉脫簡一，〈召誥〉脫簡二，率簡二十五字者，脫亦二十五字；簡二十二字者，脫亦二十二字。文字異者七百有餘，脫字數十。〔註36〕

據此，則向之比勘文字，補正脫訛，其嘉惠士林之功，亦云至矣。

〔註31〕 姚振宗《七略別錄佚文》，（《快閣師石山房叢書》，清宣統三年清鈔藍格底稿本），頁26。

〔註32〕 姚振宗《七略別錄佚文》，（《快閣師石山房叢書》，清宣統三年清鈔藍格底稿本），頁25。

〔註33〕 姚振宗《七略別錄佚文》，（《快閣師石山房叢書》，清宣統三年清鈔藍格底稿本），頁10。

〔註34〕 姚振宗《七略別錄佚文》，（《快閣師石山房叢書》，清宣統三年清鈔藍格底稿本），頁14。

〔註35〕 班固撰，顏師古注，王先謙補注《漢書》，（臺北：藝文印書館，景虛受堂本），卷30，頁5。

〔註36〕 班固撰，顏師古注，王先謙補注《漢書》，（臺北：藝文印書館，景虛受堂本），卷30，頁8。

（三）刪除複重

異本既多，篇章必有彼此複重，文字訛脫既經校補，多餘之章句，應予刪除。例如〈戰國策敍錄〉：

> 臣向言：所校中《戰國策》書，中書餘卷錯亂相糅苣。又有國別者
> 八篇，少不足。臣向因國別者，略以時計之；分別不以序者，以相
> 補；除復（複）重，得三十三篇。〔註37〕

又如〈管子敍錄〉：

> 凡中外書五百六十四篇，以校，除復（複）重四百八十四篇，定著
> 八十六篇。〔註38〕

又如〈晏子敍錄〉：

> 凡中外書三十篇，爲八百三十八章，除復（複）重二十二篇，六百
> 三十八章，定著八篇，二百一十五章。外書無有三十六章，中書無
> 有七十一章，中外皆有，以相定。〔註39〕

又如〈孫卿敍錄〉：

> 臣向言：所校讎中《孫卿書》，凡三百二十二篇，以相校，除復（複）
> 重二百九十篇，定著三十二篇，皆已定。〔註40〕

又如〈鄧析書錄〉：

> 凡中外書五篇，以相校，除復（複）重，爲一篇，〔註41〕皆定。
> 〔註42〕

刪除複重，然後方能條別篇目，進而定著篇次。

（四）條別篇目，謹定篇次

〔註37〕姚振宗《七略別錄佚文》，(《快閣師石山房叢書》，清宣統三年清鈔藍格底稿本)，頁10。

〔註38〕姚振宗《七略別錄佚文》，(《快閣師石山房叢書》，清宣統三年清鈔藍格底稿本)，頁20。

〔註39〕姚振宗《七略別錄佚文》，(《快閣師石山房叢書》，清宣統三年清鈔藍格底稿本)，頁14。

〔註40〕姚振宗《七略別錄佚文》，(《快閣師石山房叢書》，清宣統三年清鈔藍格底稿本)，頁16。

〔註41〕班固撰，顏師古注，王先謙補注《漢書》，(臺北：藝文印書館，景盧受堂本)，卷30，頁42，「鄧析二篇」。

〔註42〕姚振宗《七略別錄佚文》，(《快閣師石山房叢書》，清宣統三年清鈔藍格底稿本)，頁26。

古書每篇獨立，不相聯繫，其中有無篇目者，甚或無一定之次序。故向等校書之後，乃將其加以歸類，各標以篇目，並編定其先後次序。例如《禮經》十七篇，定著〈士冠禮〉第一，至〈少牢下篇〉第十七。〔註43〕《禮記》二十三篇，定著〈樂本〉第一，至〈賓公〉第二十三。〔註44〕《晏子》八篇，定著〈內篇諫上〉第一，至〈外篇〉不合經術者第八。〔註45〕《孫卿》三十二篇，定著〈勸學〉第一，至〈賦篇〉第三十二。〔註46〕

據此，並參〈戰國策敘錄〉：「所校中《戰國策》書，中書餘卷錯亂相糅莒。又有國別者八篇，少不足。臣向因國別者，略以時次之，分別不以序者，以相補，除復（複）重，得三十三篇。」〔註47〕推之。則凡古書有不分篇目，無一定篇次，原有目次不甚合理者，至向等始整理勘定，使流動不居，增減不常之古書，有一固定之形態，既免凌亂，亦可見一書之始末。

（五）命定書名

劉向校書時，公私藏書，錯亂相糅莒，有無書名者，有名目繁多者，有舊題未協者，既任校讎之職，不得不參酌定之。例如〈戰國策敘錄〉：

> 中書本號或曰《國策》，或曰《國事》，或曰《短長》，或曰《事語》，
> 或曰《長書》，或曰《修書》。臣向以爲戰國時游士輔所用之國，爲
> 之策謀，宜爲《戰國策》。〔註48〕

乃就舊有簡策，加以整理，命以新名。

右列五事，雖略有先後，然皆爲校讎紛亂之古書所應有之程序，非經此校讎之工夫，則雖有書而不能取讀，欲編目而無從著手。蓋古書，多筆之於簡策，簡重絲細，日久易散；加之篇卷單行，分合自由，非若後世之書籍緊

〔註43〕姚振宗《七略別錄佚文》，（《快閣師石山房叢書》，清宣統三年清鈔藍格底稿本），頁7。

〔註44〕姚振宗《七略別錄佚文》，（《快閣師石山房叢書》，清宣統三年清鈔藍格底稿本），頁9。

〔註45〕姚振宗《七略別錄佚文》，（《快閣師石山房叢書》，清宣統三年清鈔藍格底稿本），頁14。

〔註46〕姚振宗《七略別錄佚文》，（《快閣師石山房叢書》，清宣統三年清鈔藍格底稿本），頁15～16。

〔註47〕姚振宗《七略別錄佚文》，（《快閣師石山房叢書》，清宣統三年清鈔藍格底稿本），頁10。

〔註48〕姚振宗《七略別錄佚文》，（《快閣師石山房叢書》，清宣統三年清鈔藍格底稿本），頁10～11。

結固定。此五事，雖屬校讎學之範圍，而實爲目錄學開天闢地時所不可少之過程，蓋書籍不經校定，無由條其篇目，撮其旨意也。

三、劉向撰寫敘錄之義例

校讎工作既畢，紛亂無序之篇卷，始成爲有系統且緊結固定之書本。循序誦讀，方得以瞭解書本之內容，尋繹作者之思想，更進而溯沿學術之源流，推求事實之得失。至是，書籍之功用始克表現，而校書之勞力始不枉費矣。故劉向等校書，「每一書已，向輒條其篇目，撮其旨意，錄而奏之。」，〔註49〕其寫定敘錄之義例，自今存之敘錄中鉤稽如下：

（一）著錄書名、卷數與篇目

篇目即一書之目錄，古書篇目無定，經劉向校訂後，因錄其篇目。今存敘錄，以〈孫卿敘錄〉最能保存其原本面目，茲錄於左：

孫卿新書十二卷三十二篇

勸學篇第一

修身篇第二

不苟篇第三

榮辱篇第四

非相篇第五

非十二子篇第六

仲尼篇第七

成相篇第八

儒效篇第九

王制篇第十

富國篇第十一

王霸篇第十二

君道篇第十三

臣道篇第十四

致仕篇第十五

〔註49〕班固撰，顏師古注，王先謙補注《漢書》，（臺北：藝文印書館，景虛受堂本），卷30，頁1。

議兵篇第十六

強國篇第十七

天論篇第十八

正論篇第十九

樂論篇第二十

解蔽篇第二十一

正名篇第二十二

禮論篇第二十三

宥坐篇第二十四

子道篇第二十五

性惡篇第二十六

法行篇第二十七

哀公篇第二十八

大略篇第二十九

堯問篇第三十

君子篇第三十一

賦篇第三十二〔註50〕

然後接寫「撮其旨意」之文章。

（二）敘述校讎之原委

將鈔本之異同、篇數之多少、文字之訛謬、簡策之脫略、書名之異稱等，凡一切有關讎校之原委，及校書人之姓名及上書之年月，皆一一著錄。如〈列子敘錄〉：

天瑞第一

黃帝第二

周穆王第三

仲尼第四

湯問第五

力命第六

楊朱第七

〔註50〕姚振宗《七略別錄佚文》，（《快閣師石山房叢書》，清宣統三年清鈔藍格底稿本），頁15～16。

　　說符第八

右新書定著八篇。護左都水使者光祿大夫臣向言：所校中書《列子》五篇，臣向謹與長社尉臣參校讎。太常書三篇，太史書四篇，臣向書六篇，臣參書二篇，內外書凡二十篇；以校。除復重十二篇，定著八篇。中書多，外書少，章亂布在諸篇中。或字誤，以盡爲進，以賢爲形，如此者眾。及在新書，有棧校讎，從中書。已定，皆以殺青，書可繕寫。……謹第錄，臣向昧死上。護左都水使者光祿大夫臣向所校〈列子書錄〉，永始三年八月壬寅上。〔註51〕

　　所列目次自「天瑞第一」至「說符第八」，及云「右新書定著八篇」，乃述定著之篇數；中書、太常書、太史書、臣向書、臣參書，乃記所備不同之底本；向與參者，記校讎之人也；「中書多……如此者眾」，乃述錯亂訛誤之概況；「永始三年八月壬寅上」，此上書之年月。由此一篇，可例其錄。（列子敘亂，或言係是僞託；即使僞託，亦須規仿劉向所作敘錄之體例。）〔註52〕

（三）介紹作者之生平與思想

1. 考論作者之行事

（1）附　錄

　　凡《別錄》於史有列傳事蹟已詳者，即剪裁原文入錄。如〈管子書錄〉：「管子者，潁上人也，名夷吾，號仲父。」〔註53〕其下即用《史記》原文，〔註54〕只增入「管仲聘於周，不敢受上卿之命，以讓高、國，是時諸侯爲管仲城穀以爲乘邑，春秋書之，褒賢也。」及「孔子曰：微管仲，吾其被髮左衽矣。」〔註55〕數語。後即引太史公論管子語，而終之曰：「九府書民間無

〔註51〕姚振宗《七略別錄佚文》，（《快閣師石山房叢書》，清宣統三年清鈔藍格底稿本），頁22～23。

〔註52〕班固撰，顏師古注，王先謙補注《漢書》，（臺北：藝文印書館，景虛受堂本），卷30，頁30「博士弟子杜參賦二篇。」顏師古曰：「……劉歆又云：『參，杜陵人，以陽朔元年病死，死時年二十餘。』」永始元年爲杜參卒後十年，故前人多疑列子爲僞，詳見楊伯峻《列子集釋》，（臺北：明倫出版社，1971年，再版），頁185～243。

〔註53〕姚振宗《七略別錄佚文》，（《快閣師石山房叢書》，清宣統三年手鈔底稿本），頁20。

〔註54〕司馬遷撰，裴駰集解，司馬貞索隱，張守節正義《史記》，（臺北：藝文印書館，景武英殿本），卷62，頁1～3。

〔註55〕姚振宗《七略別錄佚文》，（《快閣師石山房叢書》，清宣統三年手鈔底稿本），頁21。

有，山高一名形勢，凡《管子》書，務富國安民，道約言要，可以曉合經義。」〔註56〕計此一篇，多出於史傳，向所自為者無幾。

（2）補　傳

《別錄》於史有列傳而事蹟不詳，或無傳者，則旁採他書，或據所聞見以補之。

《史記‧晏子列傳》，但敘贖越石父及薦御者二事，〔註57〕〈晏子敘錄〉則削之，別敘其行事甚備。茲錄於下：

> 晏子名嬰，謚平仲，萊人。萊者，今東萊地也。晏子博聞強記，通於古今。事齊靈公、莊公、景公，以節儉力行，盡忠極諫，道齊國君得以正行，百姓得以附親。不用則退耕於野，用則必不詘義，不可脅以邪。白刃雖交胸，終不受崔杼之劫。諫齊君，懸而至，順而刻。及使諸侯，莫能詘其辭。其博通如此。蓋次管仲，內能親親，外能厚賢。居相國之位，受萬鍾之祿，故親戚待其祿而衣食，五百餘家，處士待而舉火者亦甚眾。晏子衣苴布之衣，麋鹿之裘，駕敝車疲馬，盡以祿給親戚朋友。齊人以此重之。〔註58〕

又如尸子，《史記》無傳，《別錄》則云：「楚有尸子，疑謂其在蜀。今案尸子書，晉人也，名佼，秦相衛鞅客也。衛鞅商君，謀事畫計，立法理民，未嘗不與佼規之也。商君被刑，佼恐並誅，乃亡逃入蜀。自為造此二十篇書，凡六萬餘言。卒，因葬蜀。」，〔註59〕乃旁採他書以補史傳者也。

又如趙定在太史公後，故《史記》無傳，〈雅琴趙氏敘錄〉則云：「趙氏者，渤海人趙定也。宣帝時，元康、神爵間，丞相奏能鼓琴者，渤海趙定，梁國龍德皆召入見溫室，使鼓琴，待詔。定為人尚清靜，少言語，善鼓琴，時間燕為散操，多為之涕泣者。」〔註60〕

〔註56〕姚振宗《七略別錄佚文》，（《快閣師石山房叢書》，清宣統三年手鈔底稿本），頁21。

〔註57〕司馬遷撰，裴駰集解，司馬貞索隱，張守節正義《史記》，（臺北：藝文印書館，景武英殿本），卷62，頁3～4。

〔註58〕姚振宗《七略別錄佚文》，（《快閣師石山房叢書》，清宣統三年清鈔藍格底稿本），頁14。

〔註59〕司馬遷撰，裴駰集解，司馬貞索隱，張守節正義《史記》，（臺北：藝文印書館，景武英殿本），卷74，頁6，集解引。姚振宗《七略別錄佚文》，（《快閣師石山房叢書》，清宣統三年清鈔藍格底稿本），頁28亦引。

〔註60〕姚振宗《七略別錄佚文》，《快閣師石山房叢書》，清宣統三年清鈔藍格底稿

（3）辨　誤

向於撰人事蹟之傳訛者，則考之他書以辨正之，已開後來考據家之先聲矣。如〈鄧析書錄〉：

> 鄧析者，鄭人也。好刑名，操兩可之說，設無窮之辭，當子產之世，數難子產爲政。記或云：子產執而戮之。于《春秋左氏傳》，昭公二十年而子產卒，子太叔嗣爲政。定公八年，太叔卒，駟歂嗣爲政，明年乃殺鄧析而用其竹刑，君子謂子然於是乎不忠，苟有可以加於國家，棄其邪可也。〈靜女〉之三章，取彤管焉，〈竿旄〉何以告之？取其忠也。故用其道，不棄其人。詩之「蔽芾甘棠，勿剪勿伐，召伯所茇」；思其人猶愛其樹，況用其道，不恤其人乎？子然無以勸能矣。竹刑，簡法也，久遠，世無其書。子產卒後二十年而鄧析死，傳說或稱子產誅鄧析，非也。」〔註61〕因《荀子・宥坐篇》〔註62〕、《呂氏春秋・離謂篇》〔註63〕等，均言子產殺鄧析，故引《左傳》辨其爲駟歂所殺，非子產也。

2. 考論作者之時代

（1）敘其履而時代自明

〈管子書錄〉曰：「鮑叔薦管仲，管仲既任政於齊，齊桓公以霸，九合諸侯，一匡天下，管仲之謀也。」，〔註64〕是管仲爲齊桓公時代人也。又如〈晏子書錄〉曰：「晏子名嬰……事齊靈公、莊公、景公，以節儉力行，盡忠極諫，道齊國君得以正行，百姓得以附親。」，〔註65〕是晏子爲齊靈公、莊公、景公時代之人也。

（2）作者始末不詳，或不知作者，亦考其著書之時代。

本），頁 10。

〔註61〕姚振宗《七略別錄佚文》，（《快閣師石山房叢書》，清宣統三年清鈔藍格底稿本），頁 26。

〔註62〕王先謙《荀子集解》，（臺北：藝文印書館，1977 年 2 月，四版），卷 20，頁 2。

〔註63〕呂不韋《呂氏春秋》，（臺北：商務印書館，《四部叢刊初編》縮印明刊本），卷 18，頁 126。

〔註64〕姚振宗《七略別錄佚文》，（《快閣師石山房叢書》，清宣統三年清鈔藍格底稿本），頁 20。

〔註65〕姚振宗《七略別錄佚文》，（《快閣師石山房叢書》，清宣統三年清鈔藍格底稿本），頁 14。

如〈戰國策敘錄〉：

> 臣向以爲戰國時游士輔所用之國，爲之策謀，宜爲《戰國策》。

〔註66〕

有此一段記載，即可知爲戰國時代之著作。

又如《漢書‧藝文志‧六藝略》：「王史氏二十一篇。」注引《別錄》云：「六國時人也。」〔註67〕

（3）不能得作者之時，則取其書中之所引用，後人之所稱敘，以著其與某人同時，或先於某人，在某人之後，以此參互推定之。

時世不明，則作者所言，將無以窺其命意。苟無可考，則付之闕如可也，其間又雖無可考，取文中引用，以參互定之，如〈列子敘錄〉曰：「列子者，鄭人也，與鄭繆公同時。」〔註68〕是也。

作者所生之時代不可不考，著作之時代明，則凡政治之情況，社會之環境，文章之風氣，思想之潮流，皆可以推尋想像得之。進而辨章學術，考鏡源流，乃有所憑。若時代不明，何從辨其學術之派別，考其源流之變遷？

3. 考論作者之學術

〈列子敘錄〉云：

> 列子者，鄭人也，與鄭繆公同時，蓋有道者也。其學本於黃帝、老子，號曰道家。道家者，秉要執本，清虛無爲；及其治身接物，務崇不競，合于六經。〔註69〕

〈賈誼敘錄〉云：

> 賈誼言三代與秦治亂之意，其論甚美，通達國體，雖古之伊、管未能遠過也。使時見用，功必化盛，爲庸臣所害，其可悼痛。〔註70〕

〈申子敘錄〉：

〔註66〕姚振宗《七略別錄佚文》，（《快閣師石山房叢書》，清宣統三年清鈔藍格底稿本），頁11。
〔註67〕班固撰，顏師古注，王先謙補注《漢書》，（臺北：藝文印書館，景盧受堂本），卷30，頁11。
〔註68〕姚振宗《七略別錄佚文》，（《快閣師石山房叢書》，清宣統三年清鈔藍格底稿本），頁22。
〔註69〕姚振宗《七略別錄佚文》，（《快閣師石山房叢書》，清宣統三年清鈔藍格底稿本），頁22。
〔註70〕姚振宗《七略別錄佚文》，（《快閣師石山房叢書》，清宣統三年清鈔藍格底稿本），頁18。

> 申子學號曰刑名，刑名者，循名以責實，其尊君卑臣，崇上抑下，
>
> 合于六經也。〔註71〕

考證之學貴在徵實，議論之言易於蹈空。徵實則雖或謬誤，而有書可質，不難加以糾正。蹈空則虛驕恃氣，惟逞詞鋒。劉向於諸書皆考作者之行事，論書中之旨意，就事實立言，未嘗率爾操觚也。

（四）說明書名之含義、著書之原委、書之內容及性質。

1. 解釋書名之含義，如：

〈易傳古五子敘錄〉：

> 分六十四卦，著之日辰，自甲子至於壬子，凡五子，故號曰五子。
>
> 〔註72〕

〈易傳淮南道訓敘錄〉：

> 淮南王聘善為易者九人，從之采獲，故中書署曰：淮南九師書。〔註73〕

〈神輸敘錄〉曰：

> 神輸者，王道失則災害生，得則四海輸之祥瑞。〔註74〕

2. 說明著書之原委，如：

〈孫卿敘錄〉：

> 孫卿道守禮義，行應繩墨，安貧賤。孟子者亦大儒，以人之性善。
> 孫卿後孟子百餘年，孫卿以為人性惡，故作〈性惡〉一篇以非孟子。
> 蘇秦、張儀以邪道說諸侯，以大貴顯。孫卿退而笑之曰：夫不以其
> 道進者，必不以其道亡。……孫卿卒不用于世，老于蘭陵。疾濁世
> 之政，亡國亂君相屬，不遂大道而營乎巫祝，信禨祥，鄙儒小拘。
> 如莊周等又滑稽亂俗。于是推儒、墨道德之行事興壞，序列著書萬
> 言，而卒葬蘭陵。〔註75〕

〔註71〕姚振宗《七略別錄佚文》，（《快閣師石山房叢書》，清宣統三年清鈔藍格底稿本），頁25。

〔註72〕姚振宗《七略別錄佚文》，（《快閣師石山房叢書》，清宣統三年清鈔藍格底稿本），頁5。

〔註73〕姚振宗《七略別錄佚文》，（《快閣師石山房叢書》，清宣統三年清鈔藍格底稿本），頁5。

〔註74〕姚振宗《七略別錄佚文》，（《快閣師石山房叢書》，清宣統三年清鈔藍格底稿本），頁6。

〔註75〕姚振宗《七略別錄佚文》，（《快閣師石山房叢書》，清宣統三年清鈔藍格底

3. 說明書之內容及性質，如：

〈周書敘錄〉曰：

周時誥、誓、號令也，蓋孔子所論百篇之餘也。〔註76〕

〈世本敘錄〉曰：

古史官明于古事者之所記也，錄黃帝以來諸侯及卿大夫系謚名號，凡十五篇，與左氏合也。〔註77〕

〈戰國策敘錄〉曰：

臣向以戰國時游士輔所用之國，爲之策謀，宜爲《戰國策》。其事繼春秋以後，訖楚漢之起，三百四十五年間之事，皆定。〔註78〕

扼要之敘述，使人洞明一書之梗概，從而判別應讀與否。

（五）辨別書之真偽

古書失傳，往往有僞本冒替；後人著作，或託名古人；書之真偽，混淆不清；劉向校書有見於此，遂著意加以分辨。

如〈晏子敘錄〉曰：

其書六篇，皆忠諫其君，文章可觀，義理可法，皆合六經之義。又有復（複）重，文辭頗異，不敢遺失，復列以爲一篇。又有頗不合經術，似非晏子言，疑後世辨士所爲者，故亦不敢失，復以爲一篇，凡八篇。〔註79〕

同在一書之中，有可疑者，別爲八篇，不與內篇相混，其審慎求真之態度，可謂至矣。

又如〈神農敘錄〉：「疑李悝及商君所說。」，〔註80〕不信其爲神農之書；〈黃帝泰素敘錄〉：「或言韓諸公孫之所作也，言陰陽五行，以爲黃帝之道也，

稿本），頁 17。

〔註76〕姚振宗《七略別錄佚文》，（《快閣師石山房叢書》，清宣統三年清鈔藍格底稿本），頁 7。

〔註77〕姚振宗《七略別錄佚文》，（《快閣師石山房叢書》，清宣統三年清鈔藍格底稿本），頁 10。

〔註78〕姚振宗《七略別錄佚文》，（《快閣師石山房叢書》，清宣統三年清鈔藍格底稿本），頁 18。

〔註79〕姚振宗《七略別錄佚文》，（《快閣師石山房叢書》，清宣統三年清鈔藍格底稿本），頁 14～15。

〔註80〕姚振宗《七略別錄佚文》，（《快閣師石山房叢書》，清宣統三年清鈔藍格底稿本），頁 28。

故曰泰素。」，〔註81〕不信眞爲黃帝之書；〈周訓敘錄〉：「人間小書，其言俗薄。」，〔註82〕不信眞爲周代之官書；是劉向於後世依託古人之書，或羼入他人著作之書，亦加以說明。

〈漢志〉所載辨僞之注，於〈諸子略‧小說家〉《伊尹說》，則云：「其語淺薄，似依託也。」〔註83〕於《鬻子說》，則云：「後世所加。」〔註84〕於《師曠》，則云：「見《春秋》，其言淺薄，本與此同，似因託之。」〔註85〕於《務成子》則云：「稱堯問，非古語。」〔註86〕於《黃帝說》則云：「迂誕，依託。」〔註87〕於〈兵書略‧兵陰陽〉《封胡》、《風后》、《力牧》、《鬼容區》諸書，皆云：「黃帝臣，依託也。」〔註88〕諸如此類，實皆敘錄之辭，《漢志》從而節取之，使讀者灼見其僞，不爲僞書所欺。

（六）評論思想或史事之是非

劉向敘錄，非特介紹作者之思想與書之內容，對於思想或其書所載之史事，亦加以評論。

如〈戰國策敘錄〉：

> 周室自文、武始興，崇道德，隆禮義，設辟雍、泮宮、庠序之教，陳禮樂絃歌移風之化。敘人倫，正夫婦，天下莫不曉然論孝悌之義，惇篤之行。故仁義之道滿乎天下，卒致之刑錯四十餘年。遠方慕義，莫不賓服。雅頌歌詠，以思其德。下及康、昭之後，雖有衰德，其

〔註81〕姚振宗《七略別錄佚文》，（《快閣師石山房叢書》，清宣統三年清鈔藍格底稿本），頁 24。

〔註82〕姚振宗《七略別錄佚文》，（《快閣師石山房叢書》，清宣統三年清鈔藍格底稿本），頁 23。

〔註83〕班固撰，顏師古注，王先謙補注《漢書》，（臺北：藝文印書館，景虛受堂本），卷 30，頁 49。

〔註84〕班固撰，顏師古注，王先謙補注《漢書》，（臺北：藝文印書館，景虛受堂本），卷 30，頁 49。

〔註85〕班固撰，顏師古注，王先謙補注《漢書》，（臺北：藝文印書館，景虛受堂本），卷 30，頁 50。

〔註86〕班固撰，顏師古注，王先謙補注《漢書》，（臺北：藝文印書館，景虛受堂本），卷 30，頁 50。

〔註87〕班固撰，顏師古注，王先謙補注《漢書》，（臺北：藝文印書館，景虛受堂本），卷 30，頁 50。

〔註88〕班固撰，顏師古注，王先謙補注《漢書》，（臺北：藝文印書館，景虛受堂本），卷 30，頁 62。

綱紀尚明。及春秋時，已四五百載矣。然其餘業遺烈，流而未滅。五伯之起，尊事周室。五伯之後，時君雖無德；人臣輔其君者，若鄭之子產，晉之叔向，齊之晏嬰，挾君輔政，以並立於中國，猶以義相支持，歌說以札感，聘覜以相交，期會以相一，盟誓以相救，天子之命猶有所行，會享之國猶有所恥，小國得有所依，百姓得有所息。故孔子曰：能以禮讓爲國乎何有。周之流化，豈不大哉！及春秋之後，眾賢輔國者既沒，而禮義衰矣！孔子雖論詩書，定禮樂，王道粲然分明，以匹夫無勢，化之者七十二人而已，皆天下之俊也。時君莫尚之，是以王道遂用不興。故曰：非威不立，非勢不行。仲尼既沒之後，田氏取齊，六卿分晉，道德大廢，上下失序。至秦孝公，捐禮讓而貴戰爭，棄仁義而用詐譎，苟以取強而已矣。夫篡盜之人，列爲侯王，詐譎之國，興立爲強；是以傳相倣效，後生師之，遂相吞滅，并大兼小，暴師經歲，流血滿野，父子不相親，兄弟不相安，夫婦離散，莫保其命，㳠然道德絕矣！晚世益甚，萬乘之國七，千乘之國五，敵侔爭權，蓋爲戰國，貪饕無恥，競進無厭，國異政教，各自制斷，上無天子，下無方伯，力功爭強，勝者爲右，兵革不休，詐僞並起。當此之時，雖有道德，不得施謀；有設之強，負阻而恃固，連與交質，重約結誓，以守其國。故孟子、孫卿儒術之士，棄捐于世；而游說權謀之徒，見貴于俗。是以蘇秦、張儀、公孫衍、陳軫、代、厲之屬，生從橫短長之說，左右傾側。蘇秦爲從，張儀爲橫；橫則秦帝，從則楚王。所在國重，所去國輕。然當此之時，秦國最雄，諸侯方弱。蘇秦結從之時，六國爲一，以償背秦，秦人恐懼，不敢闚兵於關中，天下不交兵者二十有九年。然秦國勢便形利，權謀之士，咸先馳之。蘇秦初欲橫，秦弗用，故東合從。及蘇秦死後，張儀連橫，諸侯聽之，西向事秦。是故始皇因四塞之固，據崤函之阻，跨隴蜀之饒，聽眾人之策，乘六世之烈，以蠶食六國，兼諸侯，并有天下。杖於謀詐之弊，終於信篤之誠，無道德之教，仁義之化，以綴天下之心。任刑罰以爲治，信小術以爲道，遂燔燒詩書，坑殺儒士，上小堯舜，下邈三王。二世愈甚，惠不下施，情不上達；君臣相疑，骨肉相疏；化道淺薄，綱紀壞敗，民不見義，而懸於不寧。撫天下十四歲，天下大潰，詐僞之弊也。

其比王德，豈不遠哉！孔子曰：道之以政，齊之以刑，民免而無恥。

道之以德，齊之以禮，有恥且格。夫使天下有所恥，故化可致也。

苟以詐偽偷活取容，自上為之，何以率下？秦之敗也，不亦宜乎？

〔註89〕

此論列史事之得失，非特簡明扼要，且含意深遠。

又如〈列子敘錄〉：

列子者，鄭人也，與鄭繆公同時，蓋有道者也。其學本於黃帝、老子，號曰道家。道家者，秉要執本，清虛無為；及其治身接物，務崇不競，合于六經。而〈穆王〉、〈湯問〉二篇，迂誕恢詭，非君子之言也。至於〈力命〉篇，一推分命；〈楊子〉之篇，唯貴放逸；二義乖背，不似一家之書。然各有所明，亦有可觀者。〔註90〕

此評論各篇思想之異同，指出其矛盾，作一判斷，足見劉向之用心。

（七）敘述學術源流

戰國之世，遊談放蕩之士，各極其辯，諸子之論，各成一家之言，自前世皆存而不絕；是校讎之時，若不剖析其源流，詳究其得失，終不免有混淆之弊，故劉向校讎群書，進而敘述其源流，以明一書之始末。

如〈列子敘錄〉曰：

列子者，鄭人也，……其學本於黃帝、老子，號曰道家。道家者，秉要執本，清虛無為；及其治身接物，務崇不競，合于六經。……孝景皇帝時，貴黃老術，此書頗行于世。及後遺落，散在民間，未有傳者。且多寓言，與莊周相類。〔註91〕

不獨將學術源流說明，於流傳之盛衰及影響，皆詳加考證。故章學誠曰：「校讎之義，蓋自劉向父子。部次條別，將以辨章學術，考鏡源流，非深明於道術精微，群言得失之故者，不足與此。後世部次甲乙，紀錄經史者，代有其人，而求能推闡大義，條別學術異同，使人由委溯源，以想見墳籍之初者，

〔註89〕姚振宗《七略別錄佚文》，(《快閣師石山房叢書》，清宣統三年清鈔藍格底稿本)，頁11～12。

〔註90〕姚振宗《七略別錄佚文》，(《快閣師石山房叢書》，清宣統三年清鈔藍格底稿本)，頁22～23。

〔註91〕姚振宗《七略別錄佚文》，(《快閣師石山房叢書》，清宣統三年清鈔藍格底稿本)，頁22～23。

千百之中，十不一焉。」〔註92〕

（八）判定書之價值

劉向於〈戰國策敘錄〉曰：「皆高才秀士，度時君之所能行，出奇策異智，轉危為安，運亡為存，亦可喜，皆可觀。」〔註93〕於〈管子敘錄〉曰：「凡《管子》書務富國安民，道約言要，可以曉合經義。」〔註94〕於〈晏子敘錄〉曰：「其（內篇）六篇可常置旁御觀。」〔註95〕於〈孫卿敘錄〉曰：「其書比于記傳，可以為法。」〔註96〕此皆判定一書價值之語，雖旨在對皇帝貢獻，偏於政治，然於學者擇書功效頗大。

經此八項工作，合其所得，始成「敘錄」，載在本書。學者可循錄而得其旨歸，因錄以求書，不致汎濫無歸，終身無得。

後世之解題目錄，義例能如《別錄》之善者不數見，能自闢蹊徑，有所創立者尤鮮矣。惜《別錄》亡於宋初，〔註97〕不能窺見全豹，然從後人輯本觀之，劉向等校書，尚有數事足稱者：

（一）分類系統化

姚名達以部次群書之事，屬之劉歆。〔註98〕然〈漢志‧序〉已云：「成帝時，詔光祿大夫劉向校經傳、諸子、詩賦，步兵校尉任宏校兵書，太史令尹咸校數術，侍醫李柱國校方技。」〔註99〕《七略》除〈輯略〉外，其他六略之名稱與順序與此全同。〈漢志‧序〉容係出於後人手記，然劉向、任宏、尹咸、李柱國等人，係先行詔令校書者。是知，校書之先，已於校書之內容，

〔註92〕章學誠《校讎通義》，（臺北：廣文書局，1981年8月，再版），頁1。
〔註93〕姚振宗《七略別錄佚文》，（《快閣師石山房叢書》，清宣統三年清鈔藍格底稿本），頁12。
〔註94〕姚振宗《七略別錄佚文》，（《快閣師石山房叢書》，清宣統三年清鈔藍格底稿本），頁21。
〔註95〕姚振宗《七略別錄佚文》，（《快閣師石山房叢書》，清宣統三年清鈔藍格底稿本），頁15。
〔註96〕姚振宗《七略別錄佚文》，（《快閣師石山房叢書》，清宣統三年清鈔藍格底稿本），頁18。
〔註97〕梁啟超《圖書大辭典簿錄之部》，（臺北：中華書局，1958年6月，臺一版），頁4。
〔註98〕姚名達《中國目錄學史》，（臺北：盤庚出版社，1979年2月，第一版），頁50。
〔註99〕班固撰，顏師古注，王先謙補注《漢書》，（臺北：藝文印書館，景盧受堂本），卷30，頁1。

有相當之瞭解；況編目分類，當先時爲之，非必校讎完畢而始分類編目也。〔註100〕

　　《禮記正義》引鄭玄云：〈曲禮〉、〈王制〉、〈禮器〉、〈少儀〉、〈深衣〉，於《別錄》屬制度。〈檀弓〉、〈禮運〉、〈玉藻〉、〈大傳〉、〈學記〉、〈經解〉、〈哀公問〉、〈仲尼燕居〉、〈孔子閒居〉、〈坊記〉、〈中庸〉、〈表記〉、〈緇衣〉、〈儒行〉、〈大學〉，於《別錄》屬通論。〈曾子問〉、〈喪服小記〉、〈雜記〉、〈喪大記〉、〈奔喪〉、〈問喪〉、〈服問〉、〈間傳〉、〈三年問〉、〈喪服四制〉，於《別錄》屬喪服。〈郊特牲〉、〈祭法〉、〈祭義〉、〈祭統〉，於《別錄》屬祭祀。〈文王世子〉於《別錄》屬世子法。〈內則〉於《別錄》屬子法。〈投壺〉於《別錄》屬吉禮。〈冠義〉、〈昏義〉、〈鄉飲酒義〉、〈射義〉、〈燕義〉、〈聘義〉，於《別錄》屬吉事。是《別錄》不僅有大分類，且有子目。足以認定劉向《別錄》，容或已分類，所校各書，有按其各篇內容分類；惟是否已如《七略》之分六略三十八家，則文獻不足徵信。

（二）校讎精密化

　　劉向校書，對於內容加以嚴謹細密之觀察，開後世校讎學之先聲，〈戰國策敘錄〉：

> 所校中《戰國策》書，中書餘卷錯亂相糅莒，又有國別者八篇，少不足，臣向因國別者略以時次之，分別不以序者，以相補，去複重，得三十三篇。本字多誤爲半字，以趙爲肖，以齊爲立，如此字者多。中書本號或曰《國事》，或曰《短長》，或曰《事語》，或曰《長書》，或曰《修書》。臣向以爲戰國時遊士輔所用之國，爲之策謀，宜爲《戰國策》。其事繼春秋以後，訖楚漢之起，二百四十五年間之事，皆定以殺青。〔註101〕

由煩多之書名內，以嚴謹細密之觀察，審其內容，正其謬誤，實含有近世科學家之態度。

（三）為我國有書目之始

　　〈漢志・兵書略・序〉云：「武帝時，軍政楊僕捃摭遺逸，紀奏兵錄，猶

〔註100〕參見喬衍琯《書目三編敘錄・序》，（臺北：廣文書局，1969年2月，初版），頁9。

〔註101〕姚振宗《七略別錄佚文》，（《快閣師石山房叢書》，清宣統三年清鈔藍格底稿本），頁10～11。

未能備。」﹝註102﹞《楊僕兵錄》不傳，﹝註103﹞且局限於兵書。是以言我國圖書之有目錄，容有追本溯源，上及遠古者，﹝註104﹞然最具規模，而體制完備者，實以《別錄》為其始祖。

（四）為提要目錄之祖

劉向校書，每一書已，輒撮其旨要，錄而奏之。或述作者之身世，或陳書中之要旨，詳縷述之，使後人覽錄而知旨，觀目而悉詞，開後世解題提要之先聲。如南宋晁公武之《郡齋讀書志》，陳振孫之《直齋書錄解題》，清之《四庫全書總目提要》即其最顯著。

劉向等校理中秘書，多有稱譽。如章學誠曰：

> 校讎之義，蓋自劉向父子，部次條別，將以辨章學術，考鏡源流，非深明於道術精微，群言得失之故者，不足與此。﹝註105﹞

又如張爾田曰：

> 自來為校讎者夥矣，莫高劉向氏。顧向之所以為學，則人多未之知。殺青斯竟，爰命撮其總要，以為讀者告曰。大哉校讎之為學也，非其人博通古今道術，而又審辨乎源流失得，則於一書旨意，必不能索其奧而詔方來。當漢成世，既命謁者陳農求遺書，向獨為之檢校，區分類例。今觀所傳敘錄，提要鉤元，往往一二語，即洞明流變，有不待詳說而矗然者，故孟堅譔史至以辨章舊聞，推為司籍之功。
>
> ﹝註106﹞

然亦有駁議者：

鄭樵《校讎略・編書不明分類論》云：

> 《七略》唯〈兵家〉一略，任宏所校，分權謀、形勢、陰陽、技巧為四種書，又有圖四十三卷，與書參焉，觀其類例，亦可知兵，況見其書乎；其次，則尹咸校數術，李柱國校方技，亦有條理，惟劉

﹝註102﹞班固撰，顏師古注，王先謙補注《漢書》，（臺北：藝文印書館，景虛受堂本），卷30，頁65。
﹝註103﹞班固撰，顏師古注，王先謙補注《漢書》，（臺北：藝文印書館，景虛受堂本），卷30，未著於錄。
﹝註104﹞姚名達《中國目錄學史》，（臺北：盤庚出版社，1979年2月，第一版），頁23～39。
﹝註105﹞章學誠《校讎通義》，（臺北：廣文書局，1981年8月，再版），頁1。
﹝註106﹞孫德謙《劉向校讎學纂微・序》，（臺北：文粹閣，1971年2月），頁1。

向父子所校經傳、諸子、詩賦，冗雜不明，盡採語言，不存圖譜，緣劉向章句之儒，胸中元無倫類，班固不知其失，是致後世亡書多而學者不知源，則凡編書，唯細分難，非用心精微，則不能也，〈兵家〉一略極明，若他略皆如此，何憂乎斯文之喪也。〔註107〕

又〈圖謀略‧索象〉云：

歆、向之罪，上通於天，漢初典籍無紀，劉向創意，總括群書，分爲七略，只收書不收圖……唯任宏校兵書一類，分爲四種，有書五十三家，有圖四十三卷，載在《七略》，獨異於他。〔註108〕

又〈圖譜略‧原學〉云：

劉氏之學，意在章句，故知有書而不知有圖。嗚呼！圖譜之學絕紐，是誰之過與？〔註109〕

孫德謙於《劉向校讎學纂微‧紀圖卷》云：

向之校讎中秘，雖祗爲經傳、諸子、詩賦，兵書則以宏步兵校尉，故專司其事，實則向與任宏三家，亦猶後世之有總校分校，向乃是總校也。何以知之？每一書校竟，向則作爲敘錄，觀於蹴鞠者，傳言黃帝所作云云，則兵書固係宏所校，要可歸之於向也。故宏之羅列眾圖，似得古人圖書並重之義，與向之但知收書者，若爲有識，然安見廣收圖卷，非出於向之意？不然，兵書敘錄，何以必由向爲之撰述哉？又〈數術略〉中《山海經》一書，有劉歆奏，此亦奏御之序也。豈非兵書三略，仍可屬之向、歆父子耶。〔註110〕

又云：

且向所校六藝中易家云，《神輸》五篇，圖一；而於論語家又載孔子徒人圖法二卷，是確有〈紀圖卷〉者矣。縱與兵書比量有多寡之不同，然既有所紀，無論兵書而外，祗此兩種，要不得謂收書而不收圖也。……況〈漢志〉、劉向所序六十七篇下，班氏自注云：《新序》、《世說》、《列女傳頌圖》也。夫列女之圖，志並紀之，則歆亦明於收圖者矣。……夫向博通學術，即就其校讎論，源流得失，剖析詳

〔註107〕鄭樵《通志》，（臺北：新興書局，《國學基本叢書》，1959年），卷71，頁835。
〔註108〕鄭樵《通志》，（臺北：新興書局，《國學基本叢書》，1959年），卷72，頁837。
〔註109〕鄭樵《通志》，（臺北：新興書局，《國學基本叢書》，1959年），卷72，頁837。
〔註110〕孫德謙《劉向校讎學纂微》，（臺北：文粹閣，1971年2月），頁49。

明，彼章句之儒，能有此別識心裁乎？是故向於圖卷，即全無紀述，

尚不足訾毀，矧已紀其一二者哉？〔註111〕

所論公允持平。任宏之收錄圖譜，雖不可必出於劉向之意，至於經傳、諸子、詩賦中，圖譜既鮮，劉向何從而校錄之耶？此不知後世圖譜之多，鄭氏得以羅列耳，前修未密，後出轉精，安得持今以非古，鄭氏之責，非公論也。

第二節　易　學

劉向家學淵源於儒家，〔註112〕廉靖樂道，不交接世俗，專積思於經術；元帝初元元年，以明經有行，擢爲散騎宗正給事中；成帝河平三年，領校中五經秘書；〔註113〕其經學之閎通博雅，可見一斑；茲考其五經之學，敘次如后：

《漢書》本傳曰：「向三子皆好學，長子伋，以易教授。」〔註114〕又云：「歆及向始皆治易。」〔註115〕則向以易學名家矣。成帝時，劉向考易說，以爲諸家易說皆祖田何、楊叔（元）〔註116〕、丁將軍，大誼略同，唯京氏爲異，黨焦延壽獨得隱士之說，託之孟氏，不相與同。〔註117〕足見向精於《易》，通過漢代易學之整體，掌握各家之特性。

《漢書・藝文志・六藝略》曰：「劉向以中古文《易經》校施、孟梁丘

〔註111〕孫德謙《劉向校讎學纂微》，（臺北：文粹閣，1971 年 2 月），頁 49～51。

〔註112〕班固撰，顏師古注，王先謙補注《漢書》，（臺北：藝文印書館，景虛受堂本），卷 36，頁 1～2；勞榦〈從儒家地位看漢代政治〉，（《中華文化復興月刊》10 卷 2 期，1977 年 2 月），頁 53「對漢最重要的卻是漢高祖之弟楚元交。他在當年受了不少儒家教育，曾從浮丘伯學詩，影響了劉邦的思想，容忽視。在漢以前，各國的王，沒有一個祭祀孔子的，到了漢代，劉邦是史上第一個以太牢祀孔子的人。這對於中國政治方向的影響至爲重大，除楚元王交以外，沒有人可以使劉邦這樣做的。」

〔註113〕班固撰，顏師古注，王先謙補注《漢書》，（臺北：藝文印書館，景虛受堂本），卷 36，頁 19。

〔註114〕班固撰，顏師古注，王先謙補注《漢書》，（臺北：藝文印書館，景虛受堂本），卷 30，頁 31。

〔註115〕班固撰，顏師古注，王先謙補注《漢書》，（臺北：藝文印書館，景虛受堂本），卷 30，頁 31。

〔註116〕班固撰，顏師古注，王先謙補注《漢書》，（臺北：藝文印書館，景虛受堂本），卷 88，頁 10。《補注》曰：「上文云楊何字叔元，〈藝志〉班自注同此脫元字。」

〔註117〕班固撰，顏師古注，王先謙補注《漢書》，（臺北：藝文印書館，景虛受堂本），卷 88，頁 10。

經，或脫去『無咎』、『悔亡』，唯費氏經與古文同。」〔註118〕然《費氏易》徒以〈彖〉、〈象〉、〈繫辭〉十篇，〈文言〉解說上下經，〔註119〕是劉向以義理易為評價之基準。〔註120〕向之易學，史傳未著，不知其宗派，且向亦無言《易》之專門著作流傳；或向之易學保持各家分立前之易說，〔註121〕亦未可知也。

劉向奏疏中之易說側重於義理易，如：

讒邪進則眾賢退，群枉盛則正士消。故易有否泰。小人道長，君子道消，則政日亂，故為否。否者，閉而亂也。君子道長，小人道消，小人道消，則政日治，故為泰。泰者，通而治也。〔註122〕

《易》曰：「渙汗其大號。」言號令如汗，汗出而不反者也。今出善令，未能踰時而反，是反汗也。〔註123〕

故賢人在上位，則引其類而聚之於朝，《易》曰：「飛龍在天，大人聚也。」在下位，則思與其類俱進，《易》曰：「拔茅茹以其彙，征吉。」在上則引其類，在下則推其類，故湯用伊尹，不仁者遠，而眾賢至，類相致也。〔註124〕

《易》曰：「有嘉折首，獲匪其醜。」言美誅首惡之人，而諸不順者皆來從也。〔註125〕

皆是根據《易》之義理解釋，重視其之道德意義，以發揮一己之政治主張。

《新序》、《說苑》中所引用之易說亦多屬義理易，如：

〔註118〕班固撰，顏師古注，王先謙補注《漢書》，（臺北：藝文印書館，景盧受堂本），卷30，頁5。
〔註119〕班固撰，顏師古注，王先謙補注《漢書》，（臺北：藝文印書館，景盧受堂本），卷88，頁10。
〔註120〕池田秀三〈劉向の學問と思想〉，（《東方學報》50冊，1978年2月），頁140。
〔註121〕池田秀三〈劉向の學問と思想〉，（《東方學報》50冊，1978年2月），頁140。
〔註122〕班固撰，顏師古注，王先謙補注《漢書》，（臺北：藝文印書館，景盧受堂本），卷36，頁14～15。
〔註123〕班固撰，顏師古注，王先謙補注《漢書》，（臺北：藝文印書館，景盧受堂本），卷36，頁15。
〔註124〕班固撰，顏師古注，王先謙補注《漢書》，（臺北：藝文印書館，景盧受堂本），卷36，頁16。
〔註125〕班固撰，顏師古注，王先謙補注《漢書》，（臺北：藝文印書館，景盧受堂本），卷70，頁11。

孔子讀《易》至於損益，則喟然而歎，子夏避席而問曰：「夫子何為歎？」孔子曰：「夫自損者益。自益者缺，吾是以歎也。」子夏曰：「然則學者不可以益乎？」孔子曰：「否，天之道成者，未嘗得久也。夫學者以虛受之，故曰得，苟不知持滿，則天下之善言不得入其耳矣。昔堯履天子之位，猶允恭以持之，虛靜以待下，故百載以逾盛，迄今而益章。昆吾自臧而滿意，窮高而不衰，故當時而虧敗，迄今而逾惡，是非損益之徵與？吾故曰謙也者，致恭以存其位者也。夫豐明而動故能大，苟大則虧矣，吾戒之，故曰天下之善言不得入其耳矣。日中則昃，月盈則食，天地盈虛，與時消息；是以聖人不敢當盛，升輿而遇三人則下，二人則軾，調其盈虛，故能長久也。」子夏曰：「善！請終身誦之。」〔註126〕

孔子卦得賁，喟然仰而歎息，意不平。子張進，舉手而問曰：「師聞賁者吉卦，而歎之乎？」孔子曰：「賁非正色，是以歎之。吾思夫質素，白當正白，黑當正黑。夫質又何也？吾亦聞之，丹漆不文，白玉不彫，寶珠不飾，何也？質有餘者，不受飾也。」〔註127〕

孔子曰：「持滿之道，挹而損之。」子路曰：「損之有道乎？」孔子曰：「高而能下，滿而能虛，富而能儉，貴而能卑，智而能愚，勇而能怯，辯而能訥，博而能淺，明而能闇；是謂損而不極，能行此道，唯至德者及之。《易》曰：「不損而益之，故損；自損而終，故益。」〔註128〕

> 人君苟能至誠動於內。萬民必應而感移，堯舜之誠，感於萬國，動於天地，故荒外從風，鳳麟翔舞，下及微物，咸得其所。《易》曰：「中孚豚魚吉。」此之謂也。〔註129〕

與政治之得失及人生處世之道相結合，重視《易》之道德意義。

劉向之易說，亦有類陰陽家所言者，如：

〔註126〕劉向《說苑》，（臺北：商務印書館，《四部叢刊初編》縮印平湖葛氏傳樸堂藏明鈔本），卷10，頁45。

〔註127〕劉向《說苑》，（臺北：商務印書館，《四部叢刊初編》縮印平湖葛氏傳樸堂藏明鈔本），卷20，頁94。

〔註128〕劉向《說苑》，（臺北：商務印書館，《四部叢刊初編》縮印平湖葛氏傳樸堂藏明鈔本），卷10，頁45。

〔註129〕劉向《新序》，（臺北：商務印書館，《四部叢刊初編》縮印江南圖書館藏明翻宋刊本），卷4，頁26。

定公元年「十月，隕霜殺菽。」劉向以爲周十月，今八月也，消卦爲觀，陰氣未至君位而殺，誅罰不由君出，在臣下之象也。〔註130〕

僖公三十三年「十二月，隕霜不殺草。」劉歆以爲草妖也。劉向以爲今十月，周十二月。於易，五爲天位，（爲）〔註131〕君位，九月陰氣至，五通於天位，其卦爲剝，剝落萬物，始大殺矣，明陰從陽命，臣受君令而後殺也。〔註132〕

隱公九年「三月癸酉，大雨，震電；庚辰，大雨雪。」……劉向以爲周三月，今正月也，當雨水，雪雜雨，雷電未可以發也。既已發也，則雪不當復降。皆失節，故謂之異。於《易》，雷以二月出，其卦曰豫，言萬物隨雷出地，皆逸豫也。以八月入，其卦曰歸妹，言雷復歸。入地則孕毓根核，保藏蟄蟲，避盛陰之害，出地則養長華實，發揚隱伏，宣盛陽之德。入能除害，出能興利，人君之象也。〔註133〕

前二條以十二消息卦爲占，〔註134〕此術創自孟喜，〔註135〕《漢書・儒林傳》曰：「喜好自稱譽，得易家候陰陽災變書，詐言師田生且死時，枕喜厀，獨傳喜。」〔註136〕是劉向易學不免受陰陽災異之影響。〔註137〕

劉向之災異說，爲著天人之應，遂雜以陰陽災異之易說，然並未普遍使用，蓋向之災異說以伏生之《洪範五行傳》及《春秋》學爲主，復以《京房易》家谷永黨附王氏；〔註138〕故向之易學仍以義理易爲主。

〔註130〕班固撰，顏師古注，王先謙補注《漢書》，（臺北：藝文印書館，景盧受堂本），卷27中之下，頁14。

〔註131〕班固撰，顏師古注，王先謙補注《漢書》，（臺北：藝文印書館，景盧受堂本），卷27中之下，頁3～4《補注》曰：「錢大昭曰閩本無下爲字，朱一新曰汪字無下爲字。」

〔註132〕班固撰，顏師古注，王先謙補注《漢書》，（臺北：藝文印書館，景盧受堂本），卷27中之下，頁3～4。

〔註133〕班固撰，顏師古注，王先謙補注《漢書》，（臺北：藝文印書館，景盧受堂本），卷27中之上，頁8～9。

〔註134〕池田秀三〈劉向の學問と思想〉，（《東方學報》50冊，1978年2月），頁141。

〔註135〕李漢三《先秦兩漢之陰陽五行學說》，（臺北：維新書局，1981年4月，再版），第4篇，頁254～255。

〔註136〕班固撰，顏師古注，王先謙補注《漢書》，（臺北：藝文印書館，景盧受堂本），卷88，頁8。

〔註137〕李漢三《先秦兩漢之陰陽五行學說》，（臺北：維新書局，1981年4月，再版），第4篇，頁257。

〔註138〕班固撰，顏師古注，王先謙補注《漢書》，（臺北：藝文印書館，景盧受堂本），

第三節　書　學

「伏生，濟南人也，故爲秦博士。孝文帝時，欲求能治尙書者，天下無有，乃聞伏生能治，欲召之；是時伏生年九十餘，老不能行，於是乃詔太常使掌故朝錯往受之。」〔註139〕《尙書》在伏生今文本傳授之後，西漢所流傳之《尙書》皆出於伏生。武帝時，立《歐陽氏尙書》於學官；〔註140〕宣帝時，又立夏侯勝及夏侯建兩家爲博士，〔註141〕是西漢《今文尙書》學有伏生之學、歐陽之學、大小夏侯之學。

劉歆曰：「及魯恭王壞孔子宅欲以爲宮，而得古文於壞壁之中，逸《禮》有三十九，《書》十六篇。」〔註142〕按《史記‧五宗世家》云：「魯共王餘……以孝景前三年（西元前154年）徙爲魯王，……二十六年（武帝元光四年，西元前131年）卒。」〔註143〕《漢書‧諸侯王表》曰：「元朔元年（西元前128年）安王光嗣」〔註144〕武帝在位五十四年，故恭王卒于武帝即位之十二年。《漢書‧景十三王傳》曰：「（魯恭王）徙王魯，好治宮室苑囿狗馬，季年好音。」〔註145〕則恭王之壞壁、得經，應在景帝末年，或武帝初年。〔註146〕

劉歆曰：「魯恭王壞孔子宅欲以爲宮，而得古文於壞壁之中，逸《禮》有三十九，《書》十六篇。天漢之末，孔安國獻之；遭巫蠱倉卒之難，未及施行。」〔註147〕按《史記‧孔子世家》云：「安國爲今皇帝博士，至臨淮太

卷85，頁18。
〔註139〕司馬遷撰，裴駰集解，司馬貞索隱，張守節正義《史記》，（臺北：藝文印書館，景武英殿本），卷121，頁8。
〔註140〕班固撰，顏師古注，王先謙補注《漢書》，（臺北：藝文印書館，景虛受堂本），卷88，頁11。
〔註141〕班固撰，顏師古注，王先謙補注《漢書》，（臺北：藝文印書館，景虛受堂本），卷88，頁12。
〔註142〕班固撰，顏師古注，王先謙補注《漢書》，（臺北：藝文印書館，景虛受堂本），卷36，頁23。
〔註143〕司馬遷撰，裴駰集解，司馬貞索隱，張守節正義《史記》，（臺北：藝文印書館，景武英殿本），卷59，頁2。
〔註144〕班固撰，顏師古注，王先謙補注《漢書》，（臺北：藝文印書館，景虛受堂本），卷14，頁14，與《史記》所言出入。
〔註145〕班固撰，顏師古注，王先謙補注《漢書》，（臺北：藝文印書館，景虛受堂本），卷53，頁4。
〔註146〕班固撰，顏師古注，王先謙補注《漢書》，（臺北：藝文印書館，景虛受堂本），卷36，頁33，王先謙《補注》。
〔註147〕班固撰，顏師古注，王先謙補注《漢書》，（臺北：藝文印書館，景虛受堂本），

守，蚤卒。」〔註148〕是孔安國卒于司馬遷《史記》成書之前。〔註149〕而巫
蠱之難，發生在征和元年（西元前92年）、征和二年（西元前91年），〔註
150〕已在天漢（西元前100～西元前97年）之後。荀悅《漢紀・武帝紀》曰：
「魯恭王壞孔子宅，……得《古文尚書》，多十六篇。……武帝時，孔安國
家獻之；會巫蠱事，未列於學官。」〔註151〕故閻若璩《尚書古文疏證》認
爲於安國下，增一家字，足補《漢書》之漏。〔註152〕王先謙《漢書補注》
引王鳴盛曰：「宋本文選劉歆移書亦有家字。」，〔註153〕則是《古文尚書》
之獻，乃由安國之後人，而非安國自身也。

　　《古文尚書》在孔安國卒後獻於內府，以巫蠱之事，未及施行；此所謂
之「未及施行」，係指「未立於學官」。漢成帝時，陳發秘藏，校理舊文，得
此三事（指《左傳》、《古文尚書》及逸《禮》也。），以考學官所傳，經或脫
簡，傳或簡編。〔註154〕經或脫簡，即《漢書・藝文志》所云：

　　　　劉向以中古文校歐陽大小夏侯三家經文，〈酒誥〉脫簡一，〈召誥〉

　　　　脫簡二，率簡二十五字，脫亦二十五字；簡二十二字者，脫亦二十

　　　　二字。文字異者七百有餘，脫字數十。〔註155〕

是劉向於領校中五經秘書始見《古文尚書》，發現今、古文之異同。在此之前，
向所習之《尚書》爲《今文尚書》，當屬無疑。

　　今比輯向引《書》之言，敘次如后：

　　　　《書》曰：「俾來以圖。」天文難以相曉，臣雖圖上，猶須口說，然後

〔註148〕　司馬遷撰，裴駰集解，司馬貞索隱，張守節正義《史記》，（臺北：藝文印書
　　　　　館，景武英殿本），卷47，頁29。
〔註149〕　史遷親從安國遊，記其生卒必不誤者也。
〔註150〕　班固撰，顏師古注，王先謙補注《漢書》，（臺北：藝文印書館，景盧受堂本），
　　　　　卷6，頁36～37。
〔註151〕　荀悅《前漢紀》，（臺北：商務印書館，景印岫廬現藏罕傳善本叢刊本，1973
　　　　　年，初版），卷25，頁2。
〔註152〕　閻若璩《尚書古文疏證》，（臺北：漢京文化公司，《皇清經解續編》本），卷
　　　　　2，頁4。
〔註153〕　班固撰，顏師古注，王先謙補注《漢書》，（臺北：藝文印書館，景盧受堂本），
　　　　　卷36，頁33。
〔註154〕　班固撰，顏師古注，王先謙補注《漢書》，（臺北：藝文印書館，景盧受堂本），
　　　　　卷36，頁33。
〔註155〕　班固撰，顏師古注，王先謙補注《漢書》，（臺北：藝文印書館，景盧受堂本），
　　　　　卷30，頁8。

可知，願賜清燕之閒，指圖陳狀。〔註156〕

按：此引文見於〈周書・洛誥篇〉。〔註157〕

晉大夫祁奚老，晉君問曰：「孰可使嗣？」祁奚對曰：「解狐可。」君曰：「非子之讐也？」對曰：「君問可，非問讐也。」晉遂舉解狐。後又問：「孰可以爲國尉？」祁奚對曰：「午可也。」君曰：「非子之子耶？」對曰：「君問可，非問子也。」君子謂祁奚能舉善矣，稱其讐不爲諂，立其子不爲比。《書》曰：「不偏不黨，王道蕩蕩。」〔註158〕

按：此文引文出於〈周書・洪範篇〉，二「不」皆作「無」。〔註159〕

齊宣王謂尹文曰：「人君之事何如？」尹文對曰：「人君之事，無爲而能容下，夫事寡易從，法省易因，故民不以政獲罪也。大道容眾，大德容下；聖人寡爲而天下理矣。《書》曰：「睿作聖。」詩人曰：「岐有夷之行，子孫其保之。」宣王曰：「善。」〔註160〕

按：此引文出於〈周書・洪範篇〉。〔註161〕

書曰「五事：一曰貌。」貌者男子之所以恭敬，婦人之所以姣好也；行步中矩，折旋中規，立則磬折，拱則抱鼓，其以入君朝，尊以嚴，其以入宗廟，敬以忠，其以入鄉曲，和以順，其以入州里族黨之中，和以親。〔註162〕

按：此引文見於〈周書・洪範篇〉。〔註163〕

虞人與芮人質其成於文王，入文王之境，則見其人民之讓爲士大夫；

〔註156〕班固撰，顏師古注，王先謙補注《漢書》，（臺北：藝文印書館，景虛受堂本），卷36，頁30。

〔註157〕屈萬里《尚書釋義》，（臺北：華岡出版部，1972年4月，增訂版），頁62。

〔註158〕劉向《新序・雜事第一》，（臺北：商務印書館，《四部叢刊初編》縮印江南圖書館藏明翻宋刊本），卷1，頁3。

〔註159〕屈萬里《尚書釋義》，（臺北：華岡出版部，1972年4月，增訂版），頁62。〕

〔註160〕劉向《說苑・君道》，（臺北：商務印書館，《四部叢刊初編》縮印平湖葛氏傳樸堂藏明鈔本），卷1，頁2。又左松超《說苑集證》，（臺北：國立臺灣師範大學歷史研究所博士論文，1973年），頁7謂睿作容。

〔註161〕屈萬里《尚書釋義》，（臺北：華岡出版部，1972 年 4 月，增訂版），頁62。

〔註162〕劉向《說苑・修文》，（臺北：商務印書館，《四部叢刊初編》縮印平湖葛氏傳樸堂藏明鈔本），卷19，頁88。

〔註163〕屈萬里《尚書釋義》，（臺北：華岡出版部，1972年4月，增訂版），頁62。

入其國則見其士大夫讓爲公卿；二國者相謂曰：「其人民讓爲士大夫，其士大夫讓爲公卿，然則此其君亦讓以天下而不居矣。」二國者未見文王之身，而讓其所爭以爲閒田而反。孔子曰：「大哉文王之道乎！其不可加矣！不動而變，無爲而成，敬愼恭己而虞、芮自平。」故《書》曰：「惟文王之敬忌。」此之謂也。〔註164〕

按：此引文出於〈周書・康誥篇〉。〔註165〕

文公見咎季，其廟傅於西牆，公曰：「孰處而西？」對曰：「君之老臣也。」公曰：「西益而宅。」對曰：「臣之忠，不如老臣之力，其牆壞而不築。」公曰：「何不築？」對曰：「一日不稼，百日不食。」公出而告之僕，僕頓首於軫曰：「呂刑曰：一人有慶，兆民賴之。君之明，群臣之福也。乃令於國曰：毋淫宮室，以妨人宅，板築以時，無奪農功。」〔註166〕

按：此引文見〈周書・呂刑篇〉。〔註167〕

治國有二機，刑、德是也；王者尚其德而布其刑，霸者刑、德並湊，強國先其刑而後德。夫刑、德者，化之所由興也。……夫誅賞者，所以別賢不肖，而列有功與無功也。故誅賞不可以繆，誅賞繆則善惡亂矣。夫有功而不賞，則善不勸，有過而不誅，則惡不懼，善不勸而能以行化乎天下者，未嘗聞也。《書》曰：「畢協賞罰。」此之謂也。〔註168〕

按：此引文見〈周書・康王之誥篇〉。〔註169〕

（越王）乃率其眾以助吳，而重寶以獻遺太宰嚭，太宰嚭既數受越賂，其愛信越殊甚，日夜爲言於吳王，王信用嚭之計，伍子胥諫曰：「夫越，腹心之疾，今信其游辭僞詐而貪齊，譬猶石田，無所用之，〈盤庚〉曰：「古人有顚越不恭。」是商所以興也，願王釋齊而先越，不然，將悔

〔註164〕劉向《說苑・君道》，（臺北：商務印書館，《四部叢刊初編》縮印平湖葛氏傳樸堂藏明鈔本），卷1，頁3。
〔註165〕屈萬里《尚書釋義》，（臺北：華岡出版部，1972年4月，增訂版），頁82。
〔註166〕劉向《說苑・建本》，（臺北：商務印書館，《四部叢刊初編》縮印平湖葛氏傳樸堂藏明鈔本），卷3，頁15。
〔註167〕屈萬里《尚書釋義》，（臺北：華岡出版部，1972年4月，增訂版），頁140。
〔註168〕劉向《說苑・政理》，（臺北：商務印書館，《四部叢刊初編》縮印平湖葛氏傳樸堂藏明鈔本），卷7，頁28。
〔註169〕屈萬里《尚書釋義》，（臺北：華岡出版部，1972年4月，增訂版），頁132。

之無及也。」〔註170〕

按：此引文於〈商書・盤庚・中篇〉作「乃有不吉不迪，顛越不恭。」
　　〔註171〕

故妖孽者，天所以警天子諸侯也；惡夢者，所以警士大夫也。故妖孽
不勝善政，惡夢不勝善行也；至治之極，禍反爲福。故〈太甲〉曰：「天
作孽，猶可違；自作孽，不可逭。」〔註172〕

按：此引文見《禮記・緇衣》及《孟子・公孫丑・上》，〔註173〕 唯《孟子》
　　作「天作孽，猶可違；自作孽，不可活。」〔註174〕 〈太甲篇〉，今文
　　古文皆不傳，今日《尚書》中之〈太甲〉上、中、下三篇乃晉梅賾僞
　　古文。

堯治天下，伯成子高立爲諸侯焉。堯受舜，舜受禹，伯成子高辭爲
諸侯而耕，禹往見之，則耕在野，禹趨就下位而問焉……伯成子高
曰：「……今君賞罰而民欲且多私，是君之所懷者私也，百姓知之，
貪爭之端，自此始矣。德至此衰，刑自此繁矣，吾不忍見，以是野
處也。……」耕而不顧。《書》曰：「旁施象刑，維明。」及禹不能。
〔註175〕」〔註176〕

按：此引文於〈夏書・皋陶謨〉作「方施象刑，惟明。」〔註177〕

昔者，楚丘先生行年七十，被裘帶索，往見孟嘗君，欲趨不能進。孟
嘗君曰：「先生老矣，春秋高矣，何以教之？」楚丘先生曰：「……噫！
將使我出正辭而當諸侯乎？決嫌疑而定猶豫乎？吾始壯矣，何老之

〔註170〕劉向《說苑・正諫》，（臺北：商務印書館，《四部叢刊初編》縮印平湖葛氏傳
　　　　樸堂藏明鈔本），卷9，頁43。
〔註171〕屈萬里《尚書釋義》，（臺北：華岡出版部，1972年4月，增訂版），頁50。
〔註172〕劉向《說苑・敬慎》，（臺北：商務印書館，《四部叢刊初編》縮印平湖葛氏傳
　　　　樸堂藏明鈔本），卷10，頁46。
〔註173〕屈萬里《尚書釋義》，（臺北：華岡出版部，1972年4月，增訂版），頁178。
〔註174〕趙歧注，孫奭疏《孟子注疏》，（臺北：藝文印書館，《十三經注疏》景阮刻本），
　　　　卷3下，頁2。
〔註175〕劉向《新序・節士》，（臺北：商務印書館，《四部叢刊初編》縮印江南圖書館
　　　　藏明翻宋刊本），卷7，頁38。
〔註176〕盧元駿《新序今註今譯》，（臺北：商務印書館，1977年12月，二版），頁213
　　　　「書曰：旁施象刑維明，及禹不能。」
〔註177〕屈萬里《尚書釋義》，（臺北：華岡出版部，1972年4月，增訂版），頁25。

有！」孟嘗君逡巡避席，面有愧色。……故《書》曰：「黃髮之言，則無所愆。」〔註178〕

按：〈周書‧秦誓篇〉作「尙猷詢茲黃髮，則罔所愆。」〔註179〕與此異，蓋此據〈秦誓〉之意而落筆，故義同而文異。〔註180〕

《書》曰：「不偏不黨，王道蕩蕩。」言至公也。古有行大公者，帝堯是也。貴爲天子，富有天下，得舜而傳之，不私於其子孫也。〔註181〕

按：〈周書‧洪範篇〉作「無偏無黨，王道蕩蕩。」。〔註182〕

禹出見罪人，下車問而泣之。左右曰：「夫罪人不順道，故使然焉，君王何爲痛之至於此也？」禹曰：「堯舜之人，皆以堯舜之心爲心；今寡人爲君也，百姓各自以其心爲心，是以痛之。」《書》曰：「百姓有罪，在予一人。」〔註183〕

按〈周書〉逸文作「百姓有過，在予一人。」〔註184〕

春秋舉成敗，錄禍福，如此類甚眾，皆陰盛而陽微，下失臣道之所致也。故《書》曰：「臣有作威作福，害于而家，凶于而國。」孔子曰：「祿去公室，政逮大夫。」危亡之兆。〔註185〕

按：〈周書‧洪範篇〉作「臣之有作福作威玉食，其害于而家，凶于而國」，〔註186〕文字略有出入。

〔註178〕劉向《新序‧雜事第五》，（臺北：商務印書館，《四部叢刊初編》縮印江南圖書館藏明翻宋刊本），卷5，頁34。

〔註179〕屈萬里《尚書釋義》，（臺北：華岡出版部，1972年4月，增訂版），頁147。

〔註180〕蔡信發《新序疏證》，（臺北：嘉新水泥公司文化基金會，《嘉新水泥公司文化基金會研究論文》第367種，1980年），頁136，註5。

〔註181〕劉向《說苑‧至公》，（臺北：商務印書館，《四部叢刊初編》縮印平湖葛氏傳樸堂藏明鈔本），卷14，頁64。

〔註182〕屈萬里《尚書釋義》，（臺北：華岡出版部，1972年4月，增訂版），頁62。

〔註183〕劉向《說苑‧君道》，（臺北：商務印書館，《四部叢刊初編》縮印平湖葛氏傳樸堂藏明鈔本），卷1，頁3。

〔註184〕屈萬里《尚書釋義》，（臺北：華岡出版部，1972年4月，增訂版），頁160。

〔註185〕班固撰，顏師古注，王先謙補注《漢書》，（臺北：藝文印書館，景盧受堂本），卷36，頁64。

〔註186〕屈萬里《尚書釋義》，（臺北：華岡出版部，1972年4月，增訂版），頁64。

〈泰誓〉曰：「附下而罔上者死，附上而罔下者刑；與聞國政而無益於民者退，在上位而不能進賢者逐。」此所以勸善而黜惡也。〔註187〕

按：今本〈周書·泰誓篇〉無此文；《漢書·武帝紀》元朔元年詔曰：「夫附下罔上者死，附上罔下者刑，與聞國政而無益於民者斥，在上位而不能進賢者退。此所以勸善黜惡也。」〔註188〕文與此略同。

智伯還自衛，三卿燕於藍臺，智襄子戲韓康子而侮段規，智果聞之，諫曰：「主弗備難，難必至。」曰：「難將由我，我不為難，誰敢興之。」對曰：「異於是，夫邵氏有車轅之難，趙有孟姬之讒，欒有叔祁之訴，范、中行有函冶之難，皆主之所知也。《夏書》有之曰：「一人三失，怨豈在明，不見是圖。」《周書》有之曰：「怨不在大，亦不在小。」夫君子能勤小物，故無大患……。〔註189〕

按：〈周書〉所言見〈周書·康誥篇〉；〈夏書〉所言，今本《尚書》未見，《偽古文尚書·五子之歌》亦摭此文。〔註190〕

……故曰「德無細，怨無小。」豈可無樹德而除怨，務利於人哉！利施者福報，怨往者禍來，形於內者應於外，不可不慎也，此書之所謂「德無小」者也。〔註191〕

按：此為佚書文，今偽古文〈伊訓篇〉亦摭此文而改之云「惟德罔小」。〔註192〕

與《今文尚書》相同者七條，文字略有出入者七條，不見於《今文尚書》者四條；雖多為《新序》、《說苑》所引用，然向於奏疏中所引用者全為《今文尚書》，

〔註187〕劉向《說苑·臣術》，（臺北：商務印書館，《四部叢刊初編》縮印平湖葛氏傳樸堂藏明鈔本），卷2，頁11。

〔註188〕左松超《說苑集證》，（臺北：國立臺灣師範大學歷史研究所博士論文，1973年），頁205；屈萬里《尚書釋義》，（臺北：華岡出版部，1972年4月，增訂版），頁154。

〔註189〕劉向《說苑·貴德》，（臺北：商務印書館，《四部叢刊初編》縮印平湖葛氏傳樸堂藏明鈔本），卷5，頁23。

〔註190〕屈萬里《尚書釋義》，（臺北：華岡出版部，1972年4月，增訂版），頁154；左松超《說苑集證》，（臺北：國立臺灣師範大學歷史研究所博士論文，1973年），頁422。

〔註191〕劉向《說苑·復恩》，（臺北：商務印書館，《四部叢刊初編》縮印平湖葛氏傳樸堂藏明鈔本），卷6，頁25。

〔註192〕屈萬里《尚書釋義》，（臺北：華岡出版部，1972年4月，增訂版），頁163、頁177。

是向治《尙書》以今文爲主。成帝河平三年，領校中五經秘書，〔註193〕始睹《古文尙書》，遂因而兼治《古文尙書》，亦未可知也。唐晏《兩漢三國學案》，因向以中古校歐陽大小夏侯三家經文，〈酒誥〉脫簡一，〈召誥〉脫簡二，率簡二十五字者，脫亦二十五字，簡二十二字者，脫亦二十二字，文字異者七百有餘；遂歸之於古文學派，〔註194〕未免流於武斷。

第四節　詩　學

《漢書‧儒林傳》曰：

申公，魯人也，少與楚元王交，俱事齊人浮丘伯受《詩》。……呂太后時，浮丘伯在長安，楚元王遣子郢與申公俱卒學。〔註195〕

《漢書‧楚元王傳》曰：

楚元王交，字游。高祖同父少弟也。好書，多材藝。少時嘗與魯穆生、白生、申公，俱受詩於浮丘伯。伯者，孫卿門人也。及秦焚書，各別去。……漢六年，既廢楚王信，分其地爲二國，立賈爲荊王，交爲楚王。……元王既至楚，以穆生、白生、申公爲中大夫。高后時，浮丘伯在長安，元王遣子郢客與申公俱卒業。文帝時，聞申公爲《詩》最精，以爲博士。元王好《詩》，諸子皆讀《詩》。申公始爲詩傳，號《魯詩》。元王亦次之詩傳，號曰《元王詩》，世或有之。〔註196〕

楚元王傳詩表圖如下：〔註197〕

〔註193〕班固撰，顏師古注，王先謙補注《漢書》，（臺北：藝文印書館，景虛受堂本），卷10，頁5～6。

〔註194〕唐晏《兩漢三國學案》，（臺北：世界書局，1979年6月，再版），卷3「尚書」，頁3～4；又見卷4「尚書」，頁24。

〔註195〕班固撰，顏師古注，王先謙補注《漢書》，（臺北：藝文印書館，景虛受堂本），卷88，頁15。

〔註196〕班固撰，顏師古注，王先謙補注《漢書》，（臺北：藝文印書館，景虛受堂本），卷36，頁1～2。

〔註197〕此表據班固撰，顏師古注，王先謙補注《漢書》，（臺北：藝文印書館，景虛受堂本），卷36〈楚元王傳〉所列；頁2「浮丘伯在長安，元王遣子郢客與申公俱卒業。」

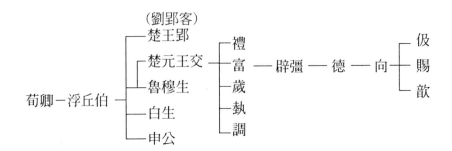

劉向，楚元王玄孫也。劉辟彊、劉德，以迄於向，世承其學（圖一），故歷來研究漢代《詩經》學者，主劉向為《魯詩》學派，然亦有主向為《韓詩》者，眾說紛紜，莫衷一是。

陳喬樅《三家詩遺說考‧魯詩遺說考‧自序》曰：

> 劉向父子世習《魯詩》，……考〈楚元王傳〉言：元王好《詩》，諸子皆讀《詩》，王子郢客與申公俱卒學，申公為詩傳，元王亦次之詩傳，號「元王詩」，向為元王子休侯富曾孫，漢人傳經，最重家學，知向世修其業，《說苑》、《新序》、《列女傳》諸書，其所稱述必出於《魯詩》無疑。〔註198〕

又〈魯詩遺說考‧一〉曰：

> 又《漢書‧藝文志》云：成帝詔向校經傳諸子詩賦，向卒，哀帝復使向子歆卒父業，於是總群書而奏其《七略》，今刪其要以備篇籍。是志所載皆採《七略》之文，其於三家詩，言魯最為近之，益足證劉氏治《詩》之為守其家學矣。〔註199〕

王應麟《困學紀聞》曰：

> 《新序》（節士篇）云：衛宣公子壽，閔其兄伋之見害，作憂思之詩，〈黍離〉是也。《魯詩》出於浮丘伯，以授楚元王交。劉向乃交之孫，其說蓋本《魯詩》。然〈黍離〉，〈王風〉之首；恐不可以為〈衛〉詩也。（翁元圻曰：是因〈王風〉次〈衛〉，誤以〈王風〉之首章為〈衛〉之卒章，而謬撰此說者。）《韓詩》云：〈黍離〉，伯封作。陳思王植

〔註198〕陳喬樅《三家詩遺說考》，（臺北：漢京文化公司，《皇清經解續編》本），頁3。

〔註199〕陳喬樅《三家詩遺說考》，（臺北：漢京文化公司，《皇清經解續編》本），頁5。

〈令禽惡鳥論〉曰：昔尹吉甫信後妻之讒，而殺孝子伯奇，其弟伯
封求而不得，作〈黍離〉之詩。其《韓詩》之說歟？伯封事，唯見
於此。〔註200〕

又於〈詩考後序〉曰：

劉向《列女傳》謂秦人妻作〈芣苢〉，周南大夫妻作〈汝墳〉，申人
女作〈行露〉，衛宣夫人作〈邶柏舟〉，定姜送婦作〈燕燕〉，黎莊公
夫人及其傅母作〈式微〉，莊妻傅母作〈碩人〉，息夫人作〈大車〉，
《新序》謂伋之傅母作〈二子乘舟〉，壽閔其兄作憂思之詩〈黍離〉
是也。楚元王受《詩》於浮丘伯，向乃元王之孫，所述蓋《魯詩》
也。〔註201〕

《項氏家說》曰：

按《列女傳》，〈芣苢〉，蔡人之妻作也。〈行露〉，申人之女作也；女
嫁於酆，夫禮不備，持義不往也。〈邶柏舟〉，衛宣公夫人作也。〈式
微〉，黎莊公夫人作也。〈碩人〉，莊姜傅母作也；莊姜操行衰惰，而
母救之也。〈大車〉，息夫人作也。劉向父子，世受《魯詩》，故其作
《列女傳》所載如此，去古既遠，獨《毛詩》存，《韓詩》猶有外傳
及薛君章句，齊魯二家，不復可識，因此亦略見魯學之一二，故備
錄之以顯。〔註202〕

魏源《詩古微》曰：

劉向，楚元王孫，世傳《魯詩》。其《列女傳》以〈芣苢〉為蔡人妻
作，〈汝墳〉為周南大夫妻作，〈行露〉為召南申女作……視毛序之
空衍者尤鑿鑿不誣。且其〈息夫人傳〉曰：君子故序之於詩。〈黎莊
夫人傳〉曰：君子故序之以編詩。而向所自著書亦曰《新序》，是《魯
詩》有序明矣。〔註203〕

范處義《逸齋詩補傳》卷第六曰：

《魯詩》出於浮丘伯，以授楚元王交。劉向、乃交之孫，其說蓋本

〔註200〕王應麟撰，翁元圻注《翁注困學紀聞》，（臺北：世界書局，1974 年 6 月，再
版），卷 3，頁 150～151。

〔註201〕王應麟《詩考》，（臺北：商務印書館，《叢書集成》本），頁 128～129。

〔註202〕項安世《項氏家說》，（臺北：藝文印書館，《百部叢書集成》景武英殿聚珍版
本），卷 4，頁 10。

〔註203〕魏源《詩古微》，（臺北：漢京文化公司，《皇清經解續編》本），頁 2。

於《魯詩》。〔註204〕

《列女傳補注》臧庸序曰：

> 劉氏世傳《魯詩》，《漢志》言：三家魯最爲近之。故熹平立石，亦
> 本魯學，鄭康成箋毛，用魯義猶多，范史特言從張恭祖受《韓詩》
> 者，疏漏之談耳。補注（王照圓補注）考之經、傳，核之毛、韓，
> 其文之不同，義之有異者，每定爲《魯詩》，斯亦近儒所罕聞，經生
> 之絕業也。如湯妃有〈斟傳〉曰：《詩》云，窈窕淑女，君子好逑。
> 言賢女能爲君子和安眾妾。補注曰：此《魯詩》說也，與毛氏異義，
> 爲鄭箋之所本。而淺者未考，遂議鄭箋爲改毛矣。〔註205〕

主劉向爲《魯詩》者，除上述諸家外，尚有馮登府《三家詩異文疏證》、
〔註206〕陳奐《詩毛氏傳疏》、〔註207〕王先謙《詩三家義集疏》、〔註208〕唐晏
《兩漢三國學案》〔註209〕……等；其論據爲《魯詩》乃向之家學，遂謂向亦
當學《魯詩》者是矣，此執祖以概孫之說，恐未必然也。

王引之《經義述聞》卷七辨之曰：

> 引之謹案：《列女傳・貞順傳》蔡人妻傷夫有惡疾而作〈芣苢〉，
> 與《文選・辯命論》注所引《韓詩》合。〈賢明傳〉周南大夫妻言
> 仕於亂世者，爲父母在故也，乃作詩曰「魴魚赬尾」云云，與《後
> 漢書・周磐傳》所引《韓詩》章句合。〈貞順傳〉召南申女以夫妻
> 一物不具，一禮不備，守節持義，必死不往，而作詩曰，「雖速我
> 獄」云云，與《韓詩外傳》合。〈母儀傳〉衛姑定姜賦〈燕燕〉之
> 詩，與坊記鄭注合，鄭爲記注時，多取《韓詩》也。又上〈災異
> 封事〉引「密勿從事」，與《文選・爲宋公求加贈劉前軍表》注，

〔註204〕余嘉錫《四庫提要辨證・子一・新序辨證》，（臺北：藝文印書館，排印本，
1937年），頁26引。

〔註205〕劉向撰，王照圓補注《列女傳補注》，（臺北：商務，《人人文庫》，1976年2
月，臺一版），頁2。

〔註206〕馮登府《三家詩異文疏證》，（臺北：漢京文化公司，《皇清經解正編》本），
卷1406，頁10。

〔註207〕陳奐《詩毛氏傳疏》，（臺北：漢京文化公司，《皇清經解續編》本），卷3，
頁1「劉子政習魯說，兼用韓詩故歟！」

〔註208〕王先謙《詩三家義集疏・序例》，（臺北：世界書局，《四部刊要》本），卷首。

〔註209〕唐晏《兩漢三國學案》，（臺北：世界書局，1979年6月，再版），卷5，頁1
～2；頁13～28。

所引《韓詩》「密勿同心」，皆以密勿爲黽勉，然則向所述者乃《韓詩》也。〔註210〕

馬瑞辰於王照圓《列女傳補注・序》曰：

補注悉訂爲《魯詩》，以向爲楚元王交元孫，元王嘗與申公同授（受）《詩》于浮丘伯，宜世傳魯學也。……但考傳所引詩，惟康王晏起，〈關雎〉起興，與《漢書・杜欽傳》同。先君之恩，以畜寡人，與坊記引詩鄭注爲定姜送婦同。一則師古以爲《魯詩》，一則《釋文》以爲《魯詩》，可顯證爲《魯詩》說耳。其以〈式微〉爲黎莊夫人作，〈碩人〉爲莊姜傅母作，〈大車〉爲息夫人作，經傳無徵，不能確指爲《魯詩》之學。若以〈柏舟〉爲衛宣夫人詩，與《李黃集解》引《韓詩》合（《毛詩李黃集解》四十一卷，係集李樗、黃燻兩家之說，不著編錄姓氏。）〈芣苢〉爲傷夫有惡疾；〈汝墳〉爲家貧親老，仕于亂世；與《韓詩》章句合。〈行露〉爲夫不備禮，女不肯往；〈載馳〉爲許穆夫人始欲與齊，以爲國援；與《韓詩外傳》合。〈渭陽〉爲秦太子罃送晉文公，與《後漢書》注引《韓詩》合。〈行葦〉爲公劉詩，與趙長君《吳越春秋》合，長君嘗從杜撫受《韓詩》，蓋亦《韓詩》說也。劉向所引《韓詩》實多，似不得謂其悉本《韓詩》也。〔註211〕

是王引之、馬瑞辰皆主向學《韓詩》。然余嘉錫《四庫提要辨證》曰：

況《新序》、《說苑》據本傳言，則是採之傳記。據《說苑敘錄》言，則是前人本有其書，向特加以刪治，非所自撰，觀其於淺薄不中義理者，別集以爲百家，則此兩書亦係百家之說，蓋非一人之作，亦非一時之書，與《戰國策》相等。……故無論向所學爲魯爲韓，亦只能於其著作中語氣出自於向者求之，若《新序》、《說苑》，本非其所自作，恐未可以向之所學便定其中之詩說屬於何家也。〔註212〕

〔註210〕王引之《經義述聞》，（臺北：世界書局，1975年5月，再版），卷7，頁40。

〔註211〕劉向撰，王照圓補注《列女傳補注》，（臺北：商務印書館，《人人文庫》，1976年2月，臺一版），頁2～3。

〔註212〕余嘉錫《四庫提要辨證・子一・新序辨證》，（臺北：藝文印書館，排印本，1937年），頁28～29。

唯《新序》卷四有「臣向愚以鴻範推之」〔註213〕云云，且《新序》一書多章首尾時有議論，而文義句法，率與之同，足見劉向於書內增益一己之說者，當亦不少。〔註214〕又《說苑敘錄》曰：「更以造《新事》，十萬言以上。」〔註215〕據此，《新序》、《說苑》非與《戰國策》相等，余氏之說，失之於偏。

今依劉向奏疏以觀其詩說，條述如後：

〈條災異封事〉曰：

> 文王既沒，周公思慕，歌詠文王之德，其詩曰「於穆清廟，肅雍顯相；濟濟多士，秉文之德。」〔註216〕當此之時，武王、周公繼政，朝臣和於內，萬國驩於外，故盡得其驩心，以事其先祖。其詩曰「有來雍雍，至止肅肅，相維辟公，天子穆穆。」〔註217〕言四方皆以和來也。諸侯和於下，天應報於上，故〈周頌〉曰「降福穰穰」〔註218〕又曰「飴我釐麰」〔註219〕釐麰，麥也，始自天降。此皆以和致和，獲天助也。下至幽、厲之際，朝廷不和，轉相非怨，詩人疾而憂之曰『民之無良，相怨一方。』〔註220〕眾小在位而從邪議，歙歙相是而背君子，故其《詩》曰「歙歙訿訿，亦孔之哀！謀之其臧，則具是違；謀之不臧，則具是依！」〔註221〕君子獨處守正，不橈眾枉，勉彊以從王事則反見憎毒讒愬，故其《詩》曰「密勿從事，不敢告勞，無罪無

〔註213〕劉向《新序・雜事第四》，（臺北：商務印書館，《四部叢刊初編》縮印江南圖書館藏明翻宋刊本），卷4，頁27。

〔註214〕蔡信發《新序疏證・自敘》，（臺北：嘉新水泥公司文化基金會，嘉新水泥公司文化基金會研究論文第367種，1980年），頁2。

〔註215〕劉向《說苑・序》，（臺北：商務印書館，《四部叢刊初編》縮印平湖葛氏傳樸堂藏明鈔本），頁1。

〔註216〕毛公傳，鄭玄箋，孔穎達正義《毛詩正義・周頌・清廟》，（臺北：藝文印書館，《十三經注疏》景阮刻本），卷19-1，頁9～10。

〔註217〕毛公傳，鄭玄箋，孔穎達正義《毛詩正義・周頌・雝》，（臺北：藝文印書館，《十三經注疏》景阮刻本），卷19-3，頁10。

〔註218〕毛公傳，鄭玄箋，孔穎達正義《毛詩正義・周頌・執競》，（臺北：藝文印書館，《十三經注疏》景阮刻本），卷19-2，頁10。

〔註219〕毛公傳，鄭玄箋，孔穎達正義《毛詩正義・周頌・思文》，（臺北：藝文印書館，《十三經注疏》景阮刻本），卷19-2，頁12。

〔註220〕毛公傳，鄭玄箋，孔穎達正義《毛詩正義・小雅・角弓》，（臺北：藝文印書館，《十三經注疏》景阮刻本），卷15-1，頁11。

〔註221〕毛公傳，鄭玄箋，孔穎達正義《毛詩正義・小雅・小旻》，（臺北：藝文印書館，《十三經注疏》景阮刻本），卷12-2，頁16。

韋，讒口嗸嗸！」〔註222〕當是之時，日月薄蝕而無光，其《詩》曰
「朔月辛卯，日有蝕之，亦孔之醜！」〔註223〕又曰「彼月而微，此
日而微，今此下民，亦孔之哀！」〔註224〕又曰「日月鞠凶，不用其
行；四國無政，不用其良！」〔註225〕天變見於上，地變動於下，水
泉沸騰，山谷易處。其《詩》曰「百川沸騰，山冢崒崩，高岸爲谷，
深谷爲陵。哀今之人，胡憯莫懲！」〔註226〕霜降失節，不以其時，
其《詩》曰「正月繁霜，我心憂傷；民之訛言，亦孔之將！」〔註227〕
言民以是爲非，甚眾大也。此皆不合，賢不肖易位之所致也。……《詩》
又云「雨雪瀌瀌，見晛曰消。」〔註228〕與《易》同義。……《詩》
云「我心匪石，不可轉也。」〔註229〕言守善篤也。……是以群小窺
見間隙，緣飾文字，巧言醜詆，流言飛文，譁於民間。故詩云「憂心
悄悄，慍于群小。」〔註230〕小人成群，誠足慍也。……〔註231〕

〈封事〉中所引用之《詩》，依順序爲〈清廟〉、〈雝〉、〈執競〉、〈思文〉、〈角
弓〉、〈小旻〉、〈十月之交〉、〈正月〉、〈角弓〉、〈柏舟〉。大多採取《魯詩》之
說，尤以〈清廟〉及〈雝〉之解釋，確屬《魯詩》無疑。〔註232〕然〈思文〉

〔註222〕毛公傳，鄭玄箋，孔穎達正義《毛詩正義・小雅・十月之交》，（臺北：藝文
印書館，《十三經注疏》景阮刻本），卷12-2，頁9。
〔註223〕毛公傳，鄭玄箋，孔穎達正義《毛詩正義・小雅・十月之交》，（臺北：藝文
印書館，《十三經注疏》景阮刻本），卷12-2，頁2。
〔註224〕毛公傳，鄭玄箋，孔穎達正義《毛詩正義・小雅・十月之交》，（臺北：藝文
印書館，《十三經注疏》景阮刻本），卷12-2，頁2。
〔註225〕毛公傳，鄭玄箋，孔穎達正義《毛詩正義・小雅・十月之交》，（臺北：藝文
印書館，《十三經注疏》景阮刻本），卷12-2，頁5。
〔註226〕毛公傳，鄭玄箋，孔穎達正義《毛詩正義・小雅・十月之交》，（臺北：藝文
印書館，《十三經注疏》景阮刻本），卷12-2，頁5。
〔註227〕毛公傳，鄭玄箋，孔穎達正義《毛詩正義・小雅・正月》，（臺北：藝文印書
館，《十三經注疏》景阮刻本），卷12-1，頁9。
〔註228〕毛公傳，鄭玄箋，孔穎達正義《毛詩正義・小雅・角弓》，（臺北：藝文印書
館，《十三經注疏》景阮刻本），卷15-1，頁13。
〔註229〕毛公傳，鄭玄箋，孔穎達正義《毛詩正義・邶風・柏舟》，（臺北：藝文印書
館，《十三經注疏》景阮刻本），卷2-1，頁6。
〔註230〕毛公傳，鄭玄箋，孔穎達正義《毛詩正義・邶風・柏舟》，（臺北：藝文印書
館，《十三經注疏》景阮刻本），卷2-1，頁7。
〔註231〕班固撰，顏師古注，王先謙補注《漢書》，（臺北：藝文印書館，景虛受堂本），
卷36，頁9～16。
〔註232〕陳喬樅《三家詩遺說考・魯詩遺說考》，（臺北：漢京文化公司，《皇清經解續

與〈小旻〉亦有近於《韓詩》之處；〔註233〕〈十月之交〉與〈正月〉引《詩》以言災異，頗與《齊詩》義近。〔註234〕

〈諫延陵泰奢疏〉曰：

> 孔子論《詩》，至於「殷士膚敏，祼將于京」〔註235〕喟然歎曰：「大哉天命！善不可不傳于子孫，是以富貴無常；不如是，則王公其何以戒慎，民萌何以勸勉？」蓋傷微子之事周，而痛殷之亡也。雖有堯、舜之聖，不能化丹朱之子；雖有禹、湯之德，不能訓末孫之桀、紂。自古及今，未有不亡之國也。……周德既衰而奢侈，宣王賢而中興，更爲儉宮室，小寢廟。詩人美之，〈斯干〉之詩是也，〔註236〕上章道宮室之如制，下章言子孫之眾多也。……〔註237〕

以「殷士」爲微子，引〈斯干〉以咏宣王由奢改儉，均屬《魯詩》說。〔註238〕

〈理甘延壽陳湯疏〉曰：

> 昔周大夫方叔、吉甫爲宣王誅玁狁而百蠻從，其《詩》曰「嘽嘽焞焞，如霆如雷。顯允方叔，征伐玁狁，蠻荊來威。」〔註239〕《易》曰「有嘉折首，獲匪其醜。」言美誅首惡之人，而諸不順者皆來從也。今延壽、湯所誅震，雖《易》之折首，《詩》之雷霆，不能及也。……吉甫之歸，周厚賜之，其《詩》曰「吉甫燕喜，既多受祉。來歸自

編》本），卷18，頁1～2、頁10、頁16；卷14，頁3～5；卷11，頁4、頁10～11；卷2，頁3～5。亦見王先謙《詩三家義集疏》。

〔註233〕王先謙《詩三家義集疏》，（臺北：世界書局，《四部刊要》本），卷24，頁13「《文選》班固典引李注引《韓詩》及薛君文，王念孫云：《韓詩》貽我嘉鏊，嘉當爲喜字之誤，來、鏊、喜，古聲相近，故毛詩作來，劉向傳作鏊，《韓詩》作喜，猶僖公之爲鏊公，祝僖之爲祝鏊也。」卷17，頁22「韓渝作翕，韓說曰：翕翕訿訿，不善之貌也。魯作翕又作歙。」

〔註234〕陳喬樅《三家詩遺說考·齊詩遺說考》，（臺北：漢京文化公司，《皇清經解續編》本），卷6。

〔註235〕毛公傳，鄭玄箋，孔穎達正義《毛詩正義·大雅·文王》，（臺北：藝文印書館，《十三經注疏》景阮刻本），卷16-1，頁11。

〔註236〕毛公傳，鄭玄箋，孔穎達正義《毛詩正義·小雅·斯干》，（臺北：藝文印書館，《十三經注疏》景阮刻本），卷11-2，頁3～11。

〔註237〕班固撰，顏師古注，王先謙補注《漢書》，（臺北：藝文印書館，景虛受堂本），卷36，頁19～23。

〔註238〕陳喬樅《三家詩遺說考·魯詩遺說考》，（臺北：漢京文化公司，《皇清經解續編》本），卷10，頁7。

〔註239〕毛公傳，鄭玄箋，孔穎達正義《毛詩正義·小雅·采芑》，（臺北：藝文印書館，《十三經注疏》景阮刻本），卷10-2，頁12。

鎬，我行永久。」〔註240〕千里之鎬猶以爲遠，況萬里之外，其勤至
矣。……〔註241〕

所引之〈采芑〉、〈六月〉均從《魯詩》說。〔註242〕

　　〈論星孛山崩疏〉曰：

　　臣聞帝舜戒伯禹，毋若丹朱敖；周公戒成王，毋若殷王紂。《詩》曰
　　「殷監不遠，在夏后之世。」……。〔註243〕」〔註244〕

引〈大雅·蕩〉之詩，爲《魯詩》說。〔註245〕

　　《漢書·五行志中之上》曰：

　　定公十五年「正月，鼷鼠食郊牛，牛死。」劉向以爲定公和季氏逐
　　昭公，罪惡如彼，親用孔子爲夾谷之會，齊人徠歸鄆、讙、龜陰之
　　田，聖德如此，反用季桓子，淫於女樂，而退孔子，無道甚矣。《詩》
　　曰「人而亡儀，不死何爲！」〔註246〕是歲五月，定公薨，牛死之應
　　也。〔註247〕

引〈相鼠〉之詩，爲《魯詩》說。〔註248〕

　　《漢書·五行志下之上》曰：

　　《左氏傳》文公十六年夏，有蛇自泉宮出，入于國，如先君之數。
　　劉向以爲近蛇孽也。泉宮在囿中，公母姜氏嘗居之，蛇從之出，象

〔註240〕毛公傳，鄭玄箋，孔穎達正義《毛詩正義·小雅·六月》，（臺北：藝文印書
　　　　館，《十三經注疏》景阮刻本），卷10-2，頁7。
〔註241〕班固撰，顏師古注，王先謙補注《漢書》，（臺北：藝文印書館，景盧受堂本），
　　　　卷70，頁11～12。
〔註242〕陳喬樅《三家詩遺說考·魯詩遺說考》，（臺北：漢京文化公司，《皇清經解續
　　　　編》本），卷9，頁13、頁10。
〔註243〕毛公傳，鄭玄箋，孔穎達正義《毛詩正義·大雅·蕩》，（臺北：藝文印書館，
　　　　《十三經注疏》景阮刻本），卷18-1，頁7。
〔註244〕班固撰，顏師古注，王先謙補注《漢書》，（臺北：藝文印書館，景盧受堂本），
　　　　卷36，頁28。
〔註245〕陳喬樅《三家詩遺說考·魯詩遺說考》，（臺北：漢京文化公司，《皇清經解續
　　　　編》本），卷17，頁3。
〔註246〕毛公傳，鄭玄箋，孔穎達正義《毛詩正義·鄘風·相鼠》，（臺北：藝文印書
　　　　館，《十三經注疏》景阮刻本），卷3-2，頁2。
〔註247〕班固撰，顏師古注，王先謙補注《漢書》，（臺北：藝文印書館，景盧受堂本），
　　　　卷27中之上，頁14。
〔註248〕陳喬樅《三家詩遺說考·魯詩遺說考》，（臺北：漢京文化公司，《皇清經解續
　　　　編》本），卷3，頁7～8。

宮將不居也。《詩》曰「維虺維蛇，女子之祥。」〔註249〕又蛇入國，
國將有女憂也。〔註250〕

引〈斯干〉之詩，爲《魯詩》說。〔註251〕

劉向奏疏引用《詩》句計十七條，近於《韓詩》者兩條，近於《齊詩》
者兩條，爲《魯詩》說者十三條；由此可以推知，向於奏疏中引用《詩》句，
較傾向於《魯詩》。

徐復觀於〈劉向新序說苑的研究〉中曰：

> ……由上面的粗略統計，《新序》較《說苑》，吸收《韓傳》者爲多。……
> 劉向實際引用了大量的《韓傳》及《韓傳》中所引用的「詩曰」；至
> 於有些引用了《韓傳》而節去其「詩曰」，這是因爲《韓傳》本是爲
> 傳詩而作，《新序》《說苑》則並非專爲傳詩而作，所以對詩的採用
> 與否，有較大的自由，並非出於傳承中門户的不同。因此可以證明，
> 《齊詩》《魯詩》《韓詩》，僅是由傳承上的地與人的不同而來的稱呼，
> 不是對詩内容解釋上的分門别户的稱呼；他們本出一原，在内容上
> 没有門户，於是劉向不感到他家傳的《魯詩》和他大量採用的《韓
> 詩》，有什麼門户，須加以界域。〔註252〕

今據蔡信發《新序疏證》歸納，《新序》本於《韓詩外傳》成章者三十；〔註
253〕據陳喬樅《三家詩遺說考》，《新序》引《詩》，合於《魯詩》說者四十六，
〔註254〕如下表：

〔註249〕毛公傳，鄭玄箋，孔穎達正義《毛詩正義・小雅・斯干》，（臺北：藝文印書
館，《十三經注疏》景阮刻本），卷11-2，頁9。

〔註250〕班固撰，顏師古注，王先謙補注《漢書》，（臺北：藝文印書館，景盧受堂本），
卷27下之上，頁16～17。

〔註251〕陳喬樅《三家詩遺說考・魯詩遺說考》，（臺北：漢京文化公司，《皇清經解續
編》本），卷10，頁10。

〔註252〕徐復觀《兩漢思想史》，（臺北：學生書局，1980年9月），卷3，頁75～
76。

〔註253〕蔡信發《新序疏證・自敘》，（臺北：嘉新水泥公司文化基金會，嘉新水泥公
司文化基金會研究論文第367種，1980年），頁6～8。據外傳改作者五，加
上文分二節，分據他之改作以成章者之雜事第五管仲博齊公子糾一章。

〔註254〕陳喬樅《三家詩遺說考・魯詩遺說考》，（臺北：漢京文化公司，《皇清經解
續編》本），卷1，頁23；卷2，頁3、頁24、頁27；卷3，頁8；卷4，
頁1、頁10、頁17、頁12～13、頁17；卷5，頁15～16；卷11，頁3、
頁16、頁19、頁23～24、頁31；卷12，頁22；卷13，頁5；卷15，頁3、
頁5～6、頁10、頁15、頁21、頁28；卷16，頁13、頁19、頁20；卷17，

篇　　名	本於外傳	合於魯詩	逸　　詩
雜事第一	3	2	
雜事第二	1	1	
雜事第三	0	4	
雜事第四	3	9	1
雜事第五	9	15	
刺奢第六	1	1	
節士第七	7	9	
義勇第八	6	2	
善謀（上）第九	0	3	
善謀（下）第十	0	0	
合　　計	30	46	1

　　據左松超《說苑集證》歸納，《說苑》本於《韓詩外傳》成章者十九；
〔註255〕據陳喬樅《三家詩遺說考》，《說苑》引《詩》合於《魯詩》說者八
十四；〔註256〕如下表：

篇　　名	本於外傳	合於魯詩	其　　他
君道（一）	3	7	

　　　　頁1～3、頁5、頁7、頁9、頁20、頁28；卷19，頁7；卷20，頁7～8。
　　　　逸詩為《新序》卷第四〈雜事第四〉齊有彗星章「我無所監，夏后及商，
　　　　用亂之故，民卒流亡」。
〔註255〕左松超《說苑集證》，（臺北：國立臺灣師範大學歷史研究所博士論文，1973
　　　　年），頁22、頁73、頁93、頁156～158、頁273、頁386、頁437、頁533、
　　　　頁571、頁682、頁834、頁846～847、頁905、頁915、頁1359、頁1404、
　　　　頁1418～1419、頁1516、頁1621。
〔註256〕陳喬樅《三家詩遺說考・魯詩遺說考》，（臺北：漢京文化公司，《皇清經解續
　　　　編》本），卷1，頁18、頁24、頁26；卷2，頁3、頁5、頁13、頁17～19、
　　　　頁25；卷3，頁6～7、頁14、頁24；卷4，頁1、頁3、頁21～22；卷5，
　　　　頁2、頁12～13、頁21；卷6，頁8；卷7，頁3、頁5；卷8，頁8～9、
　　　　頁13、頁20；卷11，頁2～3、頁11、頁22～23、頁29、頁36、頁38；卷12，
　　　　頁8、頁12；卷13，頁4～5、頁9、頁11；卷14，頁3、頁6；卷15，頁3
　　　　～4、頁14～16、頁28；卷16，頁10、頁12～13、頁16～23；卷17，頁1
　　　　～3、頁6～7、頁9、頁14、頁20；卷18，頁5、頁22、頁29；卷19，頁3、
　　　　頁7；卷20，頁6。

臣術（二）	1	1	
建本（三）	1	6	
立節（四）	0	4	
貴德（五）	1	5	
復恩（六）	1	3	
政理（七）	2	7	
尊賢（八）	1	4	
正諫（九）	0	4	
敬慎（十）	3	0	
善說（十一）	1	3	
奉使（十二）	0	5	
權謀（十三）	0	1	
至公（十四）	0	2	1〔註257〕
指武（十五）	0	1	
叢談（十六）	1	1	
雜言（十七）	2	8	
辨物（十八）	1	6	
修文（十九）	1	13	
反質（二十）	0	3	
合　　計	19	84	1

　　《列女傳》引《詩》，據陳喬樅《三家詩遺說考》歸納，合於《魯詩》
者一〇九；〔註258〕據王引之《經義述聞》，合於《韓詩外傳》者四；〔註259〕

〔註257〕劉向《說苑・至公》，（臺北：商務印書館，《四部叢刊初編》縮印平湖葛氏傳
　　　　樸堂藏明鈔本），卷14，頁64「周道如砥，其直如矢；君子所履，小人所視。」
　　　　〈小雅・大東〉陳氏未收。

〔註258〕陳喬樅《三家詩遺說考・魯詩遺說考》，（臺北：漢京文化公司，《皇清經解續
　　　　編》本），卷1，頁8、頁15～18、頁20、頁27；卷2，頁1、頁3～4、頁7、
　　　　頁9～10、頁12～13、頁15～19、頁21～22、頁25；卷3，頁5、頁7～11、
　　　　頁18、頁22；卷4，頁2～4、頁6～8、頁13、頁16、頁18；卷5，頁8～9、
　　　　頁11、頁14、頁16～17；卷6，頁2、頁5、頁9～10、頁13～14；卷7，
　　　　頁2、頁5、頁7；卷8，頁8、頁11、頁19；卷9，頁2、頁4、頁7；卷10，

據馬瑞辰《列女傳補注・序》，合於《韓詩外傳》者六；〔註260〕如下表：

卷　　名	合於魯詩	合於外傳（王引之）	合於外傳（馬瑞辰）
母儀傳（一）	24	1	
賢明傳（二）	17	1	2
仁智傳（三）	14		1
貞順傳（四）	14	2	2
節義傳（五）	9		1
辯通傳（六）	16		
孽嬖傳（七）	15		
合　　計	109	4	6

　　由上述之統計，可見劉向引用《魯詩》之處多於引用《韓詩外傳》之處，非如徐氏所言「《齊詩》、《魯詩》、《韓詩》，僅是由傳承上的地與人的不同而來的稱呼，不是對詩內容解釋上的分門別外的稱呼；他們本出一原，在內容上沒有門戶，於是劉向不感到他家傳的《魯詩》和他大量採用的《韓詩》，有什麼門戶，須加以界域。」〔註261〕若《齊詩》、《魯詩》、《韓詩》無內容門戶之別，則《尚書》歐陽、大小夏侯之章句亦當無別，何以分立學官？是《齊詩》、《魯詩》、《韓詩》以內容解說之歧異而有別，然皆屬今文。

　　全祖望《經史問答》卷三曰：

　　問：「朱竹垞曰：劉向所述皆《魯詩》，未知果否？其亦有所據否？」

　　答：「劉向是楚元王交之後，元王曾與申公同受業於浮丘伯之門，故以向守家學，必是《魯詩》。然愚以爲未可信。劉氏父子，皆治《春秋》，而歆已難向之說矣，安在向必守交之說也。向之學極博，其說《詩》，考之〈儒林傳〉，不言所師，在三家中，未敢定其爲何詩也。」

<hr />

　　　頁 10～11；卷 11，頁 6～8、頁 22、頁 25、頁 30、頁 32；卷 13，頁 5、頁 8；卷 14，頁 5～7；卷 15，頁 5～7；卷 16，頁 2～3、頁 8～11、頁 16、頁 20～23；卷 17，頁 2～3、頁 5、頁 7～10、頁 19～20、頁 29～30；卷 18，頁 5、頁 11、頁 21；卷 19，頁 2、頁 5；卷 20，頁 2、頁 5。

〔註259〕王引之《經義述聞》，（臺北：世界書局，1975 年 5 月，再版），卷 7，頁 40。

〔註260〕劉向撰，王照圓補注《列女傳補注》，（臺北：商務印書館，《人人文庫》，1976 年 2 月，臺一版），頁 2～3。

〔註261〕徐復觀《兩漢思想史》，（臺北：學生書局，1980 年 9 月），卷 3，頁 75～76。

〔註262〕
全氏以〈儒林傳〉未言劉向所師，未敢定其爲何詩。本傳謂向淹博通達，〔註263〕則向固非守家法，不相通也。復據其上疏及《新序》、《說苑》、《列女傳》所引之《詩》觀之，當可確定向治《詩》以《魯詩》爲主，兼採《韓詩》；復以陰陽災異之說熾盛，亦有近於《齊詩》者。

第五節　禮　學

劉向校書中秘，古籍多經校讎，今現行本《儀禮》，即由劉向校定。《四庫全書總目提要》曰：「儀禮出殘闕之餘，漢代所傳凡有三本（表列如下）：〔註264〕

戴　德　本	戴　聖　本	劉向別錄本
冠禮第一	冠禮第一	士冠禮第一
昏禮第二	昏禮第二	士昏禮第二
相見第三	相見第三	士相見禮第三
士喪第四	鄉飲第四	鄉飲酒禮第四
既夕第五	鄉射第五	鄉射禮樂第五
士虞第六	燕禮第六	燕禮第六
特牲第七	大射第七	大射第七
少牢第八	士虞第八	聘禮第八
有司徹第九	喪服第九	公食大夫禮第九
鄉飲酒第十	特牲第十	覲禮第十
鄉射第十一	少牢第十一	喪服第十一
燕禮第十二	有司徹第十二	士喪禮第十二
大射第十三	士喪第十三	士喪禮下篇第十三
聘禮第十四	既夕第十四	士虞禮第十四
公食第十五	聘禮第十五	特牲饋食禮第十五

〔註262〕全祖望《鮚埼亭集》，（臺北：華世出版社，1977年3月，初版），卷3。
〔註263〕班固撰，顏師古注，王先謙補注《漢書》，（臺北：藝文印書館，景虛受堂本），卷36，頁6、頁28。
〔註264〕鄭玄注，賈公彥疏《儀禮注疏》，（臺北：藝文印書館，《十三經注疏》景阮刻本），頁1。

覲禮第十六	公食第十六	少牢饋食禮第十六
喪服第十七	覲禮第十七	少牢下篇第十七

　　由上表可見二戴與《別錄》有一致之點，可分爲五組：（一）冠、昏、相見，（二）鄉飲、鄉射、燕禮、大射，（三）聘禮、公食、覲禮，（四）特牲、少牢、有司，（五）士喪、士虞、既夕。《大戴》以階級（由卑而尊）分，殿以服制，《小戴》雜亂而猶不失各組中篇意之脈絡；《別錄》則以嘉、賓、凶、吉第倫序，〔註265〕足見其《禮》學之素養。

　　元帝好儒，貢禹、韋玄成、匡衡等相繼爲卿，倡言古禮，下恤民生，蓋以武、宣時禮制雜秦法而爲言之也。〔註266〕成帝初即位，丞相匡衡、御史大夫張譚〔註267〕奏言：

> 帝王之事，莫大乎承天之序。承天之序，莫重於郊祀。故聖王盡心極慮，以建其制。祭天於南郊，就陽之義也；瘞地於北郊，即陰之象也……郡縣治道共張，吏民困苦，百官煩費。勞所保之民，行危險之地，難以奉神靈而祈福祐，殆未合於承天子民之意。昔者周文武郊於豐、鄗，成王郊於雒邑。由此觀之，天隨王者所居而饗之，可見也。甘泉泰畤、河東后土之祠宜可徙置長安，合於古帝王。願與群臣議定。〔註268〕

大司馬驃將軍許嘉等八人，以爲漢制所從來久遠，宜如故。無奈右將軍王商、博士師丹、議郎翟方進等五十人，皆以爲《禮記》曰：

> 燔柴於太壇，祭天也；瘞薶於大折，祭地也。〔註269〕

遂認定：

> 兆於南郊，所以定天位也。祭地於大折，在北郊，就陰位也。郊處

〔註265〕王師關仕《儀禮漢簡本考證》，（臺北：學生書局，1975 年 9 月，初版），頁151～152。

〔註266〕班固撰，顏師古注，王先謙補注《漢書》，（臺北：藝文印書館，景盧受堂本），卷 25 下，頁 11；黃師錦鋐〈西漢儒家禮制之本質〉，（《木鐸》9 期，1980 年11 月），頁 66～67。

〔註267〕班固撰，顏師古注，王先謙補注《漢書》，（臺北：藝文印書館，景盧受堂本），卷 81，頁 9「衛廼與御史大夫甄譚共奉」，《補注》謂甄乃張之誤。

〔註268〕班　固撰，顏師古注，王先謙補注《漢書》，（臺北：藝文印書館，景盧受堂本），卷 25 下，頁 11～12。

〔註269〕班固撰，顏師古注，王先謙補注《漢書》，（臺北：藝文印書館，景盧受堂本），卷 25 下，頁 12。

各在聖王所都之南北。〔註270〕

亦主張甘泉、河東之祠非神靈所饗，宜徙就正陽大陰之處。成帝本諸匡衡、張譚以少從多之議，制曰「可」。〔註271〕後衡又以雍、鄜、密、上下畤，本秦侯各以其意所立，非禮之所載術也。漢興之初，儀制未定，因秦故畤，復立北畤，今既稽古，建定天地之大禮，北畤乃未定畤所立，不宜復修。天子從其議，雍、鄜、密、上下畤及陳寶祠皆罷。明年，衡、譚復條奏長安廚官、縣官給祠，郡國侯神方士，使者所祠凡六百八十三所，其二百八所應禮，及疑無明文，可奉祠如故，其餘四百七十五所不應禮，或復重，請皆罷。奏可。〔註272〕

初罷甘泉泰畤作南郊日，大風壞甘泉竹宮，折拔畤中樹木十圍以上百餘，成帝異之，以問劉向，向對曰：

> 家人尚不欲絕種畤，況於國之神寶舊畤！且甘泉、汾陰及雍五畤始立，皆有神祇感應，然後營之，非苟而已也。武、宣之世，奉此三神，禮敬敕備，神光尤著。祖宗所立神祇舊位，誠未易動。及陳寶祠，自秦文公至今七百餘歲矣，漢興世世常來，光色赤黃，長四五丈，直祠而息，音聲砰隱，野雞皆雊。每見雍太祝祠以太牢，遣侯者乘一乘傳馳詣行在所，以為福祥。高祖時五來，文帝二十六來，武帝七十五來，宣帝二十五來，初元元年以來亦二十來，此陽氣舊祠也。及漢宗廟之來，不得擅議，皆祖宗之君與賢臣所共定。古今異制，經無明文，至尊至重，難以疑說正也。……〈易大傳〉曰：「誣神者殃及三世。」恐其咎不獨止禹等。〔註273〕

匡衡等倡言古禮，寓有減省遠道往返，愛民撫財之義。然向以漢宗廟之禮，臣下不得擅議，皆得祖宗之君與賢所共定；抑或身為宗室，不容他人置喙，遂謂「經無明文」反對郊祀制之改革。

劉向雖言「皆有神祇感應」、「誣神者殃及三世」，〔註274〕然決不舍人事

〔註270〕班固撰，顏師古注，王先謙補注《漢書》，（臺北：藝文印書館，景虛受堂本），卷25下，頁12。

〔註271〕班固撰，顏師古注，王先謙補注《漢書》，（臺北：藝文印書館，景虛受堂本），卷25下，頁14。

〔註272〕班固撰，顏師古注，王先謙補注《漢書》，（臺北：藝文印書館，景虛受堂本），卷25下，頁14。

〔註273〕班固撰，顏師古注，王先謙補注《漢書》，（臺北：藝文印書館，景虛受堂本），卷25下，頁15。

〔註274〕班固撰，顏師古注，王先謙補注《漢書》，（臺北：藝文印書館，景虛受堂本），

而任鬼神也。《說苑・反質篇》曰：

> 信鬼神者失謀，信日者失時。何以知其然？夫賢聖周知，能不時日
> 而事利；敬法令，貴功勞，不卜筮而身吉；謹仁義，順道理，不禱
> 祠而福。故卜數擇日，潔齋戒，肥犧牲，飾圭璧，精祠祀，而終不
> 能除悖逆之禍，以神明有知而事之，乃欲背道妄行而以祠祀求福，
> 神明必違之矣。天子祭天地、五嶽、四瀆，諸侯祭社稷，大夫祭五
> 祀，士祭門戶，庶人祭其先祖。聖王承天心，制禮分也。……孔子
> 曰：「非其鬼而祭之，諂也。」是以泰山終不享季氏之旅，易稱東鄰
> 殺牛，不如西鄰之禴祭，蓋重禮不貴牲也，敬實而不貴華。誠有其
> 德而推之，則安往而不可。〔註275〕

蓋災異可見，而鬼神不可知，就可見之跡象，論其爲人事所感，則可以激勵
修德之心；若不修其德，徒事鬼神，何益之有？《說苑・辨物篇》曰：

> 子貢問孔子：「死人有知無知也？」孔子曰：「吾欲言死者有知也，
> 恐孝子順孫妨生以送死也；欲言無知，恐不孝子孫棄不葬也。賜，
> 欲知死人有知將無知也？死徐自知之，猶未晚也。〔註276〕

是向秉承孔子之說，恐世人恣意所爲，故以鬼神禍福警之也。

成帝時，犍爲郡於水濱得古磬十六枚，議者以爲善祥。劉向因是說上：

> 宜興辟雍，設庠序，陳禮樂，隆雅頌之聲，盛揖讓之容，以風化天
> 下。如此而不治者，未之有也。〔註277〕

蓋禮以修外，樂以修內，禮樂施宜，揖讓而天下治。《漢書・藝文志》曰：

> 劉向校書，得〈樂記〉二十三篇，與禹（王禹）不同，其道寖以益
> 微。〔註278〕

子政所得二十三篇目錄，《禮記・樂記正義》引《別錄》曰：

> 樂本第一，樂論第二，樂施第三，樂言第四，樂禮第五，樂情第六，

卷25下，頁15。

〔註275〕劉向《說苑》，（臺北：商務印書館，《四部叢刊初編》縮印平湖葛氏傳樸堂藏
　　　　明鈔本），卷20，頁94。

〔註276〕劉向《說苑》，（臺北：商務印書館，《四部叢刊初編》縮印平湖葛氏傳樸堂藏
　　　　明鈔本），卷18，頁87。

〔註277〕班固撰，顏師古注，王先謙補注《漢書》，（臺北：藝文印書館，景廬受堂本），
　　　　卷22，頁5～6。

〔註278〕班固撰，顏師古注，王先謙補注《漢書》，（臺北：藝文印書館，景廬受堂本），
　　　　卷30，頁15。

樂記第七，樂象第八，賓牟賈第九，師乙第十，魏文侯第十一，奏
樂第十二，樂器第十三，樂作第十四，意始第十五，樂穆第十六，
說律第十七，季札第十八，樂道第十九，樂義第二十，昭本第二十
一，昭頌第二十二，竇公第二十三。〔註279〕

按《別錄》《禮記》四十九篇，〈樂記〉第十九，則〈樂記〉十一篇入《禮記》
也，在劉向之前。至向為《別錄》，更載所入〈樂記〉十一篇，又載餘十二篇，
總為二十三篇也。今以《說苑·修文篇》引〈樂〉之文以觀其說。

（一）用於修身

凡音之起，由人心生也；人心之動，物使之然也；感於物而後動，故
形於聲；聲相應故生變，變成方故謂之音。……樂者，音之所由生，
其本在人心之感於物。……人之善惡非性也，感於物而後動。〔註280〕

凡人之有患禍者，生於淫泆暴慢，淫泆暴慢之本，生於飲酒；故古者
慎其飲酒之禮，使耳聽雅音，目視正儀，足行正容，心論正道。故終
日飲酒而無過失，近者數日，遠者數月，皆人有德焉以益善。〔註281〕

凡從外入者，莫深於聲音，變人最極。……樂之動於內，使人易道而
好良；樂之動於外，使人溫恭而文雅；雅頌之聲動人，而正氣應之；
和成容好之聲動人，而和氣應之；粗厲猛貫之聲動人，而怒氣應之；
鄭衛之聲動人，而淫氣應之。是以君子慎其所以動人也。〔註282〕

樂於人心相通，故先王之正教者，皆始於樂，樂正而後行正。務使樂音之中
和，足以感動人之善心，不使邪氣得接，而後暴民不作，五刑不用矣。

（二）用於治政

凡音，生人心者也，情動於中而形於聲，聲成文謂之音。是故治世
之音安以樂，其政和；亂世之音怨以怒，其政乖；亡國之音哀以思，

〔註279〕鄭玄注，孔穎達正義《禮記正義》，（臺北：藝文印書館，《十三經注疏》景阮
刻本），卷37，頁1。
〔註280〕劉向《說苑》，（臺北：商務印書館，《四部叢刊初編》縮印平湖葛氏傳樸堂藏
明鈔本），卷19，頁93。
〔註281〕劉向《說苑》，（臺北：商務印書館，《四部叢刊初編》縮印平湖葛氏傳樸堂藏
明鈔本），卷19，頁94。
〔註282〕劉向《說苑》，（臺北：商務印書館，《四部叢刊初編》縮印平湖葛氏傳樸堂藏
明鈔本），卷19，頁94。

其民困。聲音之道,與政通矣。宮爲君,商爲臣,角爲民,徵爲事,
羽爲物;五音亂則無法,無法之音;宮亂則荒,其君驕;商亂則陂,
其官壞;角亂則憂,其民怨;徵亂則哀,其事勤;羽亂則危,其財
匱;五音皆亂,代相凌謂之慢;如此則國之滅亡無日矣。鄭衛之音,
亂世之音,比於慢矣;桑間、濮上之音,亡國之音也,其政散,其
民流,誣上行私而不可止也。〔註283〕

政平而樂正,政乖而樂侈,先王愼所以感之,故禮以定其意,樂以和其性,
〔註284〕內須臾離樂,則邪氣生矣;外須臾離樂,則慢行起矣;然其極一也,
所以同民心而立治道也。

　　錢穆於〈劉向歆父子年譜〉曰:

漢武、宣用儒生,頗重文學,事粉飾。元成以下,乃言禮制,追古
昔。此爲漢儒學風一大變。〔註285〕

當劉向之世,漢儒分爲二派,一派言災異,一派言禮制。言災異者,本於天
意;言禮制者,揆諸民生。京房、翼奉、劉向、谷永之徒言災異;貢禹、匡
衡、韋玄成、翟方進之徒言禮制。言禮制揆諸民生者,其說據自古禮以恤民
生,皆主儉約;向重教化,而微異之。其學實武、宣一脈也。〔註286〕觀向晚
年上疏成帝,議興辟雍,設庠序,陳禮樂、隆雅頌之聲,盛揖讓之容,〔註287〕
意在迪教化,輔人君,廣仁義等,注重禮學之實踐可見也。

第六節　春秋學

　　《漢書・儒林傳》曰:

瑕邱江公受《穀梁春秋》及《詩》於魯申公,傳至子孫爲博士。〔註288〕

〔註283〕劉向《說苑》,(臺北:商務印書館,《四部叢刊初編》縮印平湖葛氏傳樸堂藏
　　　　明鈔本),卷19,頁93~94。
〔註284〕劉向《說苑》,(臺北:商務印書館,《四部叢刊初編》縮印平湖葛氏傳樸堂藏
　　　　明鈔本),卷19,頁93。
〔註285〕錢穆《兩漢經學今古文平議》,(臺北:東大圖書公司,1978年),頁19。
〔註286〕錢穆《兩漢經學今古文平議》,(臺北:東大圖書公司,1978年),頁53;又
　　　　見黃師錦鋐〈西漢儒家禮制之本質〉,(《木鐸》9期,1980年11月),頁
　　　　77。
〔註287〕班固撰,顏師古注,王先謙補注《漢書》,(臺北:藝文印書館,景盧受堂本),
　　　　卷22,頁5。
〔註288〕班固撰,顏師古注,王先謙補注《漢書》,(臺北:藝文印書館,景盧受堂本),

《漢書‧楚元王傳》曰：

> （宣帝）初立《穀梁春秋》，徵更生受《穀梁》，講論五經于石渠。……
> 歆以爲左氏丘明好惡與聖人同，親見夫子，而《公羊》《穀梁》在七
> 十子後，……歆數以難向，向不能非間也，然猶自持其《穀梁》義。
> 〔註289〕

《穀梁》爲魯學，故前人多以劉向爲《穀梁》專家，然劉向果爲《穀梁》學者乎？茲加以考證如下：

> 劉向〈條災異封事〉曰：

> 自此之後，天下大亂，篡殺殃禍並作，屬王荼虣，幽王見殺。至乎
> 平王末年，魯隱之始即位也，周大夫祭伯乖離不和，出奔於魯，而
> 《春秋》爲諱，不言來奔，傷其禍殃自此始也。是後尹氏世卿而專
> 恣，諸侯背畔而不朝，周室卑微。〔註290〕

引文前半據《公羊傳》隱公元年之文，〔註291〕後半則出於《公羊》隱公三年之文。〔註292〕〈封事〉續將災異之文加以分類條舉：

> 二百四十二年之間，日食三十六，地震五，山陵崩阤二，彗星三見，
> 夜常星不見，夜中星隕如雨一，大災十四，長狄入三國，五石隕墜，
> 六鷁退飛，多麋，有蜮、蜚，鸜鵒來朝者，皆一見。晝冥晦。雨木
> 冰，李梅冬實。七月霜降，草木不死。八月殺菽。大雨雹。雨雪雷
> 霆失序相乘。水、旱、饑、蝝、螽、螟、蠡午並起。當是時禍亂輒
> 應，弒君三十六，亡國五十二，諸侯奔走，不得保其社稷者，不可
> 勝數也。……由此觀之，和氣致祥，乖氣致異；祥多者其國安，異
> 眾者其國危，天地之常經，古今之通義也。〔註293〕

卷88，頁23。

〔註289〕班固撰，顏師古注，王先謙補注《漢書》，（臺北：藝文印書館，景虛受堂本），
卷36，頁7、頁31。

〔註290〕班固撰，顏師古注，王先謙補注《漢書》，（臺北：藝文印書館，景虛受堂本），
卷36，頁11。

〔註291〕何休注，徐彥疏《春秋公羊傳注疏》，（臺北：藝文印書館，《十三經注疏》景
阮刻本），卷1，頁21。

〔註292〕何休注，徐彥疏《春秋公羊傳注疏》，（臺北：藝文印書館，《十三經注疏》景
阮刻本），卷2，頁8。

〔註293〕班固撰，顏師古注，王先謙補注《漢書》，（臺北：藝文印書館，景虛受堂本），
卷36，頁11～14。

將春秋二百四十二年間自然界所發生之日食、地震等現象加以強調附會，全係應驗弑君、亡國等大事而發；藉以勸戒元帝袪讒佞，任賢人。此種以《春秋》作爲災異訓戒之《春秋》觀，倡自董仲舒。董仲舒〈對策〉曰：

> 《春秋》之所譏，災害之所加也；春秋之所惡，怪異之所施也。書邦家之過，兼災異之變，以此見人之所爲，其美惡之極，乃與天地流通而往來相應。〔註294〕

劉向對董仲舒推崇備至，〔註295〕故亦承襲董仲舒此種《春秋》觀。〔註296〕〈封事〉又曰：

> 周室多禍：晉敗其師於貿戎，伐其郊；鄭傷桓王；戎執其使；衛侯朔召不往，齊逆命而助朔，五大夫爭權，三君更立，莫能正理。遂至陵夷不能復興。〔註297〕

引文根據《公羊》成公元年、〔註298〕《左傳》桓公五年、〔註299〕《公羊》隱公七年、〔註300〕《穀梁》桓公十六年。〔註301〕由此觀之，此篇〈條災異封事〉雜引《春秋》三傳，然特重於《公羊傳》。

《漢書・五行志》曰：

> 宣、元之後，劉向治《穀梁春秋》，數其禍福，傳其洪範，與仲舒錯，至向子歆，治《左氏傳》，其《春秋》意亦已乖矣。言《五行傳》，

〔註294〕班固撰，顏師古注，王先謙補注《漢書》，（臺北：藝文印書館，景虛受堂本），卷56，頁14。
〔註295〕班固撰，顏師古注，王先謙補注《漢書》，（臺北：藝文印書館，景虛受堂本），卷56，頁21。
〔註296〕班固撰，顏師古注，王先謙補注《漢書》，（臺北：藝文印書館，景虛受堂本），卷56，頁3「臣謹案《春秋》之中，視前世已行之事，以觀天人相與之際，甚可謂也。國家將有失道之敗，而天迺先出災害以遣告之，不知自省，又出怪異以警懼之，尚不知變，而傷敗迺至，以此見天心之仁愛人君，而欲止其亂也。」
〔註297〕班固撰，顏師古注，王先謙補注《漢書》，（臺北：藝文印書館，景虛受堂本），卷36，頁13。
〔註298〕何休注，徐彥疏《春秋公羊傳注疏》，（臺北：藝文印書館，《十三經注疏》景阮刻本），卷17，頁2。
〔註299〕杜預注，孔穎達正義《春秋左氏傳正義》，（臺北：藝文印書館，《十三經注疏》景阮刻本），卷6，頁10～11。
〔註300〕何休注，徐彥疏《春秋公羊傳注疏》，（臺北：藝文印書館，《十三經注疏》景阮刻本），卷3，頁9～10。
〔註301〕范寧注，楊士勛疏《春秋穀梁傳注疏》，（臺北：藝文印書館，《十三經注疏》景阮刻本），卷4，頁11。

又頗不同。〔註302〕

據此可知劉向之立論多基於《穀梁》說，然亦存有劉向採《公羊》、《左氏》之說者，例：

> 文公十一年，「敗狄于鹹」。《穀梁》、《公羊傳》曰：長狄兄弟三人，一者之魯，一者之齊，一者之晉。皆殺之，身橫九畝；斷其首而載之，眉見於軾。何以書？記異也。劉向以爲是時周室衰微，三國爲大，可責者也。〔註303〕

> 隱公三年，「二月己巳，日有食之。」《穀梁傳》曰：言日不言朔，食晦。《公羊傳》曰：食二日。董仲舒、劉向以爲其後戎執天子之使，鄭獲魯隱，滅戴，衛、魯、宋咸殺君。〔註304〕

雖以《穀梁》爲主，但亦兼採《公羊》。

> （昭公）九年「夏四月，陳火。」董仲舒以爲陳夏徵舒殺君，楚嚴王託欲爲陳討賊，陳國闢門而待之，至因滅陳。陳臣子尤毒恨甚，極陰生陽，故致火災。劉向以爲先是陳侯弟招殺陳太子偃師，皆外事，不因其宮館者，略之也。八年十月壬午，楚師滅陳，《春秋》不與蠻夷滅中國，故復書陳火也。〔註305〕

> （僖公）十五年「五月，日有食之。」劉向以爲象晉文公將行伯道，後遂伐衛，執曹伯，敗楚城濮，再會諸侯，召天王而朝之，此其效也。日食者，臣之惡也；夜食者，掩其罪也；以爲上亡明王，桓、文能行伯道，攘夷狄，安正國，雖不正猶可，蓋《春秋》實與而文不與之義也。〔註306〕

顯示出劉向以《公羊傳》「外災不書」、「不與夷狄主中國」、「實與而文不與」之思想發明經意，足見劉向《公羊》學素養之深。

〔註302〕班固撰，顏師古注，王先謙補注《漢書》，（臺北：藝文印書館，景虛受堂本），卷27上，頁2。

〔註303〕班固撰，顏師古注，王先謙補注《漢書》，（臺北：藝文印書館，景虛受堂本），卷27下之上，頁18～19。

〔註304〕班固撰，顏師古注，王先謙補注《漢書》，（臺北：藝文印書館，景虛受堂本），卷27下之下，頁1。

〔註305〕班固撰，顏師古注，王先謙補注《漢書》，（臺北：藝文印書館，景虛受堂本），卷27上，頁8。

〔註306〕班固撰，顏師古注，王先謙補注《漢書》，（臺北：藝文印書館，景虛受堂本），卷27下之下，頁5。

　　《漢書・五行志》謂董仲舒治《公羊春秋》，始推陰陽，爲儒者宗；劉向治《穀梁春秋》，數其禍福，傳以〈洪範〉，與仲舒錯。〔註307〕然〈五行志〉中，劉向承襲董仲舒之說亦爲數不少（即董仲舒、劉向以爲如何者），〔註308〕董仲舒之說既被視爲《公羊》說，則劉向肯定《公羊》說之處亦多矣。

　　《漢書・楚元王傳》曰：

> 是時帝元舅陽平侯王鳳爲大將軍秉政，倚太后，專國權，兄弟七人，皆封爲列侯。時數有大異，向以爲外戚貴盛，鳳兄弟用事之咎，而上方精於詩書，觀古文，詔向領校中五經秘書。向見《尚書・洪範》箕子爲武王陳五行陰陽休咎之應，向乃集合上古以來歷春秋六國至秦漢符瑞災異之說，推迹行事，連傳禍福，著其占驗，比類相從。
> 各有條目，凡十一篇，號曰《洪範五行傳》。〔註309〕

故於〈五行志〉中，劉向不僅針對《春秋》災異印證，尚包含《尚書》、《左傳》、《史記》……等書之災異以爲諫諍時君之論證。其對《左傳》之推迹行事如下：

> 《左氏傳》曰：昭公八年，春，石言於晉。晉平公問於師曠，對曰：石不能言，神或馮焉。作事不時，怨讟動於民，則有非言之物而言。今宮室崇侈，民力彫盡，怨讟並興，莫信其性，石之言不亦宜乎！於是晉侯方築虒祁之宮。叔向曰：君子之言，信而有徵。劉歆以爲金石同類，是爲金不從革，失其性也。劉向以爲石白色爲主，屬白祥。〔註310〕

> 《左氏傳》曰：鄭子臧好聚鷸冠，鄭文公惡之，使盜殺之。劉向以爲近服妖者也。〔註311〕

> 《左氏傳》曰：周景王時大夫賓起見雄雞自斷其尾。劉向以爲近雞旤

〔註307〕班固撰，顏師古注，王先謙補注《漢書》，（臺北：藝文印書館，景盧受堂本），卷27下之下，頁5。

〔註308〕班固撰，顏師古注，王先謙補注《漢書》，（臺北：藝文印書館，景盧受堂本），卷27上，頁2。

〔註309〕班固撰，顏師古注，王先謙補注《漢書・五行志》中，劉向說同於董仲舒者，計四十二條。（詳見本文第五章〈劉向之天人思想〉章）

〔註310〕班固撰，顏師古注，王先謙補注《漢書》，（臺北：藝文印書館，景盧受堂本），卷36，頁19。

〔註311〕班固撰，顏師古注，王先謙補注《漢書》，（臺北：藝文印書館，景盧受堂本），卷27上，頁18。

也。〔註 312〕

《左氏傳》魯襄公時，宋有生女子赤而毛，棄之隄下，宋平公母共姬之御者見而收之，因名曰棄。長而美好，納之平公，生子曰佐。後宋臣尹戾讒太子痤而殺之。先是，大夫華元出奔晉，華弱奔魯，華臣奔陳，華合比奔衛。劉向以爲時則火災之明應也。〔註 313〕

《左氏傳》曰：釐公三十二年十二月己卯，晉文公卒，庚辰，將殯于曲沃，出絳，柩有聲如牛。劉向以爲近鼓妖也。〔註 314〕

《左氏傳》曰：嚴公八年齊齊襄公田于貝丘，見豕。從者曰：公子彭生也。公怒曰：射之。豕人立而嗁，公懼，墜車，傷足喪履。劉向以爲近豕禍也。〔註 315〕

《左氏傳》昭公二十一年春，周景王將鑄無射鍾，泠州鳩曰：王其以心疾死乎！夫天子省風以作樂，小者不窕，大者不摦。摦則不容，心是以感，感實生疾。今鍾摦矣，王心弗戡，其能久乎？劉向以爲是時景王好聽淫聲，適庶不明，思心霿亂，明年以心疾崩，近心腹之痾，凶短之極者也。〔註 316〕

據所引述之《左傳》，明見劉向於奏《洪範五行傳論》之際已通曉《左傳》矣。又宣帝時，路溫舒上書言宜尙德緩刑，其辭曰：齊有無知之禍而桓公以興，晉有驪姬之難而文公用霸。〔註 317〕均本《左氏》，路氏引「山藪藏疾，川澤納污」之句，乃《左氏》載晉大夫伯宗辭；〔註 318〕是路溫舒曾治《左氏》也。

〔註 312〕班固撰，顏師古注，王先謙補注《漢書》，（臺北：藝文印書館，景虛受堂本），卷 27 中之上，頁 10。

〔註 313〕班固撰，顏師古注，王先謙補注《漢書》，（臺北：藝文印書館，景虛受堂本），卷 27 中之上，頁 12。

〔註 314〕班固撰，顏師古注，王先謙補注《漢書》，（臺北：藝文印書館，景虛受堂本），卷 27 中之下，頁 10。

〔註 315〕班固撰，顏師古注，王先謙補注《漢書》，（臺北：藝文印書館，景虛受堂本），卷 27 中之下，頁 20。

〔註 316〕班固撰，顏師古注，王先謙補注《漢書》，（臺北：藝文印書館，景虛受堂本），卷 27 下之上，頁 5。

〔註 317〕班固撰，顏師古注，王先謙補注《漢書》，（臺北：藝文印書館，景虛受堂本），卷 51，頁 30。

〔註 318〕班固撰，顏師古注，王先謙補注《漢書》，（臺北：藝文印書館，景虛受堂本），卷 51，頁 33。

復以〈儒林傳〉曾言：「漢興，北平侯張蒼及梁太傅賈誼，京兆尹張敞，皆修
《春秋左氏傳》。」〔註319〕足證劉向於成帝河平三年領校中五經秘書之時奏《洪
範五行傳論》，〔註320〕非於校讎中秘始見《左傳》，當習之已久，故向於元帝
永光元年上〈災異封事〉，乃有引述《左傳》之文。

　　向於《新序》中引用《春秋》做爲對史實或行事之評語，有一成不變引
用《春秋》原文者：

晉平公過九原……夫趙武，賢臣也。相晉，天下無兵革者九年。《春秋》
曰：「晉趙武之力，盡得人也。」〔註321〕

田贊衣儒衣，而見荊王……夫儒服，先王之服也，而荊王惡之；兵者，
國之凶器也，而荊王喜之，所以屈於田贊而危其國也。故《春秋》曰：
「善爲國者不師。」此之謂也。〔註322〕

田饒事魯哀公而不見察……遂去之燕，燕立以爲相……《春秋》曰：「少
長於君，則君輕之。」此之謂也。〔註323〕

堯治天下，伯成子高爲諸侯焉……《春秋》曰：「五帝不告誓。」信厚
也。〔註324〕

所引用之文皆爲《穀梁》。亦有掎摭《公羊傳》、《穀梁傳》而成文者：

昔者，齊桓公與魯莊公爲柯之盟……管仲曰：「要盟可負，而君不負；
曹劌可讐，而君不讐，著信天下矣。」遂不倍。天下諸侯翕然而歸之。……
三存亡國，一繼絕世，尊事周室，九合諸侯，一匡天下，功次三王，
爲五伯長，本信起乎柯之盟也。〔註325〕（據《公羊・莊公十三年傳》

〔註319〕班固撰，顏師古注，王先謙補注《漢書》，（臺北：藝文印書館，景虛受堂本），
　　　　卷88，頁25。
〔註320〕班固撰，顏師古注，王先謙補注《漢書》，（臺北：藝文印書館，景虛受堂本），
　　　　卷10，頁15；卷36，頁19。
〔註321〕劉向《新序・雜事第四》，（臺北：商務印書館，《四部叢刊初編》縮印江南圖
　　　　書館藏明翻宋刊本），卷4，頁25。
〔註322〕劉向《新序・雜事第五》，（臺北：商務印書館，《四部叢刊初編》縮印江南圖
　　　　書館藏明翻宋刊本），卷5，頁30。
〔註323〕劉向《新序・雜事第五》，（臺北：商務印書館，《四部叢刊初編》縮印江南圖
　　　　書館藏明翻宋刊本），卷5，頁33～34。
〔註324〕劉向《新序・節士》，（臺北：商務印書館，《四部叢刊初編》縮印江南圖書館
　　　　藏明翻宋刊本），卷7，頁38。
〔註325〕劉向《新序・雜事第四》，（臺北：商務印書館，《四部叢刊初編》縮印江南圖

〔註326〕）

宋閔公臣長萬，以勇力聞……萬怒，遂搏閔公頰，齒落於口，絕吭而死。仇牧聞君死，趨而至，遇萬於門，携劍而叱之，萬臂擊仇牧而殺之，齒著於門闔。仇牧可謂不畏彊禦矣。趨臣之難，顧不旋踵。〔註327〕（據《公羊・莊公十二年傳》）〔註328〕

齊桓公時……江人、黃人慕桓公之義，來會盟於貫澤。管仲曰：「江、黃遠齊而近楚。楚，為利之國也。若伐而不能救，無以宗諸侯，不可受也。」桓公不聽……是後桓公信壞德衰，諸侯不附……管仲可謂善謀矣。〔註329〕（據《穀梁・僖公十二年傳》）〔註330〕）

魯宣公者，魯文公之弟也。文公薨，文公之子赤立為魯侯。宣公殺子赤，而奪之國，立為魯侯。公子肸者，宣公之同母弟也……肸非之……織屨而食，終身不食宣公之食。其仁恩厚矣，其守節固矣。故《春秋》美而貴之。〔註331〕（據《穀梁・宣公十七年傳》）〔註332〕）

《說苑》一書所引《春秋》亦多《公羊》家之言：

《春秋》之辭有相反者四，既曰：「大夫無遂事。」不得擅生事矣。又曰：「出境可以安社稷，利國家者則專之可也。」既曰：「大夫以君命出，進退在大夫。」矣，又曰：「以君命出，聞喪徐行而不反」者，何也？曰：「此義者各止其科，不轉移也。……傳曰：《詩》無通詁，《易》

　　　　書館藏明翻宋刊本），卷4，頁21〜22。

〔註326〕何休注，徐彥疏《春秋公羊傳注疏》，（臺北：藝文印書館，《十三經注疏》景阮刻本），卷7，頁15〜17。

〔註327〕劉向《新序・義勇》，（臺北：商務印書館，《四部叢刊初編》縮印江南圖書館藏明翻宋刊本），卷8，頁47。

〔註328〕何休注，徐彥疏《春秋公羊傳注疏》，（臺北：藝文印書館，《十三經注疏》景阮刻本），卷7，頁13〜14。

〔註329〕劉向《新序・善謀》，（臺北：商務印書館，《四部叢刊初編》縮印江南圖書館藏明翻宋刊本），卷9，頁50。

〔註330〕范寧注，楊士勛疏《春秋穀梁傳注疏》，（臺北：藝文印書館，《十三經注疏》景阮刻本），卷8，頁9〜10。

〔註331〕劉向《新序・節士》，（臺北：商務印書館，《四部叢刊初編》縮印江南圖書館藏明翻宋刊本），卷7，頁40。

〔註332〕范寧注，楊士勛疏《春秋穀梁傳注疏》，（臺北：藝文印書館，《十三經注疏》景阮刻本），卷12，頁17〜18。

無通吉，《春秋》無通義。此之謂也。」〔註333〕

周天子使家父毛伯求金於諸侯，《春秋》譏之；故天子好利則諸侯貪，
諸侯貪則大夫鄙，大夫鄙則庶人盜……今隱公貪利而身自漁，濟上而
行八佾，以此化於國人，國人安得不解於義，解於義而縱其欲，則災
害起而臣下僻矣，故其元年始書蜮，言災將起，國家將亂云爾。〔註334〕

春秋之時，天子微弱，諸侯力政，皆叛不朝；眾暴寡，強刧弱，南夷
與北狄交侵，中國之不絕若線。……故共惟五始之要，治亂之端，在
乎審己而任賢也。國家之任賢而吉，任不肖而凶，案往世而視己事，
其必然也，如合符，此爲人君者，不可不慎也。〔註335〕

順次依據《春秋繁露‧精華篇》〔註336〕、〈玉英篇〉〔註337〕、〈精華篇〉〔註338〕
立論。唐晏《兩漢三國學案》曰：

按劉向傳曰：「宣帝初立《穀梁春秋》，徵更生受《穀梁》，講論五經
于石渠。」是向爲《穀梁》專家矣。乃今考《說苑》所引《春秋》
多同於《公羊》，其用《穀梁》無幾，抑又何也。……〔註339〕

足見向於《說苑》一書中，大量引用《公羊傳》，且承襲董仲舒之論者亦不在
少數。

《列女傳》一書采集《春秋》爲文者不若《說苑》，以其著重於「詩書所
載賢妃貞婦興國顯家可法則」者。〔註340〕〈貞順傳〉之「宋恭伯姬」襲《穀

〔註333〕劉向《說苑》，（臺北：商務印書館，《四部叢刊初編》縮印平湖葛氏傳樸堂藏
　　　　明鈔本），卷12，頁55。

〔註334〕劉向《說苑》，（臺北：商務印書館，《四部叢刊初編》縮印平湖葛氏傳樸堂藏
　　　　明鈔本），卷5，頁22。

〔註335〕劉向《說苑》，（臺北：商務印書館，《四部叢刊初編》縮印平湖葛氏傳樸堂藏
　　　　明鈔本），卷8，頁33。

〔註336〕董仲舒《春秋繁露》，（臺北：商務印書館，《四部叢刊初編》縮印武英殿聚珍
　　　　版本），卷3，頁18。

〔註337〕董仲舒《春秋繁露》，（臺北：商務印書館，《四部叢刊初編》縮印武英殿聚珍
　　　　版本），卷3，頁15。

〔註338〕董仲舒《春秋繁露》，（臺北：商務印書館，《四部叢刊初編》縮印武英殿聚珍
　　　　版本），卷3，頁19～20。

〔註339〕唐晏《兩漢三國學案》，（臺北：世界書局，1979年6月，再版），卷8，頁
　　　　14～15。

〔註340〕班固撰，顏師古注，王先謙補注《漢書》，（臺北：藝文印書館，景盧受堂本），
　　　　卷36，頁24。

梁》襄公三十年之文，〔註341〕〈孽嬖傳〉之「魯桓文姜」與《公羊》莊公元年所載近似，〔註342〕可略窺一二。

劉向於《新序》、《說苑》、《列女傳》三書引用《左傳》之文，據章太炎〈鎦子政左氏說〉：「次第其文，爲之疏證，凡得三十餘事。」〔註343〕劉正浩《兩漢諸子述左傳考》：（一）述事立意本於《左氏》者，《新序》十六條，《說苑》二十八條，《列女傳》十七條；（二）可援以解釋傳文者，《新序》一條，《說苑》十四條，《列女傳》五條；（三）與《左傳》違異或錄備參考者，《新序》六條，《說苑》十三條，《列女傳》六條。〔註344〕劉向雜引三傳之文，由上考證，可見一斑。

劉向對於《春秋》之看法爲：

公扈子曰：有國者不可以不學，《春秋》生而尊者驕，生而富者傲，生而富貴，又無鑑而自得者鮮矣。《春秋》，國之鑑也，《春秋》之中，弒君三十六，亡國五十二，諸侯奔走不得保社稷者甚眾，未有不先見而後從之者也。〔註345〕

夫天之生人也，蓋非以爲君也；天之立君也，蓋非以爲位也。夫爲人君行其私欲而不顧其人，是不承天意忘其位之所以宜事也，如此者，《春秋》不予能君而夷狄之，鄭伯惡一人而兼棄其師，故有夷狄不君之辭，人主不以此自省，惟既以失實，心奚因知之，故曰：有國者不可以不學《春秋》，此之謂也。〔註346〕

〔註341〕范寧注，楊士勛疏《春秋穀梁傳注疏》，（臺北：藝文印書館，《十三經注疏》景阮刻本），卷16，頁13。

〔註342〕何休注，徐彥疏《春秋公羊傳注疏》，（臺北：藝文印書館，《十三經注疏》景阮刻本），卷6，頁1～3。

〔註343〕章太炎《章氏叢書》，（臺北：世界書局，《四部刊要》景民國六至八年浙江圖書館校刊本），頁1「《說苑》、《新序》、《列女傳》中所舉左氏事義六七十條，其閒一字偶易，正可見古人《左傳》不同今本，……今次第其文，爲之疏證得三十餘事。」

〔註344〕劉正浩《兩漢諸子述左傳考》，（臺北：商務印書館，《人人文庫》，1972年9月，二版），頁1～9。然劉氏統計數字，據其一覽表，可援以解釋傳文者，頁6，《新序》有一條，劉氏誤計爲零；與《左傳》違異或錄備參考者，《新序》有六條（頁2有兩條，頁4有一條，頁8有三條），劉氏誤爲五條。

〔註345〕劉向《說苑》，（臺北：商務印書館，《四部叢刊初編》縮印平湖葛氏傳樸堂藏明鈔本），卷3，頁14。

〔註346〕劉向《說苑》，（臺北：商務印書館，《四部叢刊初編》縮印平湖葛氏傳樸堂藏

視《春秋》為國君治政之龜鑑，故一再上疏諫君銘記《春秋》之戒，實踐《春秋》之義，完全承襲董仲舒之《春秋》觀。

徐復觀〈劉向新序說苑的研究〉曰：

劉向受命習《穀梁傳》；《新序》中用《穀梁傳》之比例高於《公羊》；而《說苑》用《公羊傳》之比例，則遠過於《穀梁》；由此可以推知，劉向晚年，實以《公羊傳》優於《穀梁傳》。〔註347〕

徐氏謂向晚年之際，以《公羊》優於《穀梁》，故《說苑》所引《春秋》多《公羊》家之言。然《公羊傳注疏・序》引鄭玄《六藝論》曰：

治《公羊》者，胡母生、董仲舒。董仲舒弟子嬴公，嬴公弟子眭孟，眭孟弟子莊彭祖及顏安樂，安樂弟子陰豐、劉向、王彥。〔註348〕

（圖示如下）

是向為仲舒四傳弟子，先治《公羊》，後受《穀梁》，〔註349〕非晚年以《公羊傳》優於《穀梁傳》也，故《說苑》中多引《公羊傳》及《春秋繁露》矣。

桓譚《新論》曰：

劉子政、子駿、伯玉三人，尤珍重《左氏》，下至婦女，無不讀誦。
〔註350〕

桓譚既與向為同時人，記其所親見，言必可信。向以故諫大夫通達，待詔受《穀梁》，〔註351〕又曾從顏安樂習《公羊》；奏記述造復多論及《左氏》事，

明鈔本），卷1，頁6。
〔註347〕徐復觀《兩漢思想史》，（臺北：學生書局，1980年9月），卷3，頁84。
〔註348〕何休注，徐彥疏《春秋公羊傳注疏・序》，（臺北：藝文印書館，《十三經注疏》景阮刻本），頁2引鄭玄《六藝論》。
〔註349〕班固撰，顏師古注，王先謙補注《漢書》，（臺北：藝文印書館，景虛受堂本），卷88，頁25，贊曰：「自武帝立五經博士，……初書唯有歐陽，禮后，易楊（補注曰，易楊為易田之訛），《春秋公羊》而已。至孝宣世，復立大小夏侯《尚書》，大小戴《禮》，施孟梁丘《易》，《穀梁春秋》。」
〔註350〕虞世南《北堂書鈔》，（臺北：新興書局，景清光緒二十二年校宋刻本），卷98，頁7。
〔註351〕班固撰，顏師古注，王先謙補注《漢書》，（臺北：藝文印書館，景虛受堂本），卷88，頁24。

故劉向之《春秋》學兼治三傳，似無疑義矣。

　　向校讎中秘，每於敘錄明言各家學問源流及師承，〔註352〕且以六經爲價值評斷之基準，〔註353〕則劉向對於己身必以五經兼修爲要。由其〈條災異封事〉引數經以論災異，《說苑》、《新序》、《列女傳》徵諸史實以發明經意，足見其經學之淵博。

　　漢代經學有齊、魯之分，魯學純謹，齊學恢奇駁雜；劉向說經，雖承魯學，然亦雜陰陽災異之說。蓋漢人通經以致用，所謂以儒術緣飾吏治。不言災異，不足以收警惕之用，爲達最高實效，不得不援引陰陽家之理論入經學。向身處元、成之際，外戚擅權，故述陰陽災異之記，以惕人主，此劉向說經所以蒙陰陽色彩之故也，吾人不能以現代人之眼光及觀念以衡量漢儒深受陰陽五行影響之經說。

〔註352〕參看姚振宗《七略別錄佚文》，(《快閣師石山房叢書》，清宣統三年清鈔藍格底稿本)。
〔註353〕姚振宗《七略別錄佚文》，(《快閣師石山房叢書》，清宣統三年清鈔藍格底稿本)，頁 14〈晏子敍錄〉：「其書六篇，皆忠諫其君，文章可觀，義理可法，皆合六經之義。」頁25〈申子敍錄〉：「申子學號曰刑名，刑名者，循名以責實，其尊君卑臣，崇上抑下，合于六經也。」

第四章　劉向之倫理思想

第一節　前　言

　　中國倫理思想，淵源甚早，可謂隨中國歷史而誕生。所謂倫理，即人與人間之關係，故倫理以人為中心，個人不論置身何處，皆有其上下、左右、前後之立體關係。詳言之，倫理即是人對於家庭、群體、社會、國家所應有之正當態度，基於人類理性，而定出之行為標準；從人類本性上啓發人之自覺，深入人心。

　　劉向雖言陰陽災異，陰陽重報應，以嚇阻非為，此為消極之手段；禳祝無益，惟修德是圖，是乃積極之要務；而修身尚仁德，充分發揮儒家之說。《新序‧雜事第二》曰：

> 武王勝殷，得二虜而問焉。曰：「而國有妖乎？」一虜答曰：「吾國有妖，晝夜星而雨血，此吾國之妖也。」一虜答曰：「此則妖也，雖然，非其大者也。吾國之妖其大者，子不聽父，弟不聽兄，君令不行，此妖之大者也。」〔註1〕

與《荀子‧天論篇》所謂「禮義不修，內外無別，男女淫亂，則父子相疑，上下乖離，寇難並至，夫是之謂人祅。」〔註2〕之意相同。兩者皆以倫常失序，上下乖離，為妖之大者，俱可見向之倫理思想仍本儒家，茲分修己、待人二目，以闡述之。

〔註1〕劉向《新序‧雜事第二》，（臺北：商務印書館，《四部叢刊初編》縮印江南圖書館藏明翻宋刊本），卷2，頁10。

〔註2〕王先謙《荀子集解》，（臺北：藝文印書館，1977年2月，四版），卷11，頁17。

第二節 修 己

《大學》曰：「自天子以至於庶人，壹是皆以修身爲本，其本亂，而末治者，否矣。」〔註3〕故君子不可以不修身。

一、力 學

《禮記·學記》曰：「人不學，不知道。」〔註4〕儒家重君臣之義，父子之親，然不學無以致之，故修己之道，首重「學」。

> 天之所生，地之所養，莫貴乎人；人之道，莫大乎父子之親，君臣之義；父道聖，子道仁；君道義，臣道忠。賢父之於子也，慈惠以生之，教誨以成之，養其誼，藏其僞，時其節，愼其施。子年七歲以上，父爲之擇明師，選良友，勿使見惡，少漸之以善，使之早化。〔註5〕

> 晉平公問於師曠曰：「吾年七十欲學，恐已暮矣。」師曠曰：「何不炳燭乎？」平公曰：「安有爲人臣而戲其君乎？」師曠曰：「盲臣安敢戲其君乎？臣聞之，少而好學，如日出之陽；壯而好學，如日中之光；老而好學，如炳燭之明。炳燭之明，孰與昧行乎？」平公曰：「善哉！」〔註6〕

年少爲之擇明師，選良友，使之向善，如日出之陽；老而好學，如炳燭之明；炳燭之明，雖不及日出及日中之陽光，然較諸黑暗中行走爲愈；是老而好學，較不學爲愈。

> 孟子曰：「人知糞其田，莫知糞其心，糞田莫過利苗得粟，糞心易行而得其所欲。何謂糞心？博學多聞。何謂易行？一性止淫也。」〔註7〕

> 子思曰：「學所以益才也，礪所以致刃也。吾當幽處而深思，不若學之速，吾嘗跂而望，不若登高之博見。故順風而呼，聲不加疾而聞者眾，

〔註3〕鄭玄注，孔穎達正義《禮記正義》，（臺北：藝文印書館，《十三經注疏》景阮刻本），卷60，頁1。

〔註4〕鄭玄注，孔穎達正義《禮記正義》，（臺北：藝文印書館，《十三經注疏》景阮刻本），卷36，頁1。

〔註5〕劉向《說苑》，（臺北：商務印書館，《四部叢刊初編》縮印平湖葛氏傳樸堂藏明鈔本），卷3，頁12。

〔註6〕劉向《說苑》，（臺北：商務印書館，《四部叢刊初編》縮印平湖葛氏傳樸堂藏明鈔本），卷3，頁14。

〔註7〕劉向《說苑》，（臺北：商務印書館，《四部叢刊初編》縮印平湖葛氏傳樸堂藏明鈔本），卷3，頁13。

登丘而招，臂不加長而見者遠。〔註8〕

河間獻王曰：「湯稱學聖王之道，譬如日焉。靜居獨思，譬如火焉。夫捨聖王之道，若捨日之光，何乃獨思若火之明也。」〔註9〕

是爲學可以冀心，增益才能，趨向光明，以發展自性而完成品德。

子貢問子石：「子不學詩乎？」子石曰：「吾暇乎哉？父母求吾孝，兄弟求吾悌，朋友求吾信，吾暇乎哉？」子貢曰：「請投吾詩，以學於子。」〔註10〕

君子博學，患其不習；既習之，患其不能行之；既能行之，患其不能以讓也。〔註11〕

君子之學也，入於耳，藏於心，行之以身。〔註12〕

學必期於實踐，若入乎耳，出乎口，則鄙夫而已。

二、敬　愼

劉向以爲人處世，日常行爲可導致存亡禍福，不可不敬愼。

存亡禍福，其要在身，聖人重誠，敬愼所忽。《中庸》曰：「莫見乎隱，莫顯乎微；故君子能愼其獨也。」諺曰：「誠無垢，思無辱。」夫不誠不思而以存身全國者亦難矣。《詩》曰：「戰戰兢兢，如臨深淵，如履薄冰。」此之謂也。〔註13〕

孔子曰：「持滿之道，挹而損之。」子路曰：「損之有道乎？」孔子曰：「高而能下，滿而能虛，富而能儉，……是謂損而不極，能行此道，

〔註8〕劉向《說苑》，（臺北：商務印書館，《四部叢刊初編》縮印平湖葛氏傳樸堂藏明鈔本），卷3，頁13～14。

〔註9〕劉向《說苑》，（臺北：商務印書館，《四部叢刊初編》縮印平湖葛氏傳樸堂藏明鈔本），卷3，頁14。

〔註10〕劉向《說苑》，（臺北：商務印書館，《四部叢刊初編》縮印平湖葛氏傳樸堂藏明鈔本），卷20，頁98。

〔註11〕劉向《說苑》，（臺北：商務印書館，《四部叢刊初編》縮印平湖葛氏傳樸堂藏明鈔本），卷16，頁76。

〔註12〕劉向《說苑》，（臺北：商務印書館，《四部叢刊初編》縮印平湖葛氏傳樸堂藏明鈔本），卷16，頁75。

〔註13〕劉向《說苑》，（臺北：商務印書館，《四部叢刊初編》縮印平湖葛氏傳樸堂藏明鈔本），卷10，頁45。

唯至德者能及之。」〔註14〕

孔子曰：「夫自損者益，自益者缺，……吾故曰謙也者，致恭以存其位者也。夫豐明而動故能大，苟大則虧矣，吾戒之。」〔註15〕

夫福生於隱約，禍生於得意，唯自損者益。自損即謙讓，謙讓則屈躬下物，先人後己，以此待物，所在皆通。

德行廣大而守以恭者榮，土地博裕而守以儉者安，祿位尊盛而守以卑者貴，人眾兵強而守以畏者勝，聰明睿智而守以愚者益，博聞多記而守以淺者廣，此六守者，皆謙德也。……故《易》曰：有一道，大足以守天下，中足以守國家，小足以守其身，謙之謂也。〔註16〕

蓋「日中則昃，月盈則食，天地盈虛，與時消息，是以聖人不敢當聖。」〔註17〕

劉向復於〈誡子歆書〉中，闡述其之處世觀：

告歆思之無忽，若未有異德，蒙恩甚厚，將何以報？董生有云：「弔者在門，賀者在閭。」言有憂則恐懼敬事，敬事則必有善功而福至也。又云：「賀者在門，弔者在閭。」言受福則驕奢，驕奢則禍至，故弔隨而來。齊景公之始，藉霸者之餘威，輕侮諸侯，……故被篡之禍，遁服而亡。所謂「賀者在門，弔者在閭」也。兵敗師破，人皆弔之，恐懼自新，百姓愛之，諸侯皆歸其所奪邑。所謂「弔者在門，賀者在閭」也。今若年少，得黃門侍郎，要顯處也。新拜皆謝，貴人叩頭，謹戰戰慄慄，乃可必免。〔註18〕

據〈本傳〉所載，向：

為人簡易無威儀，廉靖樂道，不交接世俗，專積思於經術，晝誦書傳，夜觀星宿，或不寐達旦。〔註19〕

〔註14〕劉向《說苑》，（臺北：商務印書館，《四部叢刊初編》縮印平湖葛氏傳樸堂藏明鈔本），卷10，頁45。

〔註15〕劉向《說苑》，（臺北：商務印書館，《四部叢刊初編》縮印平湖葛氏傳樸堂藏明鈔本），卷10，頁45。

〔註16〕劉向《說苑》，（臺北：商務印書館，《四部叢刊初編》縮印平湖葛氏傳樸堂藏明鈔本），卷10，頁45。

〔註17〕劉向《說苑》，（臺北：商務印書館，《四部叢刊初編》縮印平湖葛氏傳樸堂藏明鈔本），卷10，頁45。

〔註18〕嚴可均《全漢文》，（臺北：世界書局，《全上古三代秦漢三國六朝文》，清光緒二十年甲午春黃岡王氏刊本），卷36，頁11～12。

〔註19〕班固撰，顏師古注，王先謙補注《漢書》，（臺北：藝文印書館，景盧受堂本），

足見向不僅力主敬慎，且確實躬行之。

三、立　節

劉向重士節，故《說苑》特著〈立節篇〉，〔註20〕《新序》特著〈節士篇〉；〔註21〕復追念屈原忠信之節，〔註22〕以屈原爲節士之範，所錄率多類於屈原者，今觀其所錄，以見節之實質內容。

> 申包胥者，楚人也。吳敗楚兵於柏舉，遂入郢。昭王出亡在隨，申包胥不受命，而赴於秦，乞師，……秦伯使辭焉曰：「寡君聞命矣。子其就館，將圖而告子。」對曰：「寡君越在草莽，未獲所休，下臣何敢即安？」倚於庭牆立哭，日夜不絕聲，水漿不入口，七日七夜。秦哀公爲賦無衣之詩，言兵今出。包胥九頓首而坐。……君子曰：「申子之不受命赴秦，忠矣；七日七夜不絕聲，厚矣；不受賞，不伐矣。」〔註23〕

> 齊攻魯，求岑鼎。魯君載岑鼎往，齊侯不信而反之，以爲非也。使人告魯君，柳下惠以爲是，因請受之。魯君請於柳下惠。柳下惠對曰：「君之欲以爲岑鼎也，以免國也。臣亦有國於此，破臣之國，以免君之國，此臣所難也。」魯君乃以眞岑鼎往，柳下惠可謂守信矣。非獨存己之國，又存魯君之國，信之於人重矣。〔註24〕

> 鮑焦衣弊膚見，潔畚將蔬，遇子貢於道。……焦曰：「天下之遺德教者衆矣。吾何以不至於此也？吾聞之：世不己知而行之不已者，是爽行也；上不己知而干之不止者，是毀廉也；行爽廉毀，然且不舍，惑於利者也。」子貢曰：「吾聞之：非其世者，不生其利；汙其君者，不履其土。今吾子汙其君而履其土，非其世而將其蔬，此誰之有哉？」鮑

卷 36，頁 28。

〔註20〕劉向《說苑》，（臺北：商務印書館，《四部叢刊初編》縮印平湖葛氏傳樸堂藏明鈔本），卷 4，頁 15～19。

〔註21〕劉向《新序》，（臺北：商務印書館，《四部叢刊初編》縮印江南圖書館藏明翻宋刊本），卷 7，頁 38～46。

〔註22〕王逸章句，洪興祖補註《楚辭補註・九歎序》，（臺北：藝文印書館，1973 年10 月，四版），卷 16，頁 1。

〔註23〕劉向《新序・節士》，（臺北：商務印書館，《四部叢刊初編》縮印江南圖書館藏明翻宋刊本），卷 7，頁 40～41。

〔註24〕劉向《新序・節士》，（臺北：商務印書館，《四部叢刊初編》縮印江南圖書館藏明翻宋刊本），卷 7，頁 41。

焦曰：「嗚呼！吾聞：賢者重進而輕退，廉者易醜而輕死。」乃棄其蔬
而立，槁死於洛水之上。君子聞之，曰：「廉夫剛哉！夫山銳則不高，
水狹則不深，行特者其德不厚，志與天地疑者，其爲人不祥，鮑子可
謂不祥矣。其節度淺深，適至而止矣。」〔註25〕

忠、信、廉爲節之實質內容，亦爲節之基本要件，與《說苑‧立節篇》所言
吻合。〈立節篇〉曰：

士君子之有勇而果於行者，不以立節行誼，而以妄死非名，豈不痛
哉！士有殺身以成仁，觸害以立義，倚於節理而不議死地；故能身
死名流於來世；非有勇斷，孰能行之？……故夫士欲立義行道，毋
論難易而後能行之；立身著名，無顧利害而後能成之。……夫士之
所恥者，天下舉忠而士不與焉，舉信而士不與焉，舉廉而士不與焉；
三者在乎身，名傳於後世，與日月並而不息，雖無道之世不能污焉，
然則非好死而惡生也，非惡富貴而樂貧賤也，由其道，遵其理，尊
貴及己，士不辭也。〔註26〕

節固爲一己之性命，可不計生死，守死不渝，然亦非盲目之殉節，例：

晉獻公太子之至靈臺，虵繞左輪，御曰：「太子下拜。吾聞：國君之
子，虵繞左輪者，速得國。」……太子曰：「……今吾得國，是君失
安也。見國之利，而忘君安，非子道也。聞得國而拜其尊，非君欲
也。廢子道，不孝；逆君欲，不忠。而使我行之，殆欲吾國之危明
也。」……遂伏劍而死。〔註27〕

至於自殺者，爲見疑於欲國也。己之不欲國以安君，亦以明矣。爲一愚御過言
之故，至於身死，廢子道，絕祭祀，不可謂孝，可謂遠嫌，一節之士也。〔註28〕
他如申包胥不受命赴秦，七日七夜不絕聲，功成不受賞；然賞所以勸善也，辭
賞亦非常法也。〔註29〕申徒狄非其世，負石沈於河，雖謂之廉，如仁與智，則

〔註25〕劉向《新序‧節士》，（臺北：商務印書館，《四部叢刊初編》縮印江南圖書館
　　　　藏明翻宋刊本），卷7，頁44～45。

〔註26〕劉向《說苑》，（臺北：商務印書館，《四部叢刊初編》縮印平湖葛氏傳樸堂藏
　　　　明鈔本），卷4，頁15～16。

〔註27〕劉向《新序‧節士》，（臺北：商務印書館，《四部叢刊初編》縮印江南圖書館
　　　　藏明翻宋刊本），卷7，頁40。

〔註28〕劉向《新序‧節士》，（臺北：商務印書館，《四部叢刊初編》縮印江南圖書館
　　　　藏明翻宋刊本），卷7，頁40。

〔註29〕劉向《新序‧節士》，（臺北：商務印書館，《四部叢刊初編》縮印江南圖書館

未之見也。〔註30〕三人守小節忘卻大節，非中道也，蓋「非好死而惡生也，非惡富貴而樂貧賤也，由其道，遵其理，尊貴及己，士不辭也。」〔註31〕

第三節　待　人

　　所謂五倫之教，君臣有義，父子有親，夫婦有別，長幼有序，朋友有信；其實不外乎執中，各因人我關係之不同，而別著德目之不同。故子弟對父曰孝，父對子曰慈；兄對弟曰友，弟對兄曰恭；夫對婦曰義，婦對夫曰貞；朋友相尚以信，君臣相結以義。禮儀三百，威儀三千，各有其當；苟能行此五達道，放諸四海皆準。

一、君　臣

　　齊景公問政於孔子，孔子對曰：「君君，臣臣。」，而反對「君不君，臣不臣。」。〔註32〕又孔子答定公，亦強調「君使臣以禮，臣事君以忠。」〔註33〕故君之於臣，如不以禮遇之，則臣之於君，亦不以忠事之，蓋君臣相處之道，以義爲表，以恩爲裏，猶若聲之有響，形之有影也。

　　劉向以上無繼嗣，政由王氏，獨謂湯曰：

　　　吾幸得同姓末屬，累世蒙漢厚恩，身爲宗室遺老，歷事三主，上以

　　　我先帝舊臣，每進見常加優禮，吾而不言，孰當言者？〔註34〕

遂上疏極諫外戚。又於〈誡子歆書〉中云：

　　　告歆思之無忽。若未有異德，蒙恩甚厚，將何以報？〔註35〕

　　　　藏明翻宋刊本），卷7，頁40～41。

〔註30〕劉向《新序・節士》，（臺北：商務印書館，《四部叢刊初編》縮印江南圖書館藏明翻宋刊本），卷7，頁44。

〔註31〕劉向《說苑・立節》，（臺北：商務印書館，《四部叢刊初編》縮印平湖葛氏傳樸堂藏明鈔本），卷4，頁16。

〔註32〕何晏注，邢昺疏《論語注疏・顏淵篇》，（臺北：藝文印書館，《十三經注疏》景阮刻本），卷12，頁6。

〔註33〕何晏注，邢昺疏《論語注疏・八佾篇》，（臺北：藝文印書館，《十三經注疏》景阮刻本），卷3，頁11。

〔註34〕班固撰，顏師古注，王先謙補注《漢書・楚元王傳》，（臺北：藝文印書館，景虛受堂本），卷36，頁24。

〔註35〕嚴可均《全漢文》，（臺北：世界書局，《全上古三代秦漢三國六朝文》，清光緒二十年甲午春黃岡王氏刊本），卷36，頁11。

可見向於君臣之間力主「報恩」。《說苑‧復恩篇》曰：

> 孔子曰：「德不孤，必有鄰。」夫施德者貴不德，受恩者尚必報，是
> 故臣勞勤以爲君而不求其賞，君持施以牧下而無所德。故《易》曰：
> 「勞而不怨，有功而不德，厚之至也。」君臣相與以市道接，君縣
> 祿以待之，臣竭力以報之；逮臣有不測之功，則主加之以重賞，如
> 主有超異之恩，則臣必死以復之。……夫禽獸昆蟲猶知比假而相有
> 報也，況於士君子之欲與名利於天下者乎！夫臣不復君之恩而苟營
> 其私門，禍之源也；君不能報臣之功而憚刑賞者，亦亂之基也。夫
> 禍亂之原基，由不報恩生矣。〔註36〕

報恩乃君臣相處之道，君以臣爲本，臣以君爲本，賢臣之事君也，受官之日，
以主爲父，以國爲家，其君亦有助之以遂其德，則本立而榮華茂矣。

> 齊侯問於晏子曰：「忠臣之事君何若？」對曰：「有難不死，出亡不
> 送。」君曰：「裂地而封之，疏爵而貴之；吾有難不死，出亡不送，
> 可謂忠乎？」對曰：「言而見用，終身無難，臣何死焉；謀而見從，
> 終身不亡，臣何送焉。若言不見用，有難而死之，是妄死也；諫而
> 不見從，出亡而送，是詐爲也。故忠臣者能納善於君而不能與君陷
> 難者也。」〔註37〕

君之視臣如手足，則臣視君如腹心；君之視臣如犬馬，則臣視君如國人；君
之視臣如土芥，則臣視君如寇讎。〔註38〕言不見用，諫不見從，何爲「有難
而死之，出亡而送」，〔註39〕所謂出乎爾者，反乎爾者，此自然之理。〔註40〕

二、父 子

《孝經》云：「昔者明王事父孝。」〔註41〕是以堯雖以天下與舜，而舜視

〔註36〕劉向《說苑》，（臺北：商務印書館，《四部叢刊初編》縮印平湖葛氏傳樸堂藏
　　　　明鈔本），卷6，頁23。

〔註37〕劉向《說苑‧臣術》，（臺北：商務印書館，《四部叢刊初編》縮印平湖葛氏傳
　　　　樸堂藏明鈔本），卷2，頁10。

〔註38〕趙歧注，孫奭疏《孟子注疏‧離婁下》，（臺北：藝文印書館，《十三經注疏》
　　　　景阮刻本），卷8上，頁4。

〔註39〕劉向《說苑‧臣術》，（臺北：商務印書館，《四部叢刊初編》縮印平湖葛氏傳
　　　　樸堂藏明鈔本），卷2，頁10。

〔註40〕參見本文第六章〈劉向之政治思想〉。

〔註41〕唐玄宗御注，邢昺疏《孝經注疏‧感應章第十六》，（臺北：藝文印書館，《十

猶草芥，惟以悅親爲急務。蓋不得乎親，不可以爲人，不順乎親，不可以爲子。

> 曾子芸瓜而誤斬其根，曾晢怒，援大杖擊之，曾子仆地；有頃蘇，
> 蹶然而起，進曰：「囊者參得罪於大人，大人用力教參，得無疾乎？」
> 退屏鼓琴而歌，欲令曾晢聽其歌聲，令知其平也。……孔子曰：「汝
> 聞瞽叟有子名曰舜，舜之事父也，索而使之，未嘗不在側，求而殺
> 之，未嘗不得；小箠則待，大箠則走，以逃暴怒也。今子委身以待
> 暴怒，立體而不去，殺身以陷父，不義不孝，孰是大乎？汝非天子
> 之民邪？殺天子之民罪奚如？」〔註42〕

人倫之大道，以事親盡孝爲先，而事親盡孝，以守身不辱其親爲要。曾子委
身以待暴怒，如一失其身，即不能盡事親盡孝之道矣，故孔子責之。

爲人子，事父母以孝；而爲人父母者，亦應以慈待子，善爲誘導，使其
成爲中正之人。

> 賢父之於子也，慈惠以生之，教誨以成之，養其誼，藏其僞，時其節，
> 慎其施；子年七歲以上，父爲之擇明師，選良友，勿使見惡，少漸之
> 以善，使其早化。……父以子爲本，子以父爲本，棄其本，榮華槁矣。
>
> 〔註43〕
>
> 伯俞有過，其母苔之泣，其母曰：「他日苔子未嘗見泣，今泣何也？」
> 對曰：「他日俞得罪苔嘗痛，今母力不能使痛，是以泣。」故曰父母
> 怒之，不作於意，不見於色，深受其罪，使可哀憐，上也；父母怒
> 之，不作於意，不見其色，其次也；父母怒之，作於意，見於色，
> 下也。〔註44〕

夫忠於君上，其義爲尊尊；孝於父母，其義爲親親。論其關係，當以尊尊統
親親，所謂移孝作忠也。

> 白公之難，楚人有莊善者，辭其母，將往死之。其母曰：「棄其親而死
> 其君，可謂義乎？」莊善曰：「吾聞：事君者，內其祿而外其身。今所

　　　三經注疏》景阮刻本），卷8，頁1。

〔註42〕 劉向《說苑‧建本》，（臺北：商務印書館，《四部叢刊初編》縮印平湖葛氏傳
　　　　樸堂藏明鈔本），卷3，頁12～13。

〔註43〕 劉向《說苑‧建本》，（臺北：商務印書館，《四部叢刊初編》縮印平湖葛氏傳
　　　　樸堂藏明鈔本），卷3，頁12。

〔註44〕 劉向《說苑‧建本》，（臺北：商務印書館，《四部叢刊初編》縮印平湖葛氏傳
　　　　樸堂藏明鈔本），卷3，頁13。

以養母者，君之祿也，身安得無死乎？」遂辭而行。〔註45〕

楚昭王有士曰石奢者，其為人也，公正而好義，王使為理。於是廷有
殺人者，石奢追之，則其父也。遂反於廷，曰：「殺人者，僕之父也。
以父成政，不孝；不行君法，不忠。弛罪廢法，而伏其辜，僕之所守
也。伏斧鑕，命在君。」君曰：「追而不及，庸有罪乎？子其治事矣。」
石奢曰：「不私其父，非孝也；不行君法，非忠也；以死罪生，非廉也。
君赦之，上之惠也；臣不敢失法，下之行也。」遂不離鈇鑕，刎頸而
死于廷中，君子聞之，曰：「貞夫法哉！」孔子曰：「子為父隱，父為
子隱，直在其中矣。」……石子之謂也。〔註46〕

口體之養，世俗之譽，非所以盡孝也，惟能移孝作忠，方無忝所生。

孟子曰：「養生者，不足以當大事，惟送死，可以當大事。」〔註47〕生事
愛敬，死事哀慼；為人子者不可不慎矣。

子生三年，然後免於父母之懷，故制喪三年，所以報父母之恩也。
期年之喪通乎諸侯，三年之喪通乎天子，禮之經也。子夏三年之喪
畢，見於孔子，孔子與之琴，……援琴而絃，衎衎而樂作，而曰：「先
王制禮，不敢不及也。」孔子曰：「君子也。」閔子騫三年之喪畢，……
孔子與之琴，援琴而絃，切切而悲作，而曰：「先王制禮，不敢過也。」
孔子曰：「君子也。」……孔子曰：「閔子哀未盡，能斷之以禮，故
曰君子也；子夏哀已盡，能引而致之，故曰君子也。夫三年之喪，
固優者之所屈，劣者之所勉。」〔註48〕

漢文帝時有短喪之令，〔註49〕嗣後喪期不一，公孫弘養後母孝謹，後母卒，服
喪三年。〔註50〕翟方進後母卒，既葬，三十六日而除服，起視事。〔註51〕足見

〔註45〕劉向《新序‧義勇》，（臺北：商務印書館，《四部叢刊初編》縮印江南圖書館
　　　　藏明翻宋刊本），卷8，頁48。
〔註46〕劉向《新序‧節士》，（臺北：商務印書館，《四部叢刊初編》縮印江南圖書館
　　　　藏明翻宋刊本），卷7，頁43。
〔註47〕趙歧注，孫奭疏《孟子注疏‧離婁下》，（臺北：藝文印書館，《十三經注疏》
　　　　景阮刻本），卷8上，頁7。
〔註48〕劉向《說苑‧修文》，（臺北：商務印書館，《四部叢刊初編》縮印平湖葛氏傳
　　　　樸堂藏明鈔本），卷19，頁91。
〔註49〕班固撰，顏師古注，王先謙補注《漢書‧文帝紀》，（臺北：藝文印書館，景
　　　　盧受堂本），卷4，頁19～20。
〔註50〕班固撰，顏師古注，王先謙補注《漢書‧公孫弘傳》，（臺北：藝文印書館，

向之時，三年之喪，未有定制，然向本儒家之說，亦儼然以三年之喪爲的。

三、夫　婦

「關關雎鳩，在河之洲；窈窕淑女，君子好逑。」〔註52〕善女慎固幽閒，似雎鳩之有別，宜爲君子之好匹。夫婦有別，然後父子之情摯。父子之情摯，推而廣之，社會之秩序安；故夫婦之間，宜眞摯而專一。

> 潔婦者，魯秋胡子妻也。既納之五日，去而官於陳，五年乃歸。未至家，見路傍婦人採桑，秋胡子悅之，……謂曰：「力田不如逢豐年，力桑不如見國卿，吾有金願以與夫人。」婦曰：「……吾不願金，所願卿無有外意，亦妾無淫泆之志，收子之齎與笥金。」秋胡子遂去，至家奉金遺母，使人喚婦至，乃嚮採桑者也。秋胡子慙，婦曰：「……今乃悅路傍婦人，下子之糧，以金予之，是忘母也；……夫事親不孝，則事君不忠；處家不義，則治官不理；孝義並亡，必不遂矣。妾不忍見子改娶矣，妾亦不嫁。」遂去而東走，投河而死。〔註53〕

潔妻待其夫五年，桑織以養姑，行路一男子，悅其貌而獻之金，其心曾不爲動；貞潔專一，終不更二，堪如《詩》云「我心匪石，不可轉也。」〔註54〕

> 樊姬，楚莊王之夫人也。莊王即位，好狩獵，樊姬諫，不止，乃不食禽獸之肉；王改過，勤於政事。……姬曰：「王之所謂賢者，何也？」曰：「虞邱子也。」……對曰：「……今虞邱子相楚十餘年，所薦非子弟，則族昆弟，未聞進賢退不肖，是蔽君而塞賢路。知賢不進，是不忠；不知其賢，是不智也。妾之所笑，不亦可乎。」王悅，……使人迎孫叔敖而進之，王以爲令尹，治楚三年，而莊王以霸。〔註55〕

景虛受堂本），卷 58，頁 5。
〔註51〕班固撰，顏師古注，王先謙補注《漢書・翟方進傳》，（臺北：藝文印書館，景虛受堂本），卷 84，頁 4。
〔註52〕毛公傳，鄭玄箋，孔穎達正義《毛詩正義・周南・關雎》，（臺北：藝文印書館，《十三經注疏》景阮刻本），卷 1-1，頁 20。
〔註53〕劉向撰，王照圓補注《列女傳補注・節義傳》，（臺北：商務印書館，《人人文庫》，1976 年 2 月，臺一版），卷 5，頁 89。
〔註54〕毛公傳，鄭玄箋，孔穎達正義《毛詩正義・邶風・柏舟》，（臺北：藝文印書館，《十三經注疏》景阮刻本），卷 2-1，頁 6。
〔註55〕劉向撰，王照圓補注《列女傳補注・賢明傳》，（臺北：商務印書館，《人人文庫》，1976 年 2 月，臺一版），卷 2，頁 27。

> 周南之妻者，周南大夫之妻也。大夫受命，平治水土，過時不來，妻
> 恐其懈於王事，蓋與其鄰人，陳素所與大夫言，……生於亂世，不得
> 道理，而迫於暴虐，不得行義；然而仕者，爲父母在故也。乃作詩曰
> 「魴魚赬尾，王室如燬；雖則如燬，父母孔邇。」蓋不得已也。君子
> 以是知周南之妻，而能匡夫也。〔註56〕

楚莊王、周南大夫，皆以其妻之通曉事理，知世紀綱，得以匡正己失。妻者，
齊也；夫行有失，當匡夫以道，蓋夫婦一體，休戚相關也。

> 楚狂接輿之妻也，接輿躬耕以爲食。楚王使使者持金百鎰，車二駟，
> 往聘迎之，曰：「王願請先生治淮南。」接輿笑而不應，使者遂不得語
> 而去。……妻曰：「君使不從，非忠也；從之又違，非義也，不如去之。」
> 〔註57〕

夫婦患難與共，能不以貧困易志，互信之誠始可保。接輿之妻，以貧自甘，
順從夫志，而不絕裾辭去，豈非夫婦間應有之義乎？

所謂貞德，當男女共守之。遺棄髮妻，確爲涼德；夫在困阨之中，絕裾
辭去，二三其德，亦殊可羞。故夫婦之間，當生死不相負，貧窮不相棄，接
之以義，而後內和外順，家可長久也。

四、兄　弟

《孟子》曰：「孩提之童，莫不知愛其親；及其長也，莫不知敬其兄。」
〔註58〕夫親親，仁也；友弟，義也。人之所以異於禽獸者，以其由仁義行也。

> 衛宣公之子伋也、壽也、朔也。伋，前母子也。壽與朔，後母子也。
> 壽之母與朔謀，欲殺太子伋而立壽也。使人與伋乘舟於河中，將沈
> 而殺之。壽知不能止也，因與之同舟，舟人不得殺伋。……又使伋
> 之齊，將使盜見載旌，要而殺之。壽止伋，伋曰：「棄父之命，非子
> 道也。不可。」壽又與之偕行，壽之母知不能止也，因戒之曰：「壽，
> 無爲前也。」壽又爲前，竊伋旌以先行，幾及齊矣，盜見而殺之，

〔註56〕劉向撰，王照圓補注《列女傳補注・賢明傳》，（臺北：商務，《人人文庫》，
　　　　1976年2月，臺一版），卷2，頁28。

〔註57〕劉向撰，王照圓補注《列女傳補注・賢明傳》，（臺北：商務，《人人文庫》，
　　　　1976年2月，臺一版），卷2，頁37～38。

〔註58〕趙岐注，孫奭疏《孟子注疏・盡心上》，（臺北：藝文印書館，《十三經注疏》
　　　　景阮刻本），卷13上，頁9。

伋至，見壽之死，痛其代己死，……遂載其屍還，至境而自殺，兄
弟俱死。〔註59〕

兄弟爭死以相讓。就弟言之，彼不忍兄之無辜罹禍，勸兄逃亡，出於友愛之
情。但若逃亡事洩，禍或及弟，兄亦不忍；兄既不逃，弟乃甘以身代之。兄
弟二人，遭逢倫常之變，處於難處之境，各知其本分所在，決心甘身以殉，
兄弟之情，足為千古楷模。

管仲傅齊公子糾，鮑叔傅公子小白，齊公孫無知殺襄公，公子糾
奔魯，小白奔莒。齊人誅無知，迎公子糾於魯，公子糾與小白爭
入，管仲射小白，中其帶鈎，小白佯死，遂先入，是為齊桓公。
公子糾死，管仲奔魯，桓公立國定，使人迎管仲於魯，遂立以為
仲父。〔註60〕

兄弟，天倫也。自應極為友愛，然公子糾、小白失兄友弟恭之道，處人倫之
變，兄弟相戮，何其悲也！

五、朋　友

曾子曰：「君子以文會友，以友輔仁。」〔註61〕蓋交友友其德也，使我之
業益修而德益進矣。若群居終日，言不及義，則小人矣；君子亦不願以所交
非人之故而自累也。

夫臨財忘貧，臨生忘死，可以遠罪矣。夫君子愛口，孔雀愛羽，虎豹
愛爪，此皆所以治身法也。上交者不失其祿，下交者不離於患，是以
君子擇人以交，農人擇田而田。〔註62〕

孔子曰：「丘死之後，商也日益，賜也日損；商也好與賢己者處，賜也
好說不如己者。」〔註63〕

〔註59〕劉向《新序・節士》，（臺北：商務印書館，《四部叢刊初編》縮印江南圖書館
　　　藏明翻宋刊本），卷7，頁39～40。

〔註60〕劉向《新序・雜事第五》，（臺北：商務印書館，《四部叢刊初編》縮印江南圖
　　　書館藏明翻宋刊本），卷5，頁28。

〔註61〕何晏注，邢昺疏《論語注疏・顏淵篇》，（臺北：藝文印書館，《十三經注疏》
　　　景阮刻本），卷12，頁11。

〔註62〕劉向《說苑・雜言》，（臺北：商務印書館，《四部叢刊初編》縮印平湖葛氏傳
　　　樸堂藏明鈔本），卷17，頁81。

〔註63〕劉向《說苑・雜言》，（臺北：商務印書館，《四部叢刊初編》縮印平湖葛氏傳
　　　樸堂藏明鈔本），卷17，頁80。

子路行，辭於仲尼曰：「敢問新交取親若何？……」仲尼曰：「新交取
親，其忠乎。……」〔註64〕

友之損益，關係人之品德至鉅，故君子擇人以交。

朋友相交，貴在知心，當惟信是尚，其所珍貴者，志同道合而已。其所
重視者，砥礪夾持而已；其他，無所計也。

一死一生，乃知交情；一貧一富，乃知交態；一貴一賤，交情乃見；
一浮一沒，交情乃出。〔註65〕

鮑叔死，管仲舉上袵而哭之，泣下如雨，從者曰：「非君父子也，此亦
有說乎？」管仲曰：「非夫子所知也，吾嘗與鮑子負販於南陽，吾三辱
於市，鮑子不以我為怯，知我之欲有所明也；鮑子嘗與我有所說王者
而三不見聽，鮑子不以我為不肖，知我之不遇明君也；鮑子嘗與我臨
財分貨，吾自取多者三，鮑子不以我為貪，知我之不足於財也。生我
者父母，知我者鮑子也。士為知己者死，而況為之哀乎！」〔註66〕

孔子將行，無蓋。弟子曰：「子夏有蓋，可以行。」孔子曰：「商之為
人也，甚短於財。吾聞與人交者，推其長者，違其短者，故能久長矣。」
〔註67〕

人能得友，則匡導有人，不至盲行冥索。然朋友責難之際，厚於責人而薄於
己，寬於恕己而嚴於宥人，決不能服人，當先反躬自問，朋友之匡導始益切。

孔子嘗曰：「德之不修，學之不講，聞義不能徙，不善不能改，是吾憂也。」
〔註68〕是修己、待人之德，非可一蹴而幾，必也求諸己，而後及於人。孔子
貴聞義能徙，不善能改，亦所以重篤行也。蓋知之者，未必能行；行之者，
未必能知；知之不真，必致信之不篤；信之不篤，則無以堅其志，而見於行

〔註64〕劉向《說苑·雜言》，（臺北：商務印書館，《四部叢刊初編》縮印平湖葛氏傳
　　　　樸堂藏明鈔本），卷17，頁80。
〔註65〕劉向《說苑·談叢》，（臺北：商務印書館，《四部叢刊初編》縮印平湖葛氏傳
　　　　樸堂藏明鈔本），卷16，頁73。
〔註66〕劉向《說苑·復恩》，（臺北：商務印書館，《四部叢刊初編》縮印平湖葛氏傳
　　　　樸堂藏明鈔本），卷6，頁25～26。
〔註67〕劉向《說苑·雜言》，（臺北：商務印書館，《四部叢刊初編》縮印平湖葛氏傳
　　　　樸堂藏明鈔本），卷17，頁80。
〔註68〕何晏注，邢昺疏《論語注疏·述而篇》，（臺北：藝文印書館，《十三經注疏》
　　　　景阮刻本），卷7，頁1。

也。倫理道德必實踐而後見，不能行之，何以見之，故倫理道德必篤行而後成之。

　　物有本末，事有終始，知所先後，則近道矣。〔註 69〕修己、治人，本末先後，自成序次，不容倒置。君子所守，既以修身爲本，故其守雖極簡約，然其所施者極廣博。修身以德，使君臣有義，父子有親，夫婦有別，長幼有序，朋友有信，而天下以平。向承儒家之說，復加闡揚，炯炯丹心，在漢社稷，望能「正紀綱，迪教化，辨邪正，黜異端，以爲漢規監者。」〔註 70〕惜杯水不足以救輿薪之火，抑其時所遭者然歟！

〔註 69〕鄭玄注，孔穎達正義《禮記正義》，（臺北：藝文印書館，《十三經注疏》景阮刻本），卷 60，頁 1。
〔註 70〕高似孫《子略》，（臺北：廣文書局，1968 年 3 月，初版），頁 9。

第五章 劉向之天人思想

第一節 前 言

　　所謂「天人合一」，即西漢大儒董仲舒於〈對策〉中所言之「天人相與」。〔註1〕此種思想盛行於西漢，五經師儒，無不重視天人相與之際，堪稱漢代思想之主流。論其源起，遠可溯至上古社會之原始迷信，〔註2〕近應肇端於戰國以來之陰陽五行學說。〔註3〕

　　陰陽說之創行，在《孟子》書後，約當戰國中葉之末。五行說倡自子思，其年世略與墨子相當，縱創行於戰國中期之前，亦決不早至春秋。〔註4〕二者原非一物，經由鄒衍在戰國末期之初，鎔鑄於一爐，而另成新說。〔註5〕陰陽五行說為鄒衍所創，其創立之動機為「睹有國者益淫侈，不能尚德；若大雅整之於身，施及黎庶矣。」，「著書言治亂之事，以干世主。」〔註6〕然其學說

〔註1〕班固撰，顏師古注，王先謙補注《漢書・董仲舒傳》，（臺北：藝文印書館，景盧受堂本），卷56，頁3。

〔註2〕見戴君仁《梅園論學集・天人相與》，（臺北：開明書店，1970年9月，初版），頁368。

〔註3〕見李漢三《先秦兩漢之陰陽五行學說・陰陽五行對於兩漢政治的影響》，（臺北：維新書局，1981年4月，再版），頁103。

〔註4〕見李漢三《先秦兩漢之陰陽五行學說・第一編結論》，（臺北：維新書局，1981年4月，再版），頁47。

〔註5〕見李漢三《先秦兩漢之陰陽五行學說・第一編引言》，（臺北：維新書局，1981年4月，再版），頁103。

〔註6〕見司馬遷撰，裴駰集解，司馬貞索隱，張守節正義《史記・孟荀列傳》，（臺北：藝文印書館，景武英殿本），卷74，頁2～4。

要歸，則在於「仁義節儉，君臣上下六親之施。」〔註7〕「尚德」、「仁義」、「君臣上下」皆為儒家之基本學說：「整之於身，施及黎庶。」亦即孟子之「天下之本在國，國之本在家，家之本在身。」，〔註8〕是鄒衍學說宗旨，仍本儒家；陰陽五行為其游說王公大人之手段，所謂「先合然後引之大道。」，〔註9〕故史遷謂其「始也濫耳。」。〔註10〕

戰國之世，由於社會動盪，人心浮動，祇求旦夕之間如何趨吉避凶，急於「察機祥，候星氣。」〔註11〕以致「其占驗，鱗雜米鹽，亡可錄者。」〔註12〕鄒衍此種順天應時學說，自然為人所接受。秦始皇稱帝之後，便採用其五德終始之理論：

> 推終始五德之傳，以為周德火德，秦代周，德從所不勝，方今水德之始。改年始朝賀，皆自十月朔。衣服、旄旌、節旗皆上黑。數以六為紀，符法冠皆六寸，而輿六尺，六尺為步，乘六馬。更名河曰德水。以為水德為始，剛毅戾深，事皆決於法，刻削毋仁恩和義，然後合五德之數。〔註13〕

自此以後，陰陽五行遂成顯學。

漢儒多講求通經致用，衍經術以言政治，所謂以〈禹貢〉治河，以〈洪範〉察變，以《春秋》決獄，以《三百五篇》為諫書；〔註14〕即或非純儒，亦緣飾以儒術。且儒學與陰陽之學早已交融難辨，鮮有漢儒不言陰陽者。〔註15〕漢儒

〔註7〕　見司馬遷撰，裴駰集解，司馬貞索隱，張守節正義《史記・孟荀列傳》，（臺北：藝文印書館，景武英殿本），卷74，頁2。

〔註8〕　見趙歧注，孫奭疏《孟子注疏・離婁上》，（臺北：藝文印書館，《十三經注疏》景阮刻本），卷7，頁9。

〔註9〕　見王夢鷗《鄒衍遺說考・緒言》，（臺北：商務印書館，1966年3月，臺初版），頁8～9。

〔註10〕　見司馬遷撰，裴駰集解，司馬貞索隱，張守節正義《史記・孟荀列傳》，（臺北：藝文印書館，景武英殿本），卷74，頁2。

〔註11〕　班固撰，顏師古注，王先謙補注《漢書・文天文志》，（臺北：藝文印書館，景虛受堂本），卷20，頁48。

〔註12〕　班固撰，顏師古注，王先謙補注《漢書・文天文志》，（臺北：藝文印書館，景虛受堂本），卷20，頁48。

〔註13〕　見司馬遷撰，裴駰集解，司馬貞索隱，張守節正義《史記・秦始皇本紀》，（臺北：藝文印書館，景武英殿本），卷6，頁11～12。

〔註14〕　見皮錫瑞《經學歷史》，（臺北：鳴宇出版社，1980年5月），頁79。

〔註15〕　參看戴君仁《梅園論學集・論賈誼的學術及其前後的學者》，（臺北：開明書店，1970年9月，初版），頁225～273。

懲秦制之失，欲以災異襪祥戒懼人主，使之自歛，不復爲縱恣專橫之事；遂不免本諸儒家重視天命之思想，配合陰陽五行學說，引天道以言人事，而成「天人之學」。

梁啓超於〈陰陽五行說之來歷〉一文曰：

> 春秋戰國以前所謂陰陽，所謂五行，其語甚希見，其義極平淡，且此二事從未嘗併爲一談。諸經及孔、老、墨、荀、韓諸大哲皆未嘗齒及。然則造此邪說以惑世誣民者誰耶？其始蓋起於燕、齊方士，而其建設之，傳播之，宜其負罪責者三人焉：曰鄒衍、曰董仲舒、曰劉向。〔註16〕

劉向歷事宣、元、成三主，乃災異學熾盛之時代，重以政治紊亂，漢室衰微，身爲宗室，不忍坐視；乃集合上古以來，歷春秋六國至秦、漢符瑞災異之記，推迹行事，連傳禍福，著其占驗，比類相從，各有條目，凡十一篇，號曰《洪範五行傳論》。〔註17〕復數上書言災變，徵諸史實，藉以警策人君，糾彈權要，其用心之良苦顯見矣。

第二節　五德終始說

鄒衍陰陽五行學說之內容，據王夢鷗先生《鄒衍遺說考》所言有二：一爲講四時改火，依五行相生之原理，稱爲小終始；一爲講四代更迭，依五行相勝之原理，稱爲大終始，〔註18〕一般又稱爲「五德終始說」。

《史記・封禪書》曰：

> 騶子之徒，論著終始五德之運，及秦帝而齊人奏之，故始皇採之。〔註19〕

又曰：

> 秦始皇既并天下而帝。或曰：「黃帝得土德，黃龍地螾見。夏得木德，青龍止於郊，草木暢茂。殷得金德，銀自山溢。周得火德，有赤烏

〔註16〕見梁啓超〈陰陽五行說之來歷〉，（《東方雜誌》20卷10號）。
〔註17〕見班固撰，顏師古注，王先謙補注《漢書・楚元王傳》，（臺北：藝文印書館，景盧受堂本），卷36，頁19。
〔註18〕見王夢鷗《鄒衍遺說考》，（臺北：商務印書館，1966年3月，臺初版），頁54、頁56。
〔註19〕司馬遷撰，裴駰集解，司馬貞索隱，張守節正義《史記》，（臺北：藝文印書館，景武英殿本），卷28，頁10。

之符。今秦變周，水德之時。昔秦文公出獵，獲黑龍，此其水德之
端。」〔註20〕

《史記》明言秦屬水德，與《呂氏春秋・有始覽・名類篇》謂「代火者，必
將水。」〔註21〕合。皆採五行相勝之說，漢興以後，天下初定，不遑詳議帝
德之事，《史記・曆書》云：

> 高祖曰：『北畤待我而起。』亦自以爲獲水德之瑞，雖明習曆及張蒼
> 等咸以爲然。是時天下初定，方綱紀大基，高后女主皆未遑，故襲
> 秦正朔、服色。〔註22〕

然秦以爲水德在先，漢又復爲水德，顯然於理不合，故文帝時，賈誼起異說，
據《史記・賈生列傳》云：

> 賈生以爲漢興至孝文二十餘年，天下和洽而固，當改正朔，易服色，
> 法制度，定官名，興禮樂。乃悉草具其事儀法，色尚黃，數用五，
> 爲官名，悉更秦之法。〔註23〕

時灌嬰、張相如、馮敬等誣其「專欲擅權，紛亂諸事。」政制之議遂寢。〔註24〕
文帝十四年，〔註25〕公孫臣推終始傳，以「土德之應黃龍見，當改正朔，易服
色，色尚黃。」〔註26〕繼賈生倡土德之說，爲丞相張蒼非之，駁回。〔註27〕文
帝十五年，黃龍見成紀，天子復召公孫臣爲博士，申明土德事。〔註28〕方士新

〔註20〕司馬遷撰，裴駰集解，司馬貞索隱，張守節正義《史記》，（臺北：藝文印書
館，景武英殿本），卷28，頁8。

〔註21〕呂不韋《呂氏春秋・應同篇》，（臺北：商務印書館，《四部叢刊初編》縮印明
刊本），卷13，頁73。

〔註22〕司馬遷撰，裴駰集解，司馬貞索隱，張守節正義《史記》，（臺北：藝文印書
館，景武英殿本），卷26，頁4。

〔註23〕司馬遷撰，裴駰集解，司馬貞索隱，張守節正義《史記》，（臺北：藝文印書
館，景武英殿本），卷84，頁8。

〔註24〕班固撰，顏師古注，王先謙補注《漢書・賈誼傳》，（臺北：藝文印書館，景
盧受堂本），卷48，頁1～2。

〔註25〕司馬遷撰，裴駰集解，司馬貞索隱，張守節正義《史記・封禪書》，（臺北：
藝文印書館，景武英殿本），卷28，頁18。

〔註26〕司馬遷撰，裴駰集解，司馬貞索隱，張守節正義《史記・封禪書》，（臺北：
藝文印書館，景武英殿本），卷28，頁18。

〔註27〕司馬遷撰，裴駰集解，司馬貞索隱，張守節正義《史記・封禪書》，（臺北：
藝文印書館，景武英殿本），卷28，頁18。

〔註28〕司馬遷撰，裴駰集解，司馬貞索隱，張守節正義《史記・孝文本紀》，（臺北：
藝文印書館，景武英殿本），卷10，頁14。

垣平以望氣之術欺詐，自是之後，文帝怠於改正朔、服色、神明之事。〔註29〕

武帝初年，趙綰、王臧等皆望天子封禪、改正度，〔註30〕未幾，見扼於竇太后；竇太后崩後，武帝於太初元年改制。〔註31〕《漢書・武帝紀》曰：

> 太初元年，……夏五月，正曆，以正月爲歲首。色上黃，數用五。
> 定官名，協音律。〔註32〕

至此，土德之制乃付諸實行。

昭帝元鳳三年，春正月，泰山有大石自立，上林有柳樹枯僵，自起生。〔註33〕眭孟因推《春秋》之意曰：

> 先師董仲舒有言：「雖有繼體守文之君，不害聖人之受命。」漢家堯後，有傳國之運，漢帝宜誰差天下，求索賢人，禪以帝位，而退自封百里，如殷、周二王後，以承順天命。〔註34〕

此種「禪讓」之議，深爲大將軍霍光所厭惡，遂以妖言惑眾，大逆不道罪，使孟伏誅。〔註35〕《漢書・眭弘傳》補注引齊召南曰：「案以漢爲堯後，始見此文。」〔註36〕是否已蘊釀火德之說，不得而知；然日後言漢爲火德者，皆以此爲據。

雖朝廷極力扼止「禪讓」之說，然漢德將衰之思想，日趨流行，竟復創出「再受命」之說；《漢書・李尋傳》云：

> 初，成帝時，齊人甘忠可詐造天官歷，包元太平經十二卷，以言「漢家逢天地之大終，當更受命於天；天地使眞人赤精子下教我此道。」忠可以教重平夏賀良、容丘丁廣世、東郡郭昌等。中壘校尉劉向奏

〔註29〕司馬遷撰，裴駰集解，司馬貞索隱，張守節正義《史記・封禪書》，（臺北：藝文印書館，景武英殿本），卷28，頁19～20。

〔註30〕司馬遷撰，裴駰集解，司馬貞索隱，張守節正義《史記・封禪書》，（臺北：藝文印書館，景武英殿本），卷28，頁20。

〔註31〕班固撰，顏師古注，王先謙補注《漢書・武帝紀》，（臺北：藝文印書館，景虛受堂本），卷6，頁31。

〔註32〕班固撰，顏師古注，王先謙補注《漢書》，（臺北：藝文印書館，景虛受堂本），卷6，頁31。

〔註33〕班固撰，顏師古注，王先謙補注《漢書・眭弘傳》，（臺北：藝文印書館，景虛受堂本），卷75，頁1。

〔註34〕班固撰，顏師古注，王先謙補注《漢書・眭弘傳》，（臺北：藝文印書館，景虛受堂本），卷75，頁1～2。

〔註35〕班固撰，顏師古注，王先謙補注《漢書・眭弘傳》，（臺北：藝文印書館，景虛受堂本），卷75，頁2。

〔註36〕班固撰，顏師古注，王先謙補注《漢書》，（臺北：藝文印書館，景虛受堂本），卷75，頁1。

忠可假鬼神，罔上惑眾，下獄治服，未斷病死。賀良等坐挾學忠可
書，以不敬論。〔註37〕

向僅企望皇帝躬行道德，興盛邦家，至於「再受命」說之怪誕不經，自然極
力反對。

《漢書‧郊祀志‧贊》曰：

劉向父子以爲帝出於震，故包犧氏始受木德。其後，以母傳子，終
而復始，自神農、黃帝，下歷唐、虞三代，而漢得火焉。故高祖始
起，神母夜號，著赤帝之符，旗章遂赤，自得天統矣。昔共工氏以
水德閒於木火，與秦同運，非其次序，故皆不永。由是言之，祖宗
之制，蓋有自然之應，順時宜矣。究觀方士、祠官之變，谷永之言，
不亦正乎？〔註38〕

漢爲火德之說，早已流行民間。《漢書‧高帝紀》有高祖斬白蛇之事：

高祖乃立爲沛公。祠黃帝、祭蚩尤於沛廷，而釁鼓旗，幟皆赤，由
所殺白帝子，所殺者赤帝子故也。〔註39〕

《史記‧封禪書》亦云：

高祖……遂以十月至灞上，與諸侯平咸陽，立爲漢王。因以十月爲
年首，而色上赤。〔註40〕

《史記‧淮陰侯列傳》亦有「拔趙幟，立漢赤幟。」〔註41〕一語。劉向父子
以爲帝出於震，乃是依據《周易‧說卦傳》「帝出乎震」〔註42〕而言，該傳又
謂「震，東方也。」，〔註43〕以震爲東方，於五行屬木，又以包犧氏始受木德，

〔註37〕 班固撰，顏師古注，王先謙補注《漢書》，（臺北：藝文印書館，景虛受堂本），
卷75，頁31。

〔註38〕 班固撰，顏師古注，王先謙補注《漢書》，（臺北：藝文印書館，景虛受堂本），
卷25下，頁23～24。

〔註39〕 班固撰，顏師古注，王先謙補注《漢書》，（臺北：藝文印書館，景虛受堂本），
卷1，頁8～9。

〔註40〕 司馬遷撰，裴駰集解，司馬貞索隱，張守節正義《史記》，（臺北：藝文印書
館，景武英殿本），卷28，頁16。

〔註41〕 司馬遷撰，裴駰集解，司馬貞索隱，張守節正義《史記》，（臺北：藝文印書
館，景武英殿本），卷92，頁7。

〔註42〕 王弼，韓康伯注，孔穎達正義《周易正義》，（臺北：藝文印書館，《十三經注
疏》景阮刻本），卷9，頁4。

〔註43〕 王弼，韓康伯注，孔穎達正義《周易正義》，（臺北：藝文印書館，《十三經注
疏》景阮刻本），卷9，頁5。

母以傳子，構成五行相生之帝德。重以向之〈高祖頌〉有云：

　　漢帝本系出唐帝，降及于周，在秦作劉，涉魏而東，遂爲豐公。〔註44〕

由是推之，漢承堯運，斷蛇著符，旗幟上赤，漢爲火德，豈不宜矣？

　　《漢書・律曆志》曰：

　　至孝成世，劉向總六曆，列是非，作《五紀論》。向子歆究其微眇，

　　作三統曆及譜。〔註45〕

向《五紀論》，其書不傳，依〈郊祀志〉班固之贊語，則此一五德終始說，應屬之於向、歆父子二人，亦或出之於劉歆之系統化整理。〔註46〕

　　劉向父子之五德終始次序如下表：〔註47〕

帝德＼帝號	第一循環	第二循環	第三循
木	1.太皞包犧氏	6.帝嚳高辛氏	11.周
閏水	（共工）	（帝摯）	（秦）
火	2.炎帝神農氏	7.帝堯陶唐氏	12.漢
土	3.黃帝軒轅氏	8.帝舜有虞氏	
金	4.少皞金天氏	9.伯禹夏后氏	
水	5.顓頊高陽氏	10.商	

　　劉氏父子之說與鄒衍之說大相逕庭，其別有三：

（1）鄒子五德終始說始於黃帝，歷夏、商至周。

　　　劉氏父子則上溯至包犧氏，且中間填入許多朝代。

（2）鄒子採五行相勝說，以水勝火，火勝金，金勝木，木勝土，土勝水。

　　　劉氏父子採五行相生說，木生火，火生土，土生金，金生水，水生木。

（3）鄒子五德終始說，無閏位之說；劉氏父子則採閏位之說。

〔註44〕班固撰，顏師古注，王先謙補注《漢書・高祖紀》，（臺北：藝文印書館，景盧受堂本），卷1下，頁26。

〔註45〕班固撰，顏師古注，王先謙補注《漢書》，（臺北：藝文印書館，景盧受堂本），卷21上，頁32。

〔註46〕孫廣德《先秦兩漢陰陽五行說的政治思想》，（臺北：國立政治大學政治研究所博士論文，1968年），頁198。

〔註47〕本表據班固撰，顏師古注，王先謙補注《漢書・律曆志》，（臺北：藝文印書館，景盧受堂本），卷21，頁45～53、頁73引劉歆《世經》。

　　將五行相生之原理運用於朝代更替上，則朝代間之更替，便形成禪讓之關係。而禪讓之說早已有之，如堯讓舜，舜讓禹，成帝時又有眭弘漢應禪讓之說，皆可作爲劉向父子之參考。閏位之說，疑係受張蒼不承認秦朝德位之啓示，加以秦自定爲水德已成事實，故將秦置於閏位，且採取閏位之說。

　　五德終始說非獨確立帝德之制，乃在於課君主以責任。蓋依五德終始說，當德而王，有德者受命，德衰則亡；朝代之更替，在於君主是否有德，以達匡政之效。

第三節　災異說

　　董仲舒於〈對策〉云：

> 臣謹案《春秋》之中，視前世已行之事，以觀天人相與之際，甚可畏也。國家將有失道之敗，而天廼先出災害以譴告之，不知自省，又出怪異以警懼之，尚不知變，而傷敗乃至。以此見天心之仁愛人君而欲止其亂也。自非大亡道之世者，天盡欲扶持而全安之，事在彊免而已矣。〔註48〕

董仲舒透過陰陽五行，將天與人之關係具體化，強調天人感應，以災異天戒警告人主，使大一統之皇帝，在意志與行爲上，不能不有所畏忌。劉向對董仲舒推崇備至，謂仲舒有王佐之材，雖伊、呂無以加，管、晏之屬，伯者之佐，殆不及也。〔註49〕向於《漢書‧五行志》中，說同於董仲舒者四十二條，〔註50〕異於董仲舒者二十九條，〔註51〕異於劉歆者四十九條，〔註52〕足見其

〔註48〕班固撰，顏師古注，王先謙補注《漢書‧董仲舒傳》，（臺北：藝文印書館，景虛受堂本），卷56，頁3。

〔註49〕班固撰，顏師古注，王先謙補注《漢書‧董仲舒傳》，（臺北：藝文印書館，景虛受堂本），卷56，頁21。

〔註50〕班固撰，顏師古注，王先謙補注《漢書》，（臺北：藝文印書館，景虛受堂本），卷27上，頁6、頁10、頁19～21；中之上，頁21、頁26～27；中之下，頁2～4、頁7、頁17～19；下之上，頁4、頁7、頁9～10；下之下，頁1、頁3～8、頁11～12、頁17～18、頁22～24。班固撰，顏師古注，王先謙補注《漢書》，（臺北：藝文印書館，景虛受堂本），卷27上，頁4～9、頁17、頁20～21；中之上，無；中之下，頁2、頁5、頁12～13、頁18；下之上，頁3；下之下，頁3～5、頁10～12、頁19～21。

〔註51〕班固撰，顏師古注，王先謙補注《漢書》，（臺北：藝文印書館，景虛受堂本），卷27上，頁3～5、頁18～19、頁21；中之上，頁8；中之下，頁3～7、頁17～19；下之上，頁3～4、頁10、頁13、頁18～19；下之下，頁1、頁3～

災異說多承董氏之說。

一、劉向說同於董仲舒者

（一）火　災

宣公十六年夏，成周宣榭火。

董仲舒、劉向以爲十五年王札子殺召伯、毛伯，天子不能誅。天戒若曰：「不能行政令，何以禮樂爲而臧之？」〔註53〕

定公二年五月，雉門及兩觀災。

董仲舒、劉向以爲此皆奢僭過度者也。先是，季氏逐昭公，昭公死于外。定公即位，既不能誅季氏，又用其邪說，淫於女樂，而退孔子。天戒若曰：「去高顯而奢僭者。」〔註54〕

哀公三年五月辛卯，桓、釐宮災。

董仲舒、劉向以爲此二宮不當立，違禮者也。〔註55〕

（哀公）四年六月辛丑，亳社災。

董仲舒、劉向以爲亡國之社，所以爲戒也。天戒若曰：「國將危亡，不用戒矣。」春秋災，屢於定、哀之閒，不用聖人，而縱驕臣，將以亡國，不明甚也。〔註56〕

（二）水　災

桓公元年秋，大水。

董仲舒、劉向以爲桓弒兄隱公，民臣痛隱而賤桓。後宋督弒其君，諸侯會，將討之，桓受宋賂而歸，又背宋。諸侯由是伐魯，乃交兵結讎，伏

12、頁 16～24。

〔註52〕班固撰，顏師古注，王先謙補注《漢書‧五行志》，（臺北：藝文印書館，景盧受堂本），卷27上，頁 6。

〔註53〕班固撰，顏師古注，王先謙補注《漢書‧五行志》，（臺北：藝文印書館，景盧受堂本），卷27上，頁 10。

〔註54〕班固撰，顏師古注，王先謙補注《漢書‧五行志》，（臺北：藝文印書館，景盧受堂本），卷27上，頁 10。

〔註55〕班固撰，顏師古注，王先謙補注《漢書‧五行志》，（臺北：藝文印書館，景盧受堂本），卷27上，頁 10。

〔註56〕班固撰，顏師古注，王先謙補注《漢書‧五行志》，（臺北：藝文印書館，景盧受堂本），卷27上，頁 19。

尸流血，百姓愈怨，故十三年夏復大水。〔註57〕

嚴公七年秋，大水，亡麥苗。

董仲舒、劉向以爲嚴母文姜與兄齊襄公淫，共殺桓公，嚴釋父讐，復取齊女，未入，先與之淫，一年再出，會於道逆亂，臣下賤之之應也。〔註58〕

成公五年秋，大水。

董仲舒、劉向以爲時成幼弱，政在大夫，前此一年再用師，明年復城鄆以彊私家，仲孫蔑、叔孫僑如顓會宋、晉，陰勝陽。〔註59〕

（三）旱　災

釐公二十一年夏，大旱。

董仲舒、劉向以爲以爲齊威既死，諸侯從楚，釐尤得楚心，楚來獻捷，釋宋之執，外倚彊楚，炕陽失眾，又作南門，勞民興役。諸雲旱不雨，略皆同說。〔註60〕

（四）無　冰

襄公二十八年春，無冰。

劉向以爲先是公作三軍，有侵陵用武之意，於是鄰國不和，伐其三鄙，被兵十有餘年，因之以饑饉，百姓怨望，臣下心離，公懼而弛緩，不敢行誅罰，楚有夷狄行，公有從楚心，不明善惡之應。董仲舒指略同。〔註61〕

（五）草　妖

僖公三十三年十二月，隕霜不殺草。

劉向以爲君誅不行，舒緩之應也。將爲亂，其後遂殺子赤，三家逐昭公。董仲舒指略同。〔註62〕

〔註57〕班固撰，顏師古注，王先謙補注《漢書・五行志》，（臺北：藝文印書館，景盧受堂本），卷27上，頁20。

〔註58〕班固撰，顏師古注，王先謙補注《漢書・五行志》，（臺北：藝文印書館，景盧受堂本），卷27上，頁21。

〔註59〕班固撰，顏師古注，王先謙補注《漢書・五行志》，（臺北：藝文印書館，景盧受堂本），卷27中之上，頁21。

〔註60〕班固撰，顏師古注，王先謙補注《漢書・五行志》，（臺北：藝文印書館，景盧受堂本），卷27中之上，頁21。

〔註61〕班固撰，顏師古注，王先謙補注《漢書・五行志》，（臺北：藝文印書館，景盧受堂本），卷27中之下，頁2～3。

〔註62〕班固撰，顏師古注，王先謙補注《漢書・五行志》，（臺北：藝文印書館，景

（六）毛蟲之孽

嚴公十七年冬，多麋。

劉向以爲麋色青，近青祥也。麋之爲言迷也，蓋牝獸之淫者也。是時嚴公將娶齊之淫女，其象先見，天戒，若曰：「勿娶齊女，淫而迷國。」嚴不悟，遂娶之。夫人既入，淫於二叔，終皆誅死，幾亡社稷。董仲舒指略同。〔註63〕

（七）羽蟲之孽

昭公二十五年夏，有鸜鵒來巢。

劉向以爲有蜚、有蜮，不言來者，氣所生，所謂眚也；鸜鵒言來者，氣所致，所謂祥也。……象季氏將逐昭公，……昭不寤，而舉兵圍季氏，爲季氏所敗，出奔於齊，遂死于外野。董仲舒指略同。〔註64〕

（八）介蟲之孽

桓公五年秋，螽。

劉向以爲介蟲之孽，屬言不從。是歲，公獲二國之聘，取鼎易邑，興役起城。諸螽略皆從董仲舒說云。〔註65〕

宣公十五年冬，蝝生。

董仲舒、劉向以爲蝝，螟始生也。〔註66〕

隱公五年秋，螟。

董仲舒、劉向以爲，時公觀漁于棠，貪利之應也。〔註67〕

（九）牛　禍

〔註62〕虛受堂本），卷27中之下，頁3～4。

〔註63〕班固撰，顏師古注，王先謙補注《漢書・五行志》，（臺北：藝文印書館，景虛受堂本），卷27中之上，頁26～27。

〔註64〕班固撰，顏師古注，王先謙補注《漢書・五行志》，（臺北：藝文印書館，景虛受堂本），卷27中之下，頁7。

〔註65〕班固撰，顏師古注，王先謙補注《漢書・五行志》，（臺北：藝文印書館，景虛受堂本），卷27中之下，頁17～18。

〔註66〕班固撰，顏師古注，王先謙補注《漢書・五行志》，（臺北：藝文印書館，景虛受堂本），卷27中之下，頁19。

〔註67〕班固撰，顏師古注，王先謙補注《漢書・五行志》，（臺北：藝文印書館，景虛受堂本），卷27下之上，頁4。復有中之下，頁18；下之上，頁4；所載董、劉二氏相同者二條。

宣公三年，郊牛之口傷，改卜牛，牛死。

劉向以爲近牛禍也。是時宣公與公子遂謀共殺子赤而立，又以喪娶，區
霿昏亂。……天猶惡之，生則不饗其祠，死則災燔其廟。董仲舒指略同。
〔註68〕

（十）地 震

文公九年九月癸酉，地震。

劉向以爲先是時，齊桓、晉文、魯僖二伯賢君新沒，周襄王失道，楚穆
王殺父，諸侯皆不肖，權傾於天下，天戒若曰：「臣下彊盛者，將動爲
害。」後宋、魯、晉、莒、鄭、陳、齊皆殺君。諸震，略皆從董仲舒說
也。〔註69〕

（十一）山 崩

釐公十四年秋八月辛卯，沙麓崩。

劉向以爲臣下背畔，散落不事上之象也。先是，齊桓行伯道，會諸侯，
事周室。管仲既死，桓德日衰。天戒若曰：「伯道將廢，諸侯散落，政逮
大夫，陪臣執命，臣下不事上矣。」桓公不寤，天子蔽晦。……莫能征
討，從是陵遲。……董仲舒說略同。〔註70〕

成公五年夏，梁山崩。

劉向以爲山陽，君也。水陰，民也。天戒若曰：「君道崩壞，下亂，百姓
將失其所矣。」……董仲舒說略同。〔註71〕

（十二）日 食

隱公三年二月己巳，日有食之。

董仲舒、劉向以爲其後戎執天子之使，鄭獲魯隱，滅戴，衛、魯、宋咸
殺君。〔註72〕

〔註68〕班固撰，顏師古注，王先謙補注《漢書・五行志》，（臺北：藝文印書館，景
　　　　盧受堂本），卷27下之上，頁4。

〔註69〕班固撰，顏師古注，王先謙補注《漢書・五行志》，（臺北：藝文印書館，景
　　　　盧受堂本），卷27下之上，頁7。

〔註70〕班固撰，顏師古注，王先謙補注《漢書・五行志》，（臺北：藝文印書館，景
　　　　盧受堂本），卷27下之上，頁9。

〔註71〕班固撰，顏師古注，王先謙補注《漢書・五行志》，（臺北：藝文印書館，景
　　　　盧受堂本），卷27下之上，頁10。

〔註72〕班固撰，顏師古注，王先謙補注《漢書・五行志》，（臺北：藝文印書館，景

（嚴公）三十年九月庚午朔，日有食之。

董仲舒、劉向以為後魯二君弒，夫人誅，兩弟死，狄滅邢，徐取舒，晉殺世子，楚滅弦。〔註73〕

（文公）十五年六月辛丑朔，日有食之。

董仲舒、劉向以為後宋、齊、莒、晉、鄭八年之間，五君殺死，夷滅舒蓼。〔註74〕

（定公）十二年十一月丙寅朔，日有食之。

董仲舒、劉向以為以為後晉三大夫以邑叛，薛弒其君，楚滅頓、胡，越敗吳，衛逐世子。〔註75〕

（十三）星　隕

嚴公七年四月辛卯夜，恆星不見，夜中星隕如雨。董仲舒、劉向以為常星二十八宿者，人君之象也，眾星，萬民之類也。列宿不見，象諸侯微也，眾星隕墜，民失其所也。夜中者，為中國也。不及地而復，……中國其良絕矣，……故星隕於魯，天事常象也。〔註76〕

釐公十六年正月戊申朔，隕石于宋，五，是月六鷁退飛過宋都。

董仲舒、劉向以為象宋襄公欲行伯道，將自敗之戒也。石、陰類，五、陽數，自上而隕，此陰而陽行，欲高反下也。〔註77〕

二、劉向說異於董仲舒者

（一）火　災

春秋桓公十四年八月壬申，御廩災。

虛受堂本），卷27下之上，頁1。
〔註73〕班固撰，顏師古注，王先謙補注《漢書·五行志》，（臺北：藝文印書館，景虛受堂本），卷27下之上，頁4。
〔註74〕班固撰，顏師古注，王先謙補注《漢書·五行志》，（臺北：藝文印書館，景虛受堂本），卷27下之上，頁6。
〔註75〕班固撰，顏師古注，王先謙補注《漢書·五行志》，（臺北：藝文印書館，景虛受堂本），卷27下之下，頁12。復有下之下，頁13、頁4～8、頁11；所載董、劉二氏相同者十四條。
〔註76〕班固撰，顏師古注，王先謙補注《漢書·五行志》，（臺北：藝文印書館，景虛受堂本），卷27下之上，頁17～18。
〔註77〕班固撰，顏師古注，王先謙補注《漢書·五行志》，（臺北：藝文印書館，景虛受堂本），卷27下之上，頁23～24。復有頁22所載董、劉二氏相同者一條。

董仲舒以爲先是四國共伐魯,大破之於龍門。百姓傷者未瘳,怨咎未復,而君臣俱惰,內怠政事,外侮四鄰,非能保守宗廟,終其天年者也,故天災御廩以戒之。

劉向以爲御廩,夫人八妾所舂米之臧以奉宗廟者也。時夫人有淫行,挾逆心,天戒若曰:「夫人不可以奉宗廟。」桓不寤,與夫人俱會齊,夫人譖桓公於齊侯,齊侯殺桓公。〔註78〕

(襄公) 三十年五月甲午,宋災。

董仲舒以爲伯姬如宋五年,宋恭公卒,伯姬幽居守節三十餘年,又憂傷國家之患禍,積陰生陽,故火生災也。

劉向以爲先是宋公聽讒而殺太子痤,應火不炎上之罰也。〔註79〕

(二) 水 災

(嚴公) 十一年秋,宋大水。

董仲舒以爲時魯、宋比年爲乘丘、鄑之戰,百姓愁怨,陰氣盛,故二國俱水。

劉向以爲時宋愍公驕慢,睹災不改,明年與其臣宋萬博戲,婦人在側,矜而罵萬,萬殺公之應也。〔註80〕

(嚴公) 二十四年,大水。

董仲舒以爲夫人哀姜淫亂不婦,陰氣盛也。

劉向以爲哀姜初入,公使大夫宗婦見,用幣,又淫於二叔,公弗能禁。臣下賤之,故是歲、明年仍大水。〔註81〕

(三) 水 旱

嚴公二十八年冬,大水,亡麥禾。

董仲舒以爲夫人哀姜淫亂,逆陰氣,故大水也。

劉向以爲水旱當書,不書水旱,而曰「大亡麥禾」者,土氣不養,稼穡

〔註78〕班固撰,顏師古注,王先謙補注《漢書·五行志》,(臺北:藝文印書館,景盧受堂本),卷27上,頁4〜5。

〔註79〕班固撰,顏師古注,王先謙補注《漢書·五行志》,(臺北:藝文印書館,景盧受堂本),卷27上,頁8。復有頁5〜9,所載董、劉二氏相異者五條。

〔註80〕班固撰,顏師古注,王先謙補注《漢書·五行志》,(臺北:藝文印書館,景盧受堂本),卷27上,頁20。

〔註81〕班固撰,顏師古注,王先謙補注《漢書·五行志》,(臺北:藝文印書館,景盧受堂本),卷27上,頁20。復有頁21所載董、劉二氏相異者二條。

不成者也。〔註82〕

　按：《漢書》補注引齊〈召南〉曰：「經但云大無麥禾，三家所同，竝無大水水字。」〔註83〕故劉向以屬土不稼穡。應無水字方是。

（四）無　冰

成公元年二月，無冰。

董仲舒以爲方有宣公之喪，君臣無悲哀之心，而炕陽，作丘甲。

劉向以爲時公幼弱，政舒緩也。〔註84〕

桓公十五年春，亡冰。

董仲舒以爲象夫人不正，陰失節也。

劉向以爲……內失百姓，外失諸侯，不敢行誅罰，鄭伯突篡兄而立，公與相親，長養同類，不明善惡之罰也。〔註85〕

（五）草　妖

僖公三十三年十二月，李梅實。

董仲舒以爲李梅實，臣下強也。

劉向以爲近草妖，……陰成陽事，象臣顓君作威福。〔註86〕

（六）雨　雪

釐公十年冬，大雨雪。

董仲舒以爲公脅於齊桓公，立妾爲夫人，不敢進群妾，故專壹之象見諸雹，皆爲有所漸脅也，行專壹之政云。

劉向以爲先是釐公立妾爲夫人，陰居陽位，陰氣盛也。〔註87〕

〔註82〕班固撰，顏師古注，王先謙補注《漢書‧五行志》，（臺北：藝文印書館，景虛受堂本），卷27上，頁17。

〔註83〕班固撰，顏師古注，王先謙補注《漢書‧五行志》，（臺北：藝文印書館，景虛受堂本），卷27上，頁17。

〔註84〕班固撰，顏師古注，王先謙補注《漢書‧五行志》，（臺北：藝文印書館，景虛受堂本），卷27中之下，頁2。

〔註85〕班固撰，顏師古注，王先謙補注《漢書‧五行志》，（臺北：藝文印書館，景虛受堂本），卷27中之下，頁2。

〔註86〕班固撰，顏師古注，王先謙補注《漢書‧五行志》，（臺北：藝文印書館，景虛受堂本），卷27中之下，頁5。

〔註87〕班固撰，顏師古注，王先謙補注《漢書‧五行志》，（臺北：藝文印書館，景虛受堂本），卷27中之下，頁12～13。

昭公四年正月，大雨雪。

董仲舒以爲季孫宿任政，陰氣盛也。

劉向以爲昭取於吳而爲同姓，謂之吳孟子。君行於上，臣非於下。又三家已彊，皆賤公行，慢侮之心生。〔註88〕

（七）介蟲之孽

文公三年秋，雨螽于宋。

董仲舒以爲三世內取，大夫專恣，殺生不中，故螽先死而至。

劉向以爲先是宋殺大夫而無罪，有暴虐賦斂之應。〔註89〕

（八）脂夜妖

成公十六年六月甲午，晦。

董仲舒以爲夷伯，季氏之孚也。陪臣不當有廟，……晦暝，雷擊其廟，明當絕去僭差之類也。

劉向以爲此皆所謂夜妖者也。〔註90〕

（九）日　食

（桓公）十七年十月朔，日有食之。

董仲舒以爲言朔不言日，惡魯桓且有夫人之禍，將不終日也。

劉向以爲是時衛侯朔有罪出奔齊，天子更立衛君。朔藉助五國，舉兵伐之而自立，王命遂廢。魯夫人淫失於齊，卒殺威公。〔註91〕

（嚴公）二十六年十二月癸亥朔，日有食之。

董仲舒以爲宿在心，心爲明堂，文、武之道廢，中國不絕若線之象也。

劉向以爲時戎侵曹，魯夫人淫於慶父、叔牙，將以弒君，故比年再蝕以見戒。〔註92〕

〔註88〕班固撰，顏師古注，王先謙補注《漢書・五行志》，（臺北：藝文印書館，景盧受堂本），卷27中之下，頁13。復有頁12所載董、劉二氏相異者一條。

〔註89〕班固撰，顏師古注，王先謙補注《漢書・五行志》，（臺北：藝文印書館，景盧受堂本），卷27中之下，頁18。

〔註90〕班固撰，顏師古注，王先謙補注《漢書・五行志》，（臺北：藝文印書館，景盧受堂本），卷27下之上，頁3。

〔註91〕班固撰，顏師古注，王先謙補注《漢書・五行志》，（臺北：藝文印書館，景盧受堂本），卷27下之上，頁3。

〔註92〕班固撰，顏師古注，王先謙補注《漢書・五行志》，（臺北：藝文印書館，景盧受堂本），卷27下之上，頁4。復有頁3、頁5、頁10～11，所載董、劉二氏相異者五條。

（十）星　隕

文公十四年七月，有星孛入于北斗。

董仲舒以爲孛者，惡氣之所生也。謂之孛者，言其孛孛有所妨蔽，闇亂不明之貌也。北斗，大國象。復齊、宋、魯、莒、晉皆弒君。

劉向以爲君臣亂於朝，政令虧於外，則上濁三光之精，五星嬴縮，變色逆行，甚則爲孛。北斗，人君象；孛星，亂臣類，篡殺之表也。〔註93〕

三、劉向說異於劉歆者

（一）雨木冰

春秋成公十六年正月，雨木冰。

劉向以爲冰者，陰之盛，而水滯者也。木者，少陽；貴臣卿大夫之象也。此人將有害，則陰氣協木，木先寒，故得雨而冰也。是時叔孫喬如出奔，公子偃誅死。

劉歆以爲上陽施不下通，下陰施不上達，故雨，而木爲之冰，霧氣寒，木不曲直也。〔註94〕

（二）火　災

春秋桓公十四年八月壬申，御廩災。

劉向以爲御廩，夫人八妾所舂米之臧以奉宗廟者也。時夫人有淫行，挾逆心，天戒若曰：「夫人不可以奉宗廟。」桓不寤，與夫人俱會齊，夫人譖桓公於齊侯，齊侯殺桓公。

劉歆以爲御廩，公所親耕籍田以奉粢盛者也。棄法度，亡禮之應也。〔註95〕

（三）石　妖

《左氏傳》曰：「昭公八年春，石言於晉。」

劉向以爲石白色爲主，屬白祥。

劉歆以爲金石同類，是爲金不從革，失其性也。〔註96〕

〔註93〕班固撰，顏師古注，王先謙補注《漢書・五行志》，（臺北：藝文印書館，景虛受堂本），卷27下之下，頁19。復有頁12所載董、劉二氏相異者一條。

〔註94〕班固撰，顏師古注，王先謙補注《漢書・五行志》，（臺北：藝文印書館，景虛受堂本），卷27上，頁3～4。

〔註95〕班固撰，顏師古注，王先謙補注《漢書・五行志》，（臺北：藝文印書館，景虛受堂本），卷27上，頁4～5。

〔註96〕班固撰，顏師古注，王先謙補注《漢書・五行志》，（臺北：藝文印書館，景

（四）水　災

桓公元年秋，大水。

董仲舒、劉向以爲桓弒兄隱公，民臣痛隱而賤桓。後宋督弒其君，諸侯會，將討之，桓受賂而歸，又背宋。諸侯由是伐魯，仍交兵結讎，伏尸流血，百姓愈怨，故十三年夏復大水。

劉歆以爲桓易許田，不祀周公，廢祭祀之罰也。〔註97〕

（嚴公）二十四年，大水。

劉向以爲哀姜出入，公使大夫宗婦見，用幣，又淫於二叔，公弗能禁。臣下賤之，故是歲，明年仍大水。

劉歆以爲先是嚴飾宗廟，刻桷丹楹，以夸夫人，簡宗廟之罰也。〔註98〕

（五）恆　雨（劉向以爲大水，劉歆以爲春秋大雨也。）

隱公九年三月癸酉，大雨、震電，庚辰，大雨雪。

劉向以爲周三月，今正月也，雷電未可以發也。既已發也，則雪不當復降。皆失節，故謂之異。……入能除害，出能興利，人君之象也。……天戒若曰：「爲君失時，賊弟佞臣將作亂矣。……」公不寤，後二年而殺。

劉歆以爲三月癸酉，於曆數春分後一日，始震電之時也，當雨，而不當大雨。大雨，常雨之罰也。於始震電八日之間而大雨雪，常寒之罰也。〔註99〕

（六）草　妖

僖公三十三年十二月，隕霜不殺草。

劉向以爲君誅不行，舒緩之應也。……將爲亂，其後遂殺子赤，三家逐昭公。

劉歆以爲草妖也。〔註100〕

僖公三十三年十二月，李梅實。

　　　　 虛受堂本），卷27上，頁18。
〔註97〕班固撰，顏師古注，王先謙補注《漢書·五行志》，（臺北：藝文印書館，景
　　　　 虛受堂本），卷27上，頁19。
〔註98〕班固撰，顏師古注，王先謙補注《漢書·五行志》，（臺北：藝文印書館，景
　　　　 虛受堂本），卷27上，頁21。
〔註99〕班固撰，顏師古注，王先謙補注《漢書·五行志》，（臺北：藝文印書館，景
　　　　 虛受堂本），卷27中之上，頁8。
〔註100〕班固撰，顏師古注，王先謙補注《漢書·五行志》，（臺北：藝文印書館，景
　　　　 虛受堂本），卷27中之下，頁3～4。

劉向以爲近草妖，……陰成陽事，象臣顓君作威福。

劉歆以爲屬草妖。〔註101〕

（七）羽蟲之孽

昭公二十五年夏，有鸜鵒來巢。

劉向以爲有蜚、有蜮，不言來者，氣所生也，所謂眚也；鸜鵒言來者，氣所致，所謂祥也。

劉歆以爲羽蟲之孽，其色黑，又黑祥也。視不明，聽不聰之罰也。〔註102〕

《書序》又曰：「高宗祭成湯，有蜚雉登頂年而雊。」

劉向以爲雉鴝鳴者雄也，以赤色爲主。於《易》，離爲雉，雉，南方，近赤祥也。

劉歆以爲羽蟲之孽。〔註103〕

（八）介蟲之孽

桓公五年秋，螽。

劉向以爲介蟲之孽，屬言不從。

劉歆以爲貪虐取民則螽，介蟲之孽也。與魚同占。〔註104〕

文公三年秋，雨螽于宋。

劉向以爲先是宋殺大夫而無罪，有暴虐賦斂之應。

劉歆以爲螽爲穀災，卒遇賊陰，墮而死也。〔註105〕

（九）脂夜妖

成公十六年六月甲午，晦。

向又以爲此皆所謂夜妖者也。

〔註101〕班固撰，顏師古注，王先謙補注《漢書・五行志》，（臺北：藝文印書館，景虛受堂本），卷27中之下，頁5～6。

〔註102〕班固撰，顏師古注，王先謙補注《漢書・五行志》，（臺北：藝文印書館，景虛受堂本），卷27中之下，頁7。

〔註103〕班固撰，顏師古注，王先謙補注《漢書・五行志》，（臺北：藝文印書館，景虛受堂本），卷27中之下，頁5。

〔註104〕班固撰，顏師古注，王先謙補注《漢書・五行志》，（臺北：藝文印書館，景虛受堂本），卷27中之下，頁17～18。

〔註105〕班固撰，顏師古注，王先謙補注《漢書・五行志》，（臺北：藝文印書館，景虛受堂本），卷27中之下，頁18。復有頁18～19；下之上，頁4，所載董、劉二氏相異者三條。

劉歆以爲春秋及朔言朔，及晦言晦，人道所不及，則天震之。〔註106〕

（十）山　崩

成公五年夏，梁山崩。

劉向以爲山陽，君也。水陰，民也。天戒若曰：「君道崩壞，下亂，百姓將失其所矣。」

劉歆以爲梁山，晉望也；崩，弛崩也。〔註107〕

（十一）射　妖

嚴公十八年秋，有蜮。

劉向以爲蜮生南越。……猶惑也，在水旁，能射人，射人有處，甚者至死。……時嚴將取齊之淫女，故蜮至。天戒若曰：「勿取齊女，將生淫惑篡弒之禍。」嚴不寤，遂取之。入後淫於二叔，二叔以死，兩子皆殺，夫人亦誅。劉歆以爲蜮，盛暑所生，非自越來也。〔註108〕

（十二）下伐上之痾

文公十一年，敗狄於鹹。

劉向以爲是時周室衰微，三國爲大，可責者也。天戒若曰：「不行禮義，大爲夷狄之行，將至危亡。」其後三國皆有篡弒之禍，近下人伐上之痾也。劉歆以爲人變，屬黃祥。〔註109〕

（十三）日　食

隱公三年二月己巳，日有食之。

董仲舒、劉向以爲其後戎執天子之使，鄭獲魯隱，滅戴，衛、魯、宋咸殺君。

《左氏》劉歆以爲正月二日，燕、越之分野也。〔註110〕

〔註106〕班固撰，顏師古注，王先謙補注《漢書‧五行志》，（臺北：藝文印書館，景虛受堂本），卷27下之上，頁3。

〔註107〕班固撰，顏師古注，王先謙補注《漢書‧五行志》，（臺北：藝文印書館，景虛受堂本），卷27下之上，頁10。

〔註108〕班固撰，顏師古注，王先謙補注《漢書‧五行志》，（臺北：藝文印書館，景虛受堂本），卷27下之上，頁13。

〔註109〕班固撰，顏師古注，王先謙補注《漢書‧五行志》，（臺北：藝文印書館，景虛受堂本），卷27下之上，頁18～19。

〔註110〕班固撰，顏師古注，王先謙補注《漢書‧五行志》，（臺北：藝文印書館，景虛受堂本），卷27下之下，頁1。

（定公）十五年八月庚辰朔，日有食之。

劉向以爲盜殺蔡侯，齊陳乞弒其君而立陽生，孔子終不用。

劉歆以爲六月晉、趙分。〔註111〕

（十四）星　隕

嚴公七年四月辛卯夜，恆星不見，夜中星隕如雨。董仲舒、劉向以爲常星二十八宿者，人君之象也，眾星，萬民之類也。列宿不見，象諸侯微也，眾星隕墜，民失其所也。夜中者，爲中國也。不及地而復，……中國其良絕矣，……故星隕於魯，天事常象也。

劉歆以爲晝象中國，夜象夷狄。夜明，故常見之星皆不見，象中國微也。〔註112〕

哀公十三年冬十一月，有星孛于東方。

董仲舒、劉向以爲不言宿名者，不加宿也。以辰乘日而出，亂氣蔽君明也。

劉歆以爲不言所在，官失之也。〔註113〕（劉向、董仲舒、劉歆三人災異說之異同統計，如下表：）

類別＼卷目	五行志上	五行志中之上	五行志中之下	五行志下之上	五行志下之下	合計
同於董仲舒	7	2	6	6	21	42
異於董仲舒	12	0	7	1	9	29
同於劉歆	0	0	0	0	0	0
異於劉歆	5	1	8	5	30	49

四、災異說之本旨

《漢書・五行志》曰：

〔註111〕班固撰，顏師古注，王先謙補注《漢書・五行志》，（臺北：藝文印書館，景盧受堂本），卷27下之下，頁11。復有頁3～8、頁10、頁12、頁16，所載劉氏父子相異者二十三條。

〔註112〕班固撰，顏師古注，王先謙補注《漢書・五行志》，（臺北：藝文印書館，景盧受堂本），卷27下之下，頁1。

〔註113〕班固撰，顏師古注，王先謙補注《漢書・五行志》，（臺北：藝文印書館，景盧受堂本），卷27下之下，頁22。復有頁19～20、頁23，所載劉氏父子相異者三條。

> 漢興，承秦滅學之後，景、武之世，董仲舒治《公羊春秋》，始推陰
> 陽，爲儒者宗。宣、元之後，劉向治《穀梁春秋》，數其禍福，傳以
> 〈洪範〉，與仲舒錯。〔註114〕

《春秋》本於人事，而災異借助於天意；借助於天意，其意則專；本於人，其事則切。漢代儒家思想與陰陽家思想交融，且君權高張，向爲戒天子，行德政，故盛言災異。

1. 法　天

劉向災異之說，本諸董仲舒，大抵言天人相與，天人交感相應。「天行健，君子以自強不息。」〔註115〕人之行爲準則，無一不受之於天，一切人事必在於象天，而其功過亦在天所洞察觀照之中；善者天賞之，惡者天罰之。推之，人君當敬奉上天，以之爲行事之法則，則天下自安矣；反之，則災異天戒，甚者予奪國祚。

> 襄公九年春，宋災。劉向以爲先是宋公聽讒，逐其大夫華弱，出奔魯。
> 〔註116〕

> 宣帝甘露元年四月丙申，中山太上皇廟災。甲辰，孝文廟災。元帝初
> 元三年四月乙未，孝武園白鶴館災。劉向以爲先是前將軍蕭望之，光
> 祿大夫周堪輔政，爲佞臣石顯、許章等所譖，望之自殺，堪廢黜。明
> 年，白鶴館災。〔註117〕

> （嚴公）十一年秋，宋大水。……劉向以爲宋嚴公驕慢，睹災不政，
> 明年與其臣宋萬博戲，婦人在側，矜而罵宋萬，萬殺公之應。〔註118〕

> 襄公二十四年秋，大水。……劉向以爲先是襄慢鄰國，是以邾伐其南，
> 齊伐其北，莒伐其東，百姓騷動，後又仍犯彊齊也。大水，饑，穀不

〔註114〕班固撰，顏師古注，王先謙補注《漢書》，（臺北：藝文印書館，景盧受堂本），卷27上，頁2。

〔註115〕王弼，韓康伯注，孔穎達正義《周易正義‧乾卦》，（臺北：藝文印書館，《十三經注疏》景阮刻本），卷1，頁8。

〔註116〕班固撰，顏師古注，王先謙補注《漢書‧五行志》，（臺北：藝文印書館，景盧受堂本），卷27上，頁7。

〔註117〕班固撰，顏師古注，王先謙補注《漢書‧五行志》，（臺北：藝文印書館，景盧受堂本），卷27上，頁14。

〔註118〕班固撰，顏師古注，王先謙補注《漢書‧五行志》，（臺北：藝文印書館，景盧受堂本），卷27上，頁20。

成，其災甚也。〔註119〕

　　昭公十八年，五月壬午，宋、衛、陳、鄭災。……劉向以爲宋、陳，王
　　者之後，衛、鄭，周同姓也。時周景王老，劉子、單子事王子猛，尹氏、
　　召伯、毛伯事王子鼂。子鼂，楚之出也。及宋、衛、陳、鄭亦皆外附於
　　楚，亡尊周室之心。後三年，景王崩，王室亂，故天災四國。天戒若曰：
　　「不救周，反從楚，廢世子，立不正，以害天室，明同罪也。」〔註120〕

天之生民，非以爲君也，天之立君，亦非以爲位也，以爲民也。苟人君政治
不修，不能統理群生，諸侯背畔，上下不和，則陰陽繆戾而災異生矣。倘尚
不知變，而傷敗乃至。以此見天心之仁愛人君而欲止其亂也，則人主雖尊，
不能自恣矣。

（二）尚　德

　　《論語》曰：「道之以政，齊之以刑，民免而無恥；道之以德，齊之以禮，
有恥且格。」〔註121〕此儒家尚德之說。鄒衍雖言陰陽五行，然其主旨爲「睹
有國者益淫侈，不能尚德」〔註122〕爲游說王公大人，故緣飾以陰陽五行。

　　君者，民之心也；民者，君之體也。心之所好，體必安之；君之所好，
民必從之。故曰「君子之德，風；小人之德，草；草上之風必偃。」〔註123〕
是以國之衰亡覆滅，非困於財，非弱於力，乃人主道德不存於身也。

　　昭帝時，昌邑王賀遣中大夫之長安，多治反注冠，以賜大臣，又以冠
　　奴。劉向以爲近服妖也。時王賀狂悖，聞天子不豫，弋獵馳騁如故，
　　與騶奴宰人游居娛戲，……以冠奴者，當自至尊墜至賤也。……即位，
　　狂亂無道，……廢賀爲庶人。〔註124〕

〔註119〕班固撰，顏師古注，王先謙補注《漢書・五行志》，（臺北：藝文印書館，景
　　　　虛受堂本），卷27上，頁21。
〔註120〕班固撰，顏師古注，王先謙補注《漢書・五行志》，（臺北：藝文印書館，景
　　　　虛受堂本），卷27上，頁9～10。
〔註121〕何晏注，邢昺疏《論語注疏・爲政篇》，（臺北：藝文印書館，《十三經注疏》
　　　　景阮刻本），卷2，頁1。
〔註122〕司馬遷撰，裴駰集解，司馬貞索隱，張守節正義《史記・孟荀列傳》，（臺北：
　　　　藝文印書館，景武英殿本），卷74，頁2。
〔註123〕何晏注，邢昺疏《論語注疏・顏淵篇》，（臺北：藝文印書館，《十三經注疏》
　　　　景阮刻本），卷12，頁8。
〔註124〕班固撰，顏師古注，王先謙補注《漢書・五行志》，（臺北：藝文印書館，景
　　　　虛受堂本），卷27中之上，頁10。

成帝鴻嘉、永始之間，好爲微行出遊，選從期門郎有材力者，及私奴客，多至十餘，少五、六人，皆白衣袒幘，帶持刀劍。或乘小車，御者在茵上，或皆騎，出入市里郊野，遠至旁縣。時，大臣車騎將車王音及劉向等數以切諫。〔註125〕

服妖所示，即在戒人不可邪辟怪異，以免違俗招災；故劉向勸戒成帝潔身修持，明辨是非。

桓十五年春，亡冰。劉向以爲周春，今冬也。……內失百姓，外失諸侯，不敢行誅罰，鄭伯突篡兄而立，公與相親，長養同類，不明善惡之罰也。〔註126〕

《左氏傳・昭公二十一年春》，周景王將鑄無射鐘，泠州鳩曰：「王其以心疾死乎！夫天子省風以作樂，……其能久乎？」劉向以爲是時景王好聽淫聲，適庶不明，思心霿亂，明年以心疾崩，近心腹之痾，凶短之極者也。〔註127〕

文公九年九月癸酉，地震。劉向以爲先是時，齊桓、晉文、魯僖二伯賢君新沒，周襄王失道，楚穆王殺父，諸侯皆不肖，權傾於天下，天戒若曰：「臣下彊盛者，將動爲害。」後宋、魯、晉、莒、鄭、陳、齊皆殺君。〔註128〕

所言災異情形，完全期盼於人君修德而使災消福至。吉凶無常，隨行而成禍福，行善則吉，行惡則凶，人君不可不愼也。孔子曰：「爲政以德，譬如北辰，居其所，而眾星共之。」〔註129〕其說韙矣。

夫災異說之目的在於救世救人，重點則在天象與人事相接，故其立論以人爲本，然其主要用意則在於課君主以責任。雖當德而王，有德者受命，德衰則

〔註125〕班固撰，顏師古注，王先謙補注《漢書・五行志》，（臺北：藝文印書館，景盧受堂本），卷27中之上，頁11。

〔註126〕班固撰，顏師古注，王先謙補注《漢書・五行志》，（臺北：藝文印書館，景盧受堂本），卷27中之下，頁2。

〔註127〕班固撰，顏師古注，王先謙補注《漢書・五行志》，（臺北：藝文印書館，景盧受堂本），卷27下之上，頁5。

〔註128〕班固撰，顏師古注，王先謙補注《漢書・五行志》，（臺北：藝文印書館，景盧受堂本），卷27下之上，頁7。

〔註129〕何晏注，邢昺疏《論語注疏・爲政篇》，（臺北：藝文印書館，《十三經注疏》景阮刻本），卷2，頁1。

亡；朝代之更替，出於循環。然此循環中，君主對於朝代之興亡仍應負責任，並非出於命定，而是君主本身是否有德。漢自文帝時，每逢自然界有重大災異出現，皇帝往往下詔罪己以補救缺失，故趙翼以後儒不言災異而引以為憾：

> 上古之時，人之視天甚近，迨人事繁興，情偽日起，遂與天日遠一日，此亦勢之無可如何也。……漢興，董仲舒治《公羊春秋》，始推陰陽，為儒者宗。宣、元之後，劉向治《穀梁》，數其禍福，傳以〈洪範〉，而後天之與人，又漸覺親切。觀〈五行志〉所載，天象每一變，必驗一事，推既往以占將來。雖其中不免附會，然亦非盡空言也……是漢儒之言天者，實有驗于人，……而其時人君，亦多遇災而懼，……其視天猶有影響相應之理，故應之以實不以文，降及後世，機智競興，權術是尚，一若天下事，皆可以人力致，而天無權。即有志圖治者，亦徒詳其法制禁令。為人事之防，而無復有求端於天之意，故自漢以後，無復援災以規時政者。〔註130〕

五、災異說之致用

漢儒講求經世致用，竭盡才力以効忠君主，然君權高張，難以諫勸，為動人主之心，以災異戒懼人生，使之自斂，不復縱恣專橫。五經之中，固不乏警世之言，然春秋災異警懼作用最強，處通經致用之風氣中，漢儒紛紛稱說災異，匡正人君。劉向生當宣、元、成之間，其時五行災異之說大盛，向欲警天子，抑外戚，振邦家，故屢上書以言災異。

（一）袪讒佞，任賢人

初元二年秋，上徵周堪、劉向，欲以為諫大夫，弘恭、石顯白皆為中郎。冬，地復震，時弘恭、石顯、許章、史高子弟侍中諸曹，皆側目於向等，向懼焉，乃使其外親上變事：

> 竊聞故前將軍蕭望之等，皆忠正無私，欲致大治，忤於貴戚尚書，今道路人聞望之等復進，以為且復見毀讒，必曰嘗有過之臣不宜復用，是大不然。臣聞春秋地震，為在位執政太盛，不為三獨夫動，亦已明矣。……前弘恭奏望之等獄決，三月，地大震。恭移病出，後復視事，天陰雨雪，由是言之，地動殆為恭等。臣愚以為宜退恭、

〔註130〕趙翼《廿二史箚記》，（臺北：世界書局，1972 年 11 月，初版），卷 2，頁 23〜24「漢儒言災異條」。

顯以章蔽善之罰，進望之等以通賢者之路。如此，太平之門開，災異之原塞矣。〔註131〕

劉向見周堪、張猛在位，幾已得得進，懼其傾危，乃上〈條災異封事〉：

竊見災異並起，天地失常，微表爲國。欲終不言，念忠臣雖在畎畝，猶不忘君，惓惓之義也。……至乎平王末年，魯隱之始即位也，周大夫乘離不和，出奔於魯，而春秋爲諱，不言來奔，傷其禍殃自此始也。是後尹氏世卿而專恣，諸侯背畔而不朝，周室卑微。二百四十二年之間，日食三十六，地震五，山陵崩阤二，彗星三見，夜常星不見，夜中星隕如雨一，大災十四。長狄入三國，五石隕墜，六鶂退飛，飛麋，有蜮、蜚，鸛鵒來巢者，皆一見。晝冥晦。雨木冰。李梅冬實。七月霜降，草木不死。八月殺菽。大雨雹。雨雪雷霆，失序相乘。水、旱、饑、蝝、螽、螟、蠡午並起。當是時禍亂輒應，弒君三十六，亡國五十二，諸侯奔走，不得保其社稷者，不可勝數也。……由此觀之，和氣致祥，乖氣致異，祥多者其國安，異眾者其國危，天地之常經，古今之通義也。……初元以來六年矣，案春秋六年之中，災異未有稠如今者也。夫有春秋之異，無孔子之救，猶不能解紛，況甚於春秋乎？原其所以然者，讒邪並進也。……今佞邪與賢臣並在交戟之內，合黨共謀，違善依惡，歙歙訿訿，數設危險之言，欲以傾移主上。如忽然用之，此天地之所以先戒，災異之所以重至者也。……考祥應之福，省災異之禍，以揆當世之變，放遠佞邪之黨，壞散險詖之聚，杜閉群枉之門，廣開眾正之路，決斷狐疑，分別猶豫，使是非炳然可知，則百異消滅，而眾祥並至，太平之基，萬世之利也。〔註132〕

劉向以日食、地震等自然現象，加以附會，以諸事皆爲應驗弒君，亡國而發，藉以戒天子用賢人，遠讒佞，不致奸邪並進，讒邪得逞，以期政治日益清明，開太平之基，萬世之利也。

（二）卑私門，彊漢宗

成帝無嗣，政由王氏出，災異浸甚，向遂上〈封事〉極諫曰：

〔註131〕班固撰，顏師古注，王先謙補注《漢書‧楚元王傳》，（臺北：藝文印書館，景虛受堂本），卷36，頁7～8。

〔註132〕班固撰，顏師古注，王先謙補注《漢書‧楚元王傳》，（臺北：藝文印書館，景虛受堂本），卷36，頁8～17。

臣聞人君莫不欲安，然而常危，莫不欲存，然而常亡，失御臣之術
也。……今王氏一姓乘朱輪華轂者二十三人，青紫貂蟬充盈幄內，
魚鱗左右。大將軍秉事用權，五侯驕奢僭盛，並作威福，擊斷自恣，
行汙而寄治，身私而託公，依東宮之尊，假甥舅之親，以為威重，……
排擯宗室，孤弱公族，其有智能者，尤非毀而不進。遠絕宗室之任，
不令得給事朝省，恐其與己分權，……物盛必有非常之變先見，為
其人微象。孝昭帝時，冠石立於泰山，仆柳起於上林，而孝宣帝即
位，今王氏先祖墳墓在濟南者，其梓柱生枝葉，扶疏上出屋，根西
地中，雖立石起柳，無以過此之明也。事勢不兩大，王氏與劉氏亦
且不並立，如下有泰山之安，則上有累卵之危。陛下為人子孫，守
持宗廟，而令國祚移於外親，降為皁隸，縱不為身，奈宗廟何？……
夫明者起福於無形，銷患於未然。宜發明詔，吐德音，援近宗室，
親而納信，黜遠外戚，毋授以政。〔註133〕

劉向以王氏先祖墳墓梓柱生枝葉，為王氏貴盛將代漢家之象。夫物莫兩大，
漢室既失宗室匡扶之力，鮮能與外戚抗衡，故極諫天子，卑私門，彊漢宗，
方可保守社稷，安固後嗣也。

（三）行德政，振邦家

永始元年，成帝營起昌陵，數年不成，復還歸延陵，制度泰奢，向上疏
諫曰：

臣聞《易》曰：「安不忘危，存不忘亡，是以身安而國家可保也。」
故賢聖之君，博觀終始，窮極事情，而是非分明。王者必通三統，
明天命所授者博，非獨一姓也。孔子論《詩》，至於「殷士膚敏，祼
將于京。」喟然嘆曰：「大哉天命，善不可不傳于子孫，是以富貴無
常；不如是，則王公其何以戒慎，民萌何以勸勉？」……自古及今，
未有不亡之國也。昔高皇帝既滅秦，將都雒陽。感寤劉敬之言，自
以德不及周，而賢於秦，遂徙都關中，因秦之阻。世之長短，以德
為効，故常戰栗，不敢諱亡。孔子所謂「富貴無常」是也。〔註134〕

〔註133〕班固撰，顏師古注，王先謙補注《漢書・楚元王傳》，（臺北：藝文印書館，
　　　　景盧受堂本），卷36，頁24～28。
〔註134〕班固撰，顏師古注，王先謙補注《漢書・楚元王傳》，（臺北：藝文印書館，
　　　　景盧受堂本），卷36，頁19。

元延中，星孛東井，蜀郡岷山崩，壅江，向上疏曰：

> ……謹案春秋二百四十二年，日蝕三十六，襄公尤數，率三歲五月
> 有奇而壹食漢興訖竟寧，孝景帝尤數，率三歲一月而食。臣向前數
> 言日當食，今連三年比食。自建始以來，二十歲間而八食，率二歲
> 六月而一發，古今罕有。……攝提失方，孟陬無紀，此皆易姓之變
> 也。秦始皇之末至二世時，日月薄食，山陵淪亡，……及項籍之敗
> 亦孛大角。漢之入秦，五星聚於東井，得天下之象也。孝惠時，有
> 雨雪，日食於衝，滅光星見之異。孝昭時，……大星如月西行，眾
> 星隨之，此為特異。孝宣興起之表，天狗夾漢而西，久陰不雨者二
> 十餘日，昌邑不終之異也，皆著於漢紀。……天之去就，豈不昭昭
> 然。〔註135〕

徵諸史實，以言災異，盼君主躬行道德，振奮乾綱，以保社稷。蓋其時災異
累見，星象亦警，俱明漢德之就衰，故向懇切明白言之，不避忌諱，惓惓宗
室之義也。

　　災異說之用於規諫時君，躬行仁政，本無可厚非。然以天意打擊政敵，
不但置身事外，且可收到奇效，以致被利用為政爭之工具。如元帝初立，蕭
望之、周堪、金敞、劉向同心輔政，患外戚許、史在位放縱，且中書宦官恭、
顯弄權，劉向遂使其外親上變事，以為「地動殆為恭等」，〔註136〕此即使用災
異以攻擊政敵。又劉向於元帝永光元年上〈封事〉，推《春秋》災異以效今事，
書為石顯所見，愈與許、史比，而怨向等。會是歲夏寒，日青無光，石顯及
許、史皆言周堪、張猛用事之咎，誠所謂「以其人之道還治其人之身」。又因
各人立場不同，災異之解說亦異。如谷永欲依附王氏，故始終以為咎在後宮
及帝身，而非異姓之因；〔註137〕向則力反外戚，歸咎於王氏之用權，以「祿
去公室，權在外家」為憂，〔註138〕是以災異言事，尚須受政治環境之影響。

〔註135〕班固撰，顏師古注，王先謙補注《漢書・楚元王傳》，（臺北：藝文印書館，
　　　　景虛受堂本），卷36，頁28～29。

〔註136〕班固撰，顏師古注，王先謙補注《漢書・楚元王傳》，（臺北：藝文印書館，
　　　　景虛受堂本），卷36，頁7。

〔註137〕班固撰，顏師古注，王先謙補注《漢書・谷永傳》，（臺北：藝文印書館，景
　　　　虛受堂本），卷85，頁7。

〔註138〕班固撰，顏師古注，王先謙補注《漢書・楚元王傳》，（臺北：藝文印書館，
　　　　景虛受堂本），卷36，頁25。

然不論外在環境究竟如何，向之言災異，在於勸人君躬行道德，興盛邦家，
居萬安之實，保宗廟之永。

　　劉向言天人，旨在勸勉人君彊勉行事，以行德政；袪除讒佞，黜外戚，
致使政治日益清明。後人謂向「惑世誣民」，〔註139〕殊不知向處災異熾盛之時，
但欲運用災異之論，警天子，正國政，非單純爲傳播陰陽五行之說者。自今
日觀之，當覺其誣惑迷信。然考之漢事，在政治上有其實際作用，可從漢儒
天人思想之內容，窺見當時之政治社會，明瞭其思想、制度之形成；不可以
今律古，而一律以迷信鄙視之、詆毀之也。

〔註139〕見梁啓超〈陰陽五行說之來歷〉，(《東方雜誌》20 卷 10 號，1923 年 5 月)；
　　　　　現收入《古史辨》第五冊下編，(臺北：明倫出版社，1970 年)，頁 353。

第六章　劉向之政治思想

第一節　政治背景

漢懲七國之亂，抑損諸侯，減黜其官，藩國領地益小，事權益輕，諸侯惟得衣食稅租，不與政事。昭、宣之世，可謂君如贅旒，而劉氏之統緒，亦幾於不絕如縷矣，然猶克稱爲西漢之治世。降及元、成，或緣體弱多病，或緣寵任便嬖，宗支單弱，諸侯無力爲之屏藩匡輔，王室孤危之兆日益呈露。綜論昭、宣、元、成之世，政治現象有二：一曰儒家政治，一曰外戚擅政；〔註1〕茲分述之。

一、儒家政治

漢武一改先朝舊例，表彰儒術，其後儒學漸盛，儒家之政治力量亦日益龐大，此固由於武帝提倡之功，亦自然趨勢所造成。〔註2〕昭帝時，儒生反對鹽、鐵、酒專賣及均輸政策，雖暴露漢廷「王霸政治」之眞相，結果政府爲之罷除酒榷，稍饜其意。〔註3〕可見儒學已漸爲漢室所重，儒家在政治上已有相當之勢力。

宣帝認爲漢家自有制度，「本以霸王道雜之」，不能捨「漢法」用「周政」，

〔註1〕 參見傅樂成〈漢法與漢儒〉，（《食貨月刊》（復刊）5卷10期，1976年1月），頁7～9。

〔註2〕 呂思勉《秦漢史》，（臺北：開明書店，1983年3月，臺六版），頁93。

〔註3〕 班固撰，顏師古注，王先謙補注《漢書・昭帝紀》，（臺北：藝文印書館，景虛受堂本），卷6，頁5。

〔註4〕然實際上儒家講求原則性,而法制則須在客觀之立場管理政治;二者之中,一站在道德立場,一站在技術立場,兩者正互相為用,以儒家為最高原則,以法家為客觀之判斷,〔註5〕儒家之地位定無法取消。且宣帝實事求是,循名課實,本不盡與當時小儒之議論合,通達治體之儒生,宣帝亦未嘗不與往來;至其增立《穀梁春秋》、梁丘《易》、大小夏侯《尚書》,增博士弟子員,詔諸儒講論五經同異於石渠閣,固未嘗不重儒術也。

元帝少而好儒,及即位,徵用儒生,委之以政。儒者所陳匡道古制之種種改革,與率祖制、循故事者之意見,大相抵觸,是以元帝重用蕭望之等,遂引起外戚史高、宦官弘恭、石顯之不滿。恭、顯以元帝不諳政事,譖廢望之,繼又借事加以折辱,望之憤而自殺。然元帝之儒家政治,並未受挫,其時宰相貢禹、薛廣德等,無一不出身儒生。雖然,彼等不如望之,率皆聽命於「元帝之儒家政治」外戚宦官,以保祿位,儒家反因而益盛,漸而成為朝臣主幹。

元帝以降,儒者極見擢用,丞相御史大夫重職多由名儒任之,法家勢力已消,漢廷可謂為儒家集團獨佔之局面。此種局面因陰陽五行諸說混淆雜亂,終為有政治野心之王莽利用,而傾覆西漢。

二、外戚擅政

漢初有諸呂之亂,旋即敉平;文、景之世,薄、竇諸后,亦頗有政治上之勢力,特其戚屬力不足為亂而已。武帝即位,總攬朝綱,功臣卿相斂手退讓,權集皇帝,重用外戚,相臣漸輕。降及昭、宣,天下承平,兵革不起,功臣權遂減滅。昭、宣以來,諸帝或幼遭患厄,於外戚有憫卹之情;又或選自幼子,亦有藉於母后及外家之匡護;外戚權勢得以益張,儼然確乎不可拔。

外戚干政之風至元帝愈熾,元帝任許、史,成帝任王氏;元帝本身勤政崇儉,尚無重大失德,成帝怠忽政事,將軍國大權付與王鳳,以大司馬大將軍領尚書事輔政。朝中之士多為鳳所引薦,奠定日後王氏不可易之勢力。王鳳死後,終成帝之世,輔政將軍一職,由王氏輪流充任;如王音、王商、王根及王莽。

〔註4〕班固撰,顏師古注,王先謙補注《漢書·元帝紀》,(臺北:藝文印書館,景虛受堂本),卷9,頁1。

〔註5〕勞榦〈從儒家地位看漢代政治〉,(《中華文化復興月刊》10卷2期,1977年2月),頁53。

漢室既失功臣宗室匡輔之力，莫有能與外戚抗衡者，遂爲王氏所篡奪。

第二節　政治思想之淵源

　　劉向之性說，王充《論衡》及荀悅《申鑒》皆有評述，雖資料不全，亦可藉以見其大端。

　　荀悅於《申鑒・雜言篇》曰：

　　　　孟子稱性善，荀卿稱性惡，公孫子曰，性無善惡，揚雄曰，人之性善惡混，劉向曰，性情相應，性不獨善，情不獨惡，曰，問其理。曰，性善則無四凶，性惡則無三仁，人無善惡，文王之教一也。則無周公、管、蔡，性善情惡，是桀、紂無性，堯、舜無情也。性善惡皆混，是上智懷惠，而下愚挾善也，理也未究矣，惟向言爲然。〔註6〕

王充則大不以爲然，於《論衡・本性篇》曰：

　　　　劉子政曰，性生而然者也，在於身而不發，情接於物而然者也。出形於外，形外則謂之陽，不發者則謂之陰。〔註7〕

子政論性之說，未見全貌，據荀悅、王充所引，其說雖不相侔，然其基本觀點皆無二致。申鑒所云「性情相應」，以性情相通，情惡者性必惡，情善者性必善，故曰「相應」。《論衡》所云「性生而然者，情接於物而然者」，以性在身而不發，故謂之陰；情接於物而發於外，故謂之陽。是劉向以在身不發者謂之性，接於物而發於外者謂之情，不發之性謂之陰，形出於外之情謂之陽，情惡者性必惡，情善者性必善。

　　性生而然，情接於物而然者。接於物爲受外界之刺激，受外界之刺激，乃有善惡。其因善者則善，其因惡者則惡。外界善因之影響最大者爲音樂。音樂乃人心之反射，人內心之喜怒哀樂，倘顯於外部之音聲，則爲音樂，音樂與人心之狀態，互相因應，故劉向之政治思想，以此爲出發。《說苑・修文篇》曰：

　　　　禮樂者，行化之大者也。孔子曰：「移風易俗，莫善於樂，安上治民，莫善於禮。」是故聖王修禮文，設庠序，陳鐘鼓，天子辟雍，諸侯

〔註6〕荀悅《申鑒》，（臺北：商務印書館，《四部叢刊初編》縮印江南圖書館藏明文始堂本），卷5，頁32。

〔註7〕王充《論衡》，（臺北：商務印書館，《四部叢刊初編》縮印明通津草堂刊本），卷3，頁33。

泮宮，所以行德化。〔註8〕

子政最重禮樂，以為禮樂可以養人，刑罰甚至殺人，有優美之環境，則可德以化民。

　　劉向生當昭、宣、元、成之世，災異學說熾盛，王氏執政；向身為宗室，不忍坐視，遂藉災異之說以警人主之心。總觀其上書及《新序》、《說苑》、《列女傳》諸書，言得失，陳法戒，輕刑罰，重禮樂，忠懷耿耿，足見其政治思想，灼然為儒家也。

第三節　政治主張

一、君　道

（一）正　名

　　子路問孔子：「衛君待子而為政，子將奚先？」孔子曰：「必也正名乎！……名不正，則言不順；言不順，則事不成；事不成，則禮樂不興；禮樂不興，則刑罰不中；刑罰不中，則民無所措手足。」（《論語・子路篇》）蓋名正則實符，而後言乃順理，如此上下奉行不疑則事成，國家乃得長治久安，故劉向論政，首重正名，嚴君臣上下之禮。

　　孔子侍坐於季孫，季孫之宰通曰：「君使人假馬，其與之乎？」孔子曰：「吾聞取於臣謂之取，不曰假。」季孫悟，告宰通曰：「自今以來，君有取謂之取，無曰假。」故孔子正假馬之名，而君臣之義定矣。《論語》曰：「必也正名。」《詩》曰：「無易由言，無苟可矣。」可不慎乎？〔註9〕

　　趙簡子見圍於晉陽，罷圍，賞有功之臣五人，高赫無功，而受上賞，五人皆怒。張孟談謂襄子曰：「晉陽之中，赫無大功，今與之上賞何也？」襄子曰：「吾在拘厄之中，不失臣主之禮，唯赫也。子雖有功，皆驕寡人，與赫上賞，不亦可乎？」仲尼聞之曰：「襄子可謂善賞士乎！賞一人而天下之人臣，莫敢失君臣之禮。」〔註10〕

〔註8〕劉向《說苑》，（臺北：商務印書館，《四部叢刊初編》縮印平湖葛氏傳樸堂藏明鈔本），卷20，頁88。

〔註9〕劉向《新序・雜事第五》，（臺北：商務印書館，《四部叢刊初編》縮印江南圖書館藏明翻宋刻本），卷5，頁31。

〔註10〕劉向《說苑・復恩》，（臺北：商務印書館，《四部叢刊初編》縮印平湖葛氏傳

君道尊，則天下爲人臣者不敢有異志，天下自定矣，亦孔子君君、臣臣、父父、子子之意也。

（二）愛 民

儒家政治以愛民爲本，夫民者，國之本，國無民則不立。

聖人之於天下百姓也，其猶赤子乎？饑者則食之，寒者則衣之；將之養之，育之長之，惟恐其不至於大也。……故其治天下也，如救溺人；見天下強陵弱，眾暴寡，幼孤贏露，死傷係虜，不忍其然。……故聖人之於天下也，譬猶一堂之上也，今有滿堂飲酒者，有一人獨索然向隅而泣，則一堂之人皆不樂矣。聖人之於天下也，譬猶一堂之上也，有一人不得其所，則孝子不敢以其物薦進。〔註11〕

魏武侯浮西河而下，中流顧謂吳起曰：「美哉乎！河山之固也，此魏國之寶也。」吳起對曰：「在德不在險。昔三苗氏左洞庭，右彭蠡，德義不修，而禹滅之；夏桀之居，左河濟，右太華，伊闕在其南，羊腸在其北，修政不仁，湯放之；殷紂之國，左孟門而右太行，常山在其北，太河經其南，修政不德，武王伐之。由此觀之，在德不在險。若君不修德，船中之人盡敵國也。」武侯曰：「善。」〔註12〕

衛國逐獻公，晉悼公謂師曠曰：「衛人出其君，不亦甚乎？」對曰：「或者，其君實甚也。夫天生民而立之君，使司牧之，無使失性。良君將賞善而除民患，愛民如子，蓋之如天，容之若地。民奉其君，愛之如父母，仰之如日月，敬之如神廟，畏之若雷霆。夫君，神之主也，而民之望也。天之愛民甚矣，豈使一人肆於民上，以縱其淫而棄天地之性乎？必不然矣。若困民之性，乏神之祀，百姓絕望，社稷無主，將焉用之，不去何爲？」公曰：「善。」〔註13〕

人君愛民如子，民必愛之如父母；若縱淫肆惡於上，必爲國人所共棄。

　　　樸堂藏明鈔本），卷6，頁23。
〔註11〕劉向《說苑·貴德》，（臺北：商務印書館，《四部叢刊初編》縮印平湖葛氏傳樸堂藏明鈔本），卷5，頁19。
〔註12〕劉向《說苑·貴德》，（臺北：商務印書館，《四部叢刊初編》縮印平湖葛氏傳樸堂藏明鈔本），卷5，頁11～12。
〔註13〕劉向《新序·雜事第一》，（臺北：商務印書館，《四部叢刊初編》縮印江南圖書館藏明翻宋刻本），卷1，頁3～4。

（三）任　賢

　　劉向以爲賢人關係於國家極爲重要，主張賢人政治。爲政者當任賢退不肖，蓋國無賢臣，如人身之無精氣，人無精氣則衰亡，國無賢臣則危殆，其理一也。

1. 任賢之效

　　昔者，唐虞崇舉九賢，布之於位，而海內大康，要荒來賓，麟鳳在郊。商湯用伊尹，而文武用太公閎夭，成王任周召，而海內大治，越裳重譯，祥瑞並降，遂安千載。皆由任賢之功也。無賢臣，雖五帝三王，不能以興。〔註14〕

　　故共惟五始之要，治亂之端，在乎審己而任賢也。國家之任賢而吉，任不肖而凶，案往世而視己事，其必然也，如合符，此爲人君者，不可以不慎也。〔註15〕

　　禹以夏王，桀以夏亡；湯以殷王，紂以殷亡……，其所君王者同，而功迹不等者，所任異也。是故成王處襁褓而朝諸侯，周公用事也；趙武靈王年五十而餓死於沙丘，任李充故也。桓公得管仲，九合諸侯，一匡天下；失管仲，任豎刁、易牙，身死不葬，爲天下笑。一人之身，榮辱俱施焉，其所任也。……國無賢佐俊士，而能以成功立名者，安危繼絕者，未嘗也。〔註16〕

　　舜舉眾賢在位，垂衣裳，恭己無爲，而天下治。湯、文用伊、呂，成王用周、邵，而刑措不用，兵偃而不動，用眾賢也。〔註17〕

任賢則國治，失賢則國危。故朝無賢人，猶鴻鵠之無羽翼也。雖有千里之望，猶不能致其意之所欲至矣。是故游江海者託於船，致遠道者託於乘。〔註18〕人君欲平治天下而垂榮名於後世者，必須尊賢而下士。

〔註14〕劉向《新序・雜事第二》，（臺北：商務印書館，《四部叢刊初編》縮印江南圖書館藏明翻宋刻本），卷2，頁7。

〔註15〕劉向《說苑・尊賢》，（臺北：商務印書館，《四部叢刊初編》縮印平湖葛氏傳樸堂藏明鈔本），卷8，頁33。

〔註16〕劉向《說苑・尊賢》，（臺北：商務印書館，《四部叢刊初編》縮印平湖葛氏傳樸堂藏明鈔本），卷8，頁34。

〔註17〕劉向《新序・雜事第四》，（臺北：商務印書館，《四部叢刊初編》縮印江南圖書館藏明翻宋刻本），卷4，頁20。

〔註18〕劉向《說苑・尊賢》，（臺北：商務印書館，《四部叢刊初編》縮印平湖葛氏傳樸堂藏明鈔本），卷8，頁33。

2. 任賢之道

（1）明察真士

趙簡子曰：「吾門左右客千人，朝食不足，暮收市征，暮食不足，朝收市征，吾尚可謂不好士乎？」舟人古乘對曰：「鴻鵠高飛遠翔，其所恃者六翮也，背上之毛，腹下之毳，無尺寸之數，去之滿把，飛不能爲之益卑；益之滿把，飛不能爲之益高。不知門下左右客千人，有六翮之用乎？將盡毛毳也。」〔註19〕

子張見魯哀公，七日而哀公不禮，託僕夫而去曰：「臣聞君好士，故不遠千里之外，犯霜露，冒塵垢，百舍重跰，不敢休息以見君，七日而君不禮，君之好士也，有似葉公子高之好龍也。葉公子高好龍，鉤以寫龍，鑿以寫龍，屋室雕文以寫龍，於是夫龍聞而下之，窺頭於牖，拖尾於堂，葉公見之，棄而還走，失其魂魄，五色無主，是葉公非好龍也，好夫似龍而非龍者也。今臣聞君好士，不遠千里之外以見君，七日不禮，君非好士，好夫士似士而非士者也。」〔註20〕

管仲，桓公之賊也，鮑叔以爲賢於己而進之爲相，七十言而說乃聽，遂使桓公除報仇之心而委國政焉。〔註21〕

里鳧須，晉公子重耳之守府者也。公子重耳出亡於晉，里鳧須竊其寶貨而逃。公子重耳返國，立爲君，里鳧須造門願見……（文公）遂教之，明日出行國，使爲石，翕然晉國皆安。語曰：「桓公任其賊，而文公用其盜。」故曰：「明主任計不任怒，闇主任怒不任計。計勝怒者強，怒勝計者亡。」此之謂也。〔註22〕

齊有閭丘邛年十八，道遮宣王曰：「家貧親老，願得小仕。」宣王曰：「子年尚稚，未可也。」閭丘邛曰：「不然，昔有顓頊行年十二而治

〔註19〕劉向《說苑・尊賢》，（臺北：商務印書館，《四部叢刊初編》縮印平湖葛氏傳樸堂藏明鈔本），卷8，頁36。

〔註20〕劉向《新序・雜事第五》，（臺北：商務印書館，《四部叢刊初編》縮印江南圖書館藏明翻宋刻本），卷5，頁34。

〔註21〕劉向《說苑・尊賢》，（臺北：商務印書館，《四部叢刊初編》縮印平湖葛氏傳樸堂藏明鈔本），卷8，頁34。

〔註22〕劉向《新序・雜事第五》，（臺北：商務印書館，《四部叢刊初編》縮印江南圖書館藏明翻宋刻本），卷5，頁28。

天下，秦項橐七歲為聖人師，由此觀之，邛不肖耳，年不稚矣。」……
（宣王）遂載與之歸而用焉。故孔子曰：「後生可畏，安知來者之不
如今？」〔註23〕

伊尹故有莘氏之勝臣也，湯立以為三公，天下之治太平。管仲故成陰
之狗盜也，天下之庸夫也，齊桓公得之以為仲父。百里奚道之於路，
傳賣五羊之皮，秦穆公委之以政。寧戚故將車人也。叩轅行歌於康之
衢，桓公任以國。司馬喜髕腳於宋，而卒相中山。范睢折脇拉齒於魏
而後為應侯。太公望故老婦之出夫也，朝歌之屠佐也，棘津迎客之舍
人也，年七十而相周，九十而封齊。〔註24〕

凡賢才，不避憎怨，不論年齒，不棄遠鄙，委之以政，必得海內安寧。夫太
山不辭壤石，江海不逆小流，所以成大也；王者不却賢才，所以成其業也。

（2）尊禮賢士

魏文侯過段干木之閭而軾，其僕曰：「君何為軾？」曰：「此非段干木
之閭乎？段干木蓋賢者也。吾安敢不軾？且吾聞段干木未嘗肯以己易
寡人也，吾安敢高之？段干木光乎德，寡人光乎地；段干木富乎義，
寡人富乎財。地不如德，財不如義。寡人當事之者也。」遂致祿百萬，
而時往問之。〔註25〕

齊桓公問於寧戚曰：「管子今年老矣，為棄寡人而就世也，吾恐法令不
行，人多失職，百姓疾怨，國多盜賊，吾何如而使姦邪不起，民足衣
食乎？」寧戚對曰：「要在得賢而任之。」桓公曰：「得賢奈何？」寧
戚曰：「開其道路，察而用之，尊其位，重其祿，顯其名，則天下之士
騷然舉足而至矣。」〔註26〕

齊桓公見小臣稷，一日三至不得見也。……五往而後得見，天下聞之，
皆曰：「桓公猶下布衣之士，而況國君乎？」於是相率而朝，靡有不至。

〔註23〕劉向《新序‧雜事第五》，（臺北：商務印書館，《四部叢刊初編》縮印江南圖
書館藏明翻宋刻本），卷5，頁34。

〔註24〕劉向《說苑‧尊賢》，（臺北：商務印書館，《四部叢刊初編》縮印平湖葛氏傳
樸堂藏明鈔本），卷8，頁34。

〔註25〕劉向《新序‧雜事第五》，（臺北：商務印書館，《四部叢刊初編》縮印江南圖
書館藏明翻宋刻本），卷5，頁29。

〔註26〕劉向《說苑‧君道》，（臺北：商務印書館，《四部叢刊初編》縮印平湖葛氏傳
樸堂藏明鈔本），卷1，頁3。

所以九合諸侯，一匡天下者，遇士於是也。〔註27〕

秦欲伐楚，使使者往觀楚之寶器，楚王聞之，召令尹子西而問焉：「秦欲觀楚之寶器，吾和氏之璧，隨侯之珠，可以示諸？」令尹子西對曰：「臣不知也。」召昭奚恤問焉，昭奚恤對曰：「此欲觀吾國之得失而圖之，國之寶器在於賢臣，夫珠寶玩好之問，非國所寶之重者。」王遂使昭奚恤應之。〔註28〕

人君之欲平治天下而垂榮名者，必尊賢而下士。《易》曰：「自上下下，其道大光。」又曰：「以貴下賤，大得民也。」夫明王之施德而下下也，將懷遠而致近也。〔註29〕

孔子曰：「由不知也。吾聞之，以眾攻寡而無不消也；以貴下賤，無不得也。昔在周公旦制天下之政而下士七十人，豈無道哉？欲得士之故也，夫有道而能下於天下之士，君子乎哉！」〔註30〕

齊桓公使管仲治國，管仲對曰：「賤不能臨貴。」桓公以爲上卿而國不治，桓公曰何故？管仲對曰：「貧不能使富。」桓公賜之齊國市租一年而國不治，桓公曰何故？管仲對曰：「疏不能制親。」桓公立以爲仲父，齊國大安，而遂霸天下。孔子曰：「管仲之賢，不得此三權者，亦不能使其君南面而霸矣。」〔註31〕

孔子雖論詩書、定禮樂，王道粲然分明，以匹夫無勢，化之者七十二人矣，皆天下之俊也，時君莫尚之。是以王道遂用不興。故曰：「非戚不立，非勢不行。」〔註32〕

〔註27〕 劉向《新序・雜事第五》，（臺北：商務印書館，《四部叢刊初編》縮印江南圖書館藏明翻宋刻本），卷5，頁29。

〔註28〕 劉向《新序・雜事第一》，（臺北：商務印書館，《四部叢刊初編》縮印江南圖書館藏明翻宋刻本），卷1，頁5。

〔註29〕 劉向《說苑・尊賢》，（臺北：商務印書館，《四部叢刊初編》縮印平湖葛氏傳樸堂藏明鈔本），卷8，頁33。

〔註30〕 劉向《說苑・尊賢》，（臺北：商務印書館，《四部叢刊初編》縮印平湖葛氏傳樸堂藏明鈔本），卷8，頁37。

〔註31〕 劉向《說苑・尊賢》，（臺北：商務印書館，《四部叢刊初編》縮印平湖葛氏傳樸堂藏明鈔本），卷8，頁37。

〔註32〕 姚振宗《七略別錄佚文》，（《快閣師石山房叢書》，清宣統三年清鈔藍格底稿本），頁11。

尊禮賢士，尚須資之以勢，方能施展其才；以管仲之賢，得三權，而後齊國
大安，況其凡乎！

（3）任賢弗貳

治亂榮辱之端，在所信任；信任既賢，在於堅固而不移。《詩》云：「我
心匪石，不可轉也。」言守善篤也。《易》曰：「渙汗其大號。」言號
令如汗，汗出而不反者也。〔註33〕

魯君使宓子賤爲單父宰，子賤辭去，因請借善書者二人，使書憲爲教
品；魯君予之。至單父，使書，子賤從旁引其肘，書醜則怒之，欲好
書則又引之，書者患之，請辭而去。歸以告魯君，魯君曰：「子賤苦吾
擾之，使不得施其善政也。」乃命有司無得擅徵發單父，單父之化大
治。〔註34〕

魏龐恭與太子質於邯鄲，……龐恭曰：「夫市之無虎明矣，三人言而成
虎。今邯鄲去魏遠於市，議臣者過三人，願王察之也。」……及龐恭
自邯鄲反，讒口果至，遂不得見。〔註35〕

桓公曰：「何如而害霸？」管仲對曰：「不知賢，害霸；知而不用，害
霸；用而不任，害霸；任而不信，害霸；信而復使小人參之，害霸。」
〔註36〕

（孔子曰）范、中行氏尊賢而不能用也，賤不肖而不能去也；賢者知
其不己用而怨之，不肖者知其賤己而讎之。賢者怨之，不肖者讎之；
怨讎並前，中行氏雖欲無亡，得乎？〔註37〕

信任賢才，毋掣其肘，方能展其效；若用賢如轉石，去佞如拔山，如此望天
下之大治，不亦難乎？

〔註33〕班固撰，顏師古注，王先謙補注《漢書・楚元王傳》，（臺北：藝文印書館，
景盧受堂本），卷36，頁145。
〔註34〕劉向《新序・雜事第二》，（臺北：商務印書館，《四部叢刊初編》縮印江南圖
書館藏明翻宋刻本），卷2，頁9。
〔註35〕劉向《新序・雜事第二》，（臺北：商務印書館，《四部叢刊初編》縮印江南圖
書館藏明翻宋刻本），卷2，頁8。
〔註36〕劉向《說苑・尊賢》，（臺北：商務印書館，《四部叢刊初編》縮印平湖葛氏傳
樸堂藏明鈔本），卷8，頁37。
〔註37〕劉向《說苑・尊賢》，（臺北：商務印書館，《四部叢刊初編》縮印平湖葛氏傳
樸堂藏明鈔本），卷8，頁39。

（4）袪除讒佞

君好聽譽而不惡讒也，以非賢爲賢，以非善爲善，以非忠爲忠，以非信爲信；其君以譽爲功，以毀爲罪；有功者不賞，有罪者不罰；多黨者進，少黨者退；是以群臣比周而蔽賢，百吏群黨而多姦；忠臣以誹死於無罪，邪臣以譽賞於無功。其國見於危亡。〔註38〕

今人主沈於諂諛之辭，牽於帷墻之制，使不羈之士與牛驥同皁，此鮑焦之所以忿於世，而不留於富貴之樂也。臣聞盛飾以朝者，不以私行義；砥礪名號者，不以利傷行。故里名勝母，而曾子不入；邑號朝歌，墨子回車。今使天下寥廓之士，籠於威重之權，脅於勢位之貴，回面汙行，以事諂諛之人，求親近於左右，則士有伏死堀穴巖藪之中耳，安有盡精神而趨闕下者哉！〔註39〕

讒邪並進者，由上多疑心。既已用賢人而行善政，如或譖之，則賢人退而善政還。夫執狐疑之心者，來讒賊之口；持不斷之意者，開群枉之門；讒邪並進則眾賢退，群枉盛則正士消。〔註40〕劉向罹讒顛連，揆當世之變，唯獨放遠佞邪之黨，壞散險詖之聚，枉閉群枉之門，廣開正策之路，方能眾賢並至，開太平之基。〔註41〕

（四）尚　儉

歷朝以奢侈淫泆失國亡身者多矣，故劉向主張去奢靡淫泆，行節儉之術。

1. 節　用

凡姦邪之心，飢寒而起，淫泆者，久飢之詭也；彫文刻鏤，害農事者也；錦繡纂組，傷女工者也。農事害，則飢之本也；女工傷，則寒之源也。飢寒並至而能不爲姦邪者，未之有也；男女飾美以相矜而能無淫泆者，未嘗有也。〔註42〕

〔註38〕劉向《說苑·君道》，（臺北：商務印書館，《四部叢刊初編》縮印平湖葛氏傳樸堂藏明鈔本），卷1，頁3。
〔註39〕劉向《新序·雜事第三》，（臺北：商務印書館，《四部叢刊初編》縮印江南圖書館藏明翻宋刻本），卷3，頁19。
〔註40〕班固撰，顏師古注，王先謙補注《漢書·楚元王傳》，（臺北：藝文印書館，景盧受堂本），卷36，頁14。
〔註41〕班固撰，顏師古注，王先謙補注《漢書·楚元王傳》，（臺北：藝文印書館，景盧受堂本），卷36，頁17。
〔註42〕劉向《說苑·反質》，（臺北：商務印書館，《四部叢刊初編》縮印平湖葛氏傳

紂爲鹿臺，七年而成，其大三里，高千尺，臨望雲雨。作炮烙之刑；戮
無辜，奪民力，冤暴施於百姓，慘毒加於大臣，天下叛之，願臣文王。
〔註43〕

趙襄子飲酒五日五夜，不廢酒，……優莫曰：「君勉之，不及紂二日耳。
紂七日七夜，今君五日。」襄子懼。〔註44〕

秦穆公閒，問由余曰：「古者明王聖帝，得國失國當何以也？」由余曰：
「臣聞之，當以儉得之，以奢失之。」〔註45〕

奢淫無度，則急征暴虐，賦斂不時；民力殫盡，黔首匱竭，焉能不亡？

2. 薄　葬

劉向於成帝永始元年上〈諫延陵泰奢疏〉，以自古無不亡之國，富貴無常，
厚葬無益，力主薄葬。其薄葬之理由如下：

（1）厚葬易遭盜掘，薄葬則無此患。

吳王闔閭，違禮厚葬，十有餘年，越人發之。及秦惠文、武、昭、
嚴襄五王，皆大作丘隴，多其瘞臧，咸盡發掘暴露，甚足悲也。秦
始皇葬於驪山之阿，下錮三泉，上崇山墳……珍寶之藏，機械之變，
棺槨之麗，宮館之盛，不可勝原……項籍燔其宮室營宇，往者咸見
發掘。〔註46〕

（2）歷來聖賢皆主薄葬

《易》曰：「古之葬者，厚衣之以薪，臧之中野，不封不樹。後世聖
人易之以棺槨。」棺槨之作，自黃帝始。黃帝葬於橋山，堯葬濟陰，
丘壟皆小，葬具甚微。舜葬蒼梧，二妃不從。禹葬會稽，不改其列。
殷湯無葬處。文、武、周公葬於畢，秦穆公葬於雍橐泉宮祈年館下，
樗里子葬於武庫，皆無丘隴之處。此聖帝明王賢君智士遠覽獨慮無

樸堂藏明鈔本），卷20，頁96。

〔註43〕劉向《新序・刺奢》，（臺北：商務印書館，《四部叢刊初編》縮印江南圖書館
　　　　藏明翻宋刻本），卷6，頁35。

〔註44〕劉向《新序・刺奢》，（臺北：商務印書館，《四部叢刊初編》縮印江南圖書館
　　　　藏明翻宋刻本），卷6，頁36。

〔註45〕劉向《說苑・反質》，（臺北：商務印書館，《四部叢刊初編》縮印平湖葛氏傳
　　　　樸堂藏明鈔本），卷20，頁96。

〔註46〕班固撰，顏師古注，王先謙補注《漢書・楚元王傳》，（臺北：藝文印書館，
　　　　景虛受堂本），卷36，頁22～23。

窮之計。〔註47〕

（3）薄葬合於禮制，厚葬違於禮制。

夫周公，武王弟也，葬兄甚微。孔子葬母於防，稱古墓而不墳，曰：
「丘，東西南北之人也，不可不識也。」爲四尺墳，遇雨而崩。弟
子修之，以告孔子，孔子流涕曰：「吾聞之，古（者）不修墓。」蓋
非之也。延陵季子適齊而反，其子死，葬於嬴、博之間，穿不及泉，
斂以時服，封墳掩坎，其高可隱，而號曰：「骨肉歸復於土，命也，
魂氣則無不之也。」……孔子往觀曰：「延陵季子於禮合矣。」故仲
尼孝子，而延陵慈父，舜、禹忠臣，周公弟弟，其葬君親骨肉，皆
微薄矣；非苟爲儉，誠便於禮也。宋桓司馬爲石槨，仲尼曰「不如
速朽」秦相呂不韋集知略之士而造《春秋》，亦言薄葬之義，皆明於
事情者也。〔註48〕

（4）厚葬浪費財用，民生困苦，災亂叢生。

秦始皇葬於驪山之阿，下錮三泉，上崇山墳，其高五十餘丈，周回五
里有餘；石槨爲游館，人膏爲燈燭，水銀爲江海，黃金爲鳧雁……天
下苦其役而反之，驪山之作未成，而周章百萬之師至其下矣。〔註49〕

劉向力闡薄葬之說，望成帝上覽明聖黃帝、堯、舜、禹、湯、文、武、周公、
仲尼之制，下觀穆公、延陵、樗里、張釋之之意；〔註50〕以孝文皇帝去墳薄
葬，以儉安神爲則。〔註51〕成帝甚感向言，而不能從其計。

《說苑・反質篇》曰：

楊王孫病且死，令其子曰：「吾死欲倮葬，以返吾眞……且夫死者
終生之化，而物之歸者；歸者得至，而化者得變，是物各返其眞。
其眞冥冥，視之無形，聽之無聲，乃合道之情。……古聖人緣人

〔註47〕班固撰，顏師古注，王先謙補注《漢書・楚元王傳》，（臺北：藝文印書館，
　　　　景盧受堂本），卷36，頁20～21。
〔註48〕班固撰，顏師古注，王先謙補注《漢書・楚元王傳》，（臺北：藝文印書館，
　　　　景盧受堂本），卷36，頁21～22。
〔註49〕班固撰，顏師古注，王先謙補注《漢書・楚元王傳》，（臺北：藝文印書館，
　　　　景盧受堂本），卷36，頁22～23。
〔註50〕班固撰，顏師古注，王先謙補注《漢書・楚元王傳》，（臺北：藝文印書館，
　　　　景盧受堂本），卷36，頁20。
〔註51〕班固撰，顏師古注，王先謙補注《漢書・楚元王傳》，（臺北：藝文印書館，
　　　　景盧受堂本），卷36，頁20。

情，不忍其親，故爲之制禮；今則越之，吾是以欲倮葬以矯之也。」
〔註52〕

楊王孫，孝武時人，學黃老之術，實行裸葬；向幼而誦讀淮南王書，此爲劉向「薄葬論」所本。而諫延陵泰奢疏引《易》、《詩》、《春秋》、《禮記》諸說，乃儒家薄葬思想之經義，而劉向併合儒、道、墨三家之說，徵諸史實，以明薄葬之益，可見其思想源流之眾。

（五）納　諫

爲政者必廣聽輿論，善者行之，惡者改之，以興仁政。防民之口，甚於防川；川壅而潰，傷人必多，民亦如之。是故爲川者決之使導，爲民者宣之使言，成而行之，胡可壅也。

> 明主有三懼：一曰處尊位而恐不聞其過；二曰得意而恐驕；三曰聞天下之至言而恐不能行。何以識其然也？越王勾踐與吳人戰，大敗之，兼有九夷；當是時也，南面而立，近臣三，遠臣五，令群臣曰：「聞吾過而不告者其罪刑。」此處尊位而恐不聞其過者也。昔者晉文公與楚人戰，大勝之，燒其軍，火三日不滅，文公退而有憂色……文公曰：「吾聞能以戰勝而安者，其唯聖人乎！若夫詐勝之徒，未嘗不危也，吾是以憂。」此得意而恐驕也。昔齊桓公得管仲、隰朋，辯其言，說其義，正月之朝，令具太牢進之先祖，桓公西面而立，管仲、隰朋東而立，桓公贊曰：「自吾得聽二子之言，吾目加明，耳加聰，不敢獨擅，願荐之先祖。」此聞天下之至言而恐不能行者也。
> 〔註53〕

> 高宗者，武丁也，高而宗之，故號高宗，成湯之後，先王道缺，刑法違犯，桑穀俱生乎朝，七日而大拱，武丁召其相而問焉，其相曰：「吾雖知之，吾弗得言也。聞諸祖己，桑穀者野草也，而生於朝，意者國亡乎？」武丁恐駭，飭身修行，思先王之政，興滅國，繼絕世；舉逸民，明養老……是以高而尊之也。〔註54〕

〔註52〕 劉向《說苑》，（臺北：商務印書館，《四部叢刊初編》縮印平湖葛氏傳樸堂藏明鈔本），卷20，頁97～98。
〔註53〕 劉向《說苑·君道》，（臺北：商務印書館，《四部叢刊初編》縮印平湖葛氏傳樸堂藏明鈔本），卷1，頁4～5。
〔註54〕 劉向《說苑·君道》，（臺北：商務印書館，《四部叢刊初編》縮印平湖葛氏傳

靖郭君欲城薛，而客人多以諫，君告謁者，無爲客通事。……客曰：「海大魚。」靖郭君曰：「嘻！寡人毋得巳，試復道之。」客曰：「君獨不聞海大魚乎？綱弗能止，繳不能牽，碭而失水，陸居則螻蟻得意焉。且夫齊，亦君之水也，君已有齊，奚以薛爲？君若無齊，城薛猶且無益也。」靖郭君大悅，罷民弗城薛也。〔註55〕

昔者，鄒忌以鼓琴見齊宣王，宣王善之。鄒忌曰：「夫琴所以象政也。」遂爲王言琴之象政狀及霸王之事。宣王大悅，與語三日，遂拜以爲相。〔註56〕

（六）重德輕刑

《說苑‧君道篇》曰：「夫有文無武，無以威下，有武無文，民畏不親，文武俱行，威德乃成；既成威德，民親以服。」〔註 57〕是爲政須文武俱備。然則文武何也？即教化與刑法，是教化與刑法爲爲政之二大支柱。

夫教化之比於刑法：刑法輕，是舍所重而急所輕也。且教化，所恃以爲治也；刑法，所以助治也。今廢所恃而獨立其所助，非所以致太平也。自京師有悖逆不順之子孫，至於陷大辟受刑戮者不絕，繇不習五常之道也。夫承千歲之衰周，繼暴秦之餘敝，民漸漬惡俗，貪饕險詖，不閑義理，不示以大化，而獨毆以刑罰，終巳不改，故曰「導之以禮樂，而民和睦。」〔註58〕

劉向認爲教化與刑法，前者爲本務，後者爲末業，刑法乃教化之輔助手段；若重刑法疏教化，則與暴秦「無道德之教、仁義之化，以綴天下之心，任刑罰以爲治，信小術以爲道。」〔註59〕無異。明主政治探德治，《說苑‧政理篇》曰：

政有三品：王者之政化之，霸者之政威之，強者之政脅之。夫此三

樸堂藏明鈔本），卷1，頁5。
〔註55〕劉向《新序‧雜事第二》，（臺北：商務印書館，《四部叢刊初編》縮印江南圖書館藏明翻宋刻本），卷2，頁13。
〔註56〕劉向《新序‧雜事第二》，（臺北：商務印書館，《四部叢刊初編》縮印江南圖書館藏明翻宋刻本），卷2，頁9。
〔註57〕劉向《說苑》，（臺北：商務印書館，《四部叢刊初編》縮印平湖葛氏傳樸堂藏明鈔本），卷1，頁2。
〔註58〕班固撰，顏師古注，王先謙補注《漢書‧禮樂志》，（臺北：藝文印書館，景虛受堂本），卷22，頁6。
〔註59〕姚振宗《七略別錄佚文》，（《快閣師石山房叢書》，清宣統三年清鈔藍格底稿本），頁12。

者如有所施，而化之爲貴矣。夫化之不變而後威之，威之不變而後
脅之，脅之不變而後刑之。夫至於刑者，則非王者之所得已也。是
以聖王先德教而後刑罰，立榮恥而明防禁。〔註60〕

《禮記‧學記》曰：「君子如欲化民成俗，其必由學乎！」〔註61〕最高者足以
感化人民，稱爲王者之政；次足以威制人，稱爲霸者之政；再下則以力迫人，
稱爲強者之政；此三者之中，以感化爲貴。

行德政，重教化，當以禮樂爲主，故劉向上書成帝曰：

宜興辟雍，設庠序，陳禮樂，隆雅頌之聲，盛揖讓之容，以風化天
下，如此而不治者，未之有也。〔註62〕

又《說苑‧修文篇》曰：

天下有道，則禮樂征伐自天子出。夫功成制禮，治定作樂。禮樂者，
行化之大者也。孔子曰：「移風易俗，莫善於樂，安土治民，莫善於
禮。」是故聖王修禮文，設庠序，陳鐘鼓，天子辟雍，諸侯泮宮，
所以行德化。〔註63〕

禮樂爲行化之大者；有聲之聲，不過百里；無聲之聲，延及四海。況「君子
之德，風；小人之德，草；草上之風必偃。」〔註64〕劉向承襲孔子以來儒家
之根本思想──重教化，行禮樂。

（七）明正賞罰

漢儒兼習陰陽，又多雜道、法思想，劉向尤能混同之。《說苑‧君道篇》曰：

司城子罕相宋，謂宋君曰：「國家之危定，百姓之治亂，在君行之賞
罰，賞當則賢人勸，罰得則奸人止，賞罰不當，則賢人不勸，奸人不
止，奸邪比周，欺上蔽主以爭爵祿，不可不愼也。夫賞賜讓與者，人
之所好也，君自行之。刑罰殺戮者，人之所惡也，臣請當之。」君曰：

〔註60〕劉向《說苑》，（臺北：商務印書館，《四部叢刊初編》縮印平湖葛氏傳樸堂藏
明鈔本），卷7，頁28。

〔註61〕鄭玄注，孔穎達正義《禮記正義》，（臺北：藝文印書館，《十三經注疏》景阮
刻本），卷36，頁1。

〔註62〕班固撰，顏師古注，王先謙補注《漢書‧禮樂志》，（臺北：藝文印書館，景
盧受堂本），卷22，頁5～6。

〔註63〕劉向《說苑》，（臺北：商務印書館，《四部叢刊初編》縮印平湖葛氏傳樸堂藏
明鈔本），卷19，頁88。

〔註64〕何晏注，邢昺疏《論語注疏‧顏淵篇》，（臺北：藝文印書館，《十三經注疏》
景阮刻本），卷12，頁8。

「善……」……居期年，子罕逐其君而專其政。故曰：「無弱君而彊
大夫。」老子曰：「魚不可脫淵，國之利器不可以借人。」〔註65〕

《韓非子・二柄篇》云：「明主之所導致其臣者，二柄而已矣，二柄者、刑、
德也。何謂刑德？曰殺戮之謂刑，慶賞之謂德。」〔註66〕此爲劉向「賞罰論」
之所本。而「魚不可脫淵，國之利器，不可以借人。」乃老子釋「將欲歙之，
必固張之。將欲弱之，必固強之」〔註67〕之意，而劉向併合道、法二家之說，
〔註68〕以釋賞罰之道，可見其思想之混雜。

自古明聖，未有無誅而治者也。故舜有四放之罰，而孔子有兩觀之誅，
然後聖化可得而行也。〔註69〕

聖人之治天下也，先文德而後武力，凡武之興，爲不服也。文化不改，
然後加誅，夫下愚不移，純德之所不能化，而後武功加焉。〔註70〕

刑法爲禮樂之助，未有無誅而治者，然亦不許濫用，須以公正行之。

夫誅賞者，所以分賢不肖，而列有功與無功也。故誅賞不可以繆，誅
賞繆則善惡亂矣。夫有功而不賞，則善不勸，有過而不誅，則惡不懼。
〔註71〕

不以私善害公法，賞賜不加於無功，刑罰不施於無罪，不因喜以賞，
不因怒以誅，害民者有罪，進賢舉過者有賞。〔註72〕

教化之功可收無爲之效，又何取於有爲之政刑乎？蓋人類天賦不齊，或生而

〔註65〕劉向《說苑》，（臺北：商務印書館，《四部叢刊初編》縮印平湖葛氏傳樸堂藏明鈔本），卷1，頁7。

〔註66〕韓非《韓非子》，（臺北：商務印書館，《四部叢刊初編》縮印黃蕘圃校宋鈔本），卷2，頁9。

〔註67〕河上公章句《老子》，（臺北：商務印書館，《四部叢刊初編》縮印常熟瞿氏藏宋本），第36章。

〔註68〕黃師錦鋐《秦漢思想研究》，（臺北：學海出版社，1979年1月，初版），頁247。

〔註69〕班固撰，顏師古注，王先謙補注《漢書・楚元王傳》，（臺北：藝文印書館，景盧受堂本），卷36，頁16。

〔註70〕劉向《說苑・指武》，（臺北：商務印書館，《四部叢刊初編》縮印平湖葛氏傳樸堂藏明鈔本），卷15，頁71。

〔註71〕劉向《說苑・政理》，（臺北：商務印書館，《四部叢刊初編》縮印平湖葛氏傳樸堂藏明鈔本），卷7，頁28。

〔註72〕劉向《說苑・政理》，（臺北：商務印書館，《四部叢刊初編》縮印平湖葛氏傳樸堂藏明鈔本），卷7，頁29。

知之，或困而不學，中人可以語上，而上智與下愚不移，天下之民不能率教而同化者殆不在少數，故以法令刑賞，以輔教化之不逮。

（八）至　公

治國家者，能以天下爲公，而無君臨天下之心，擇賢而與之其位，此爲漢儒一重要政治思想，劉向亦強調此說，復特立〈至公〉一篇，〔註73〕以集結儒家天下爲公之願望。《說苑・至公篇》曰：

> 書曰：「不偏不黨，王道蕩蕩。」言至公也。古有行大公者，帝堯是
> 也。貴爲天子，富有天下，得舜而傳之，不私於其子孫也。去天下若
> 遺躧，於天下猶然，況其細於天下乎？非帝堯孰能行之？孔子曰：「巍
> 巍乎！惟天爲大，惟堯則之。」《易》曰：「無首吉。」此蓋人君之至
> 公也。夫以公與天下，其德大矣。推之於此，刑之於彼，萬姓之所戴，
> 後世之所則也。彼人臣之公，治官事則不營私家，在公門則不言貨利，
> 當公法則不阿親戚，奉公舉賢則不避仇讎，忠於事君，仁於利下，推
> 之以恕道，行之以不黨，伊、呂是也。故顯名存於今，是之謂公。……
> 夫公生明，偏生暗，端愨生達，詐僞生塞，誠信生神，夸誕生惑，此
> 六者，君子之所慎也，而禹、桀之所以分也。〔註74〕

又曰：

> （孔子）周流應聘，乃俟幸施道以子百姓，而當世諸侯莫能任用，
> 是以德積而不肆，大道屈而不伸，海內不蒙其化，群生不被其恩，
> 故喟然而歎曰：「而有用我者，則吾其爲東周乎！」故孔子行說，非
> 欲私身，運德於一城，將欲舒之於天下，而建之於群生者耳。〔註75〕

儒者講求經世致用，竭盡才力以効忠君主；然又感於君主之威福隆替及賢否得失，以致無法萬世一宗，勢必興廢交替，故禪讓之說興起。

眭孟於昭帝元鳳六年正月，因泰山萊蕪山南有大石自立，又上林苑中大柳樹枯僵臥地自立生，有蟲食葉成文曰：「公孫病已立。」因推《春秋》之意曰：「漢家堯後，有傳國之運，漢帝宜誰差天下，求索賢人；禪以帝位，而退

〔註73〕劉向《說苑・至公》，（臺北：商務印書館，《四部叢刊初編》縮印平湖葛氏傳樸堂藏明鈔本），卷14，頁64～68。

〔註74〕劉向《說苑》，（臺北：商務印書館，《四部叢刊初編》縮印平湖葛氏傳樸堂藏明鈔本），卷14，頁64。

〔註75〕劉向《說苑》，（臺北：商務印書館，《四部叢刊初編》縮印平湖葛氏傳樸堂藏明鈔本），卷14，頁66。

自封百里，如殷、周二王後，以承順天下。」霍光輔政，以妖言惑眾，大逆不道罪，使孟伏誅。〔註76〕宣帝神爵二年，蓋寬饒以宣帝「以刑餘爲周、召，以法律爲詩書。」又引《韓氏易傳》〔註77〕言：「五帝官天下，三王家天下，家以傳子，官以傳賢，若四時之運，功成者云，不得其人，則不居其位。」結果以蓋爲大逆不道，下吏，蓋不願受辱，自剄而死。〔註78〕

　　向爲漢之宗室，義不能如眭弘、蓋寬饒輩所主張，傳位於賢人。遂上〈封事〉曰：「王者必通三統，明天命所授者博，非獨一姓也。……自古及今，未有不亡之國也。」〔註79〕細察向之原意，在於勸戒成帝躬行道德，遠奸佞，近賢人，慎後宮，廣繼嗣，以期奮振乾綱，興盛邦家，施行大道，澤被群生，以長保宗國而已。（參見本章結語）

二、臣　道

　　關於劉向之臣道理論，在《說苑・臣術篇》中，劉向將臣子分成六正六邪：

　　是故人臣之行有六正六邪；行六正則榮，犯六邪則辱。……六正者，一曰萌芽未動，形兆未見，昭然獨見存亡之幾，得失之要，預禁乎不然之前，使主超然立乎顯然之處，天下稱孝焉。如此者，聖臣也。二曰虛心白意，進善通道，勉主以禮誼，諭主以長策，將順其美，匡救其惡，功成事立，歸善於君，不敢獨伐其勞。如此者，良臣也。三曰卑身賤體，夙興夜寐，進賢不解（懈）；數稱以往古之德行事以屬主意，庶幾有益，以安國家社稷宗廟。如此者，忠臣也。四曰明察幽，見成敗早，防而救之，引而復之，寬其間，絕其源，轉禍以爲福，使君終以無憂。如此者，智臣也。五曰守文奉法，任官職事，辭祿讓賜，不受贈遺，衣服端齊，飲食節儉。如此者，貞臣也。六曰國家昏亂，所爲不道，然而敢犯

〔註76〕班固撰，顏師古注，王先謙補注《漢書・眭弘傳》，（臺北：藝文印書館，景盧受堂本），卷75，頁1〜2。
〔註77〕李漢三《先秦兩漢之陰陽五行學說》，（臺北：維新書局，1981年4月，再版），頁115「按：爲《韓詩外傳》之誤」。
〔註78〕班固撰，顏師古注，王先謙補注《漢書・蓋寬饒傳》，（臺北：藝文印書館，景盧受堂本），卷77，頁3〜4。
〔註79〕班固撰，顏師古注，王先謙補注《漢書・楚元王傳》，（臺北：藝文印書館，景盧受堂本），卷36，頁19。

主之顏面，言主之過失，不辭其誅，身死國安，不悔所行。如此
者，直臣也。是謂六正也。〔註80〕

謀於未兆，匡國濟民，進賢不懈，守職効忠，盡節致命，此臣職也，茲條述
於后：

（一）善　謀

《說苑·權謀篇》曰：「聖王之舉事，必先諦之於謀慮，而後考之於蓍
龜。白屋之士，皆關其謀；蒭蕘之役，咸盡其心。故萬舉而無遺籌失策。……
謀有二端：上謀知命，其次知事。知命者預見存亡禍福之原，早知盛衰廢興
之始，防事之未萌，避難於無形，若此人者，居亂世則不害於其身，……彼
知事者亦尚矣，見事而知得失成敗之分，而究其所終極，故無敗業廢功。」
〔註81〕臣者以安社稷爲己任，謀於未兆，動於機先，爲天下謀長治久安之策，
不貪苟且之利。

晉文公、秦穆公共圍鄭，以其無禮而附於楚，鄭大夫佚之狐言於鄭
君曰：「若使燭之武見秦君，圍必解。」……燭之武許諾，夜出見秦
君……秦君說，引兵而還。……燭之武可謂善謀，一言而存鄭安秦。
〔註82〕

齊桓公將伐山戎、孤竹，使人請助於魯。魯君進群臣而謀，皆曰：「師
行數十里，入蠻夷之地，必不反矣。」於是魯許助之而不行。齊已伐
山戎、孤竹，而欲移兵於魯。管仲曰：「不可。諸侯未親，今又伐遠而
還誅近鄰，鄰國不親，非霸王之道，君之所得山戎之寶器者，中國之
所鮮也，不可不進周公之廟乎？」桓公乃分山戎之寶，獻之周公之廟。
明年起兵伐莒。魯下令丁男悉發，五尺童子皆至。孔子曰：「聖人轉禍
爲福，報怨以德。」此之謂也。〔註83〕

狐偃言於晉文公曰：「求諸侯莫如勤王，且大義也。諸侯信之，繼文之

〔註80〕 劉向《說苑》，（臺北：商務印書館，《四部叢刊初編》縮印平湖葛氏傳樸堂藏
明鈔本），卷2，頁7～8。

〔註81〕 劉向《說苑》，（臺北：商務印書館，《四部叢刊初編》縮印平湖葛氏傳樸堂藏
明鈔本），卷13，頁59。

〔註82〕 劉向《新序·善謀》，（臺北：商務印書館，《四部叢刊初編》縮印江南圖書館
藏明翻宋刻本），卷9，頁51。

〔註83〕 劉向《說苑·權謀》，（臺北：商務印書館，《四部叢刊初編》縮印平湖葛氏傳
樸堂藏明鈔本），卷13，頁61。

業，而信宣於諸侯，今爲可矣。」……晉侯辭秦師而下，三月甲辰，次于陽樊，右師圍溫，左師逆王。夏，四月丁巳，王入于王城。取太叔于溫，而殺之于隰城。戊午，晉侯朝王，王享醴，命之侑，予之陽樊、溫原、攢茅之田。……其後三年，文公遂再會諸侯以朝天子，天子錫之弓矢秬鬯，以爲方伯。……狐偃之善謀也。〔註84〕

臣者，滿則慮謙，平則慮險，安則慮危，曲則慮直，由重其豫，惟恐不及，百舉而不陷，〔註85〕斯可謂之善謀矣。

（二）匡　國

臣之事君，勉主以禮誼，論主以長策，將順其美，匡救其惡，〔註86〕務光召其君德，若夫「危而不持，顛而不扶，則將焉用彼相矣？」〔註87〕

晏子侍於景公，朝寒請進熱食，對曰：「嬰非君之廚養臣也，敢辭。」公曰：「請進服裘。」對曰：「嬰非田澤之臣，敢辭。」公曰：「然夫子於寡人奚爲者也？」對曰：「社稷之臣也。」公曰：「何謂社稷之臣？」對曰：「社稷之臣，能立社稷，辨上下之誼，使得其理；制百官之序，使得其宜；作爲辭令，可分布於四方。」自是之後，君不以禮不見晏子也。〔註88〕

昔者，魏武侯謀事而當，群臣莫能逮，朝退而有喜色。吳起進曰：「今昔有以楚莊王之語聞者乎？」武侯曰：「未也，莊王之語奈何？」吳起曰：「楚莊王謀事而當，群臣莫能逮，朝退而有憂色。申公巫臣進曰：君朝有憂色，何也？楚王曰：吾聞之諸侯自擇師者王，自擇友者霸，足己而群臣莫之若者亡。今以不穀之不肖而議於朝，且群臣莫能逮，吾國其幾於亡矣，是以有憂色也。莊王之所以憂，而君獨有喜色，

〔註84〕劉向《新序・善謀》，（臺北：商務印書館，《四部叢刊初編》縮印江南圖書館藏明翻宋刻本），卷9，頁50。

〔註85〕劉向《說苑・權謀》，（臺北：商務印書館，《四部叢刊初編》縮印平湖葛氏傳樸堂藏明鈔本），卷13，頁59。

〔註86〕劉向《說苑・臣術》，（臺北：商務印書館，《四部叢刊初編》縮印平湖葛氏傳樸堂藏明鈔本），卷2，頁7。

〔註87〕何晏注，邢昺疏《論語注疏・季氏篇》，（臺北：藝文印書館，《十三經注疏》景阮刻本），卷16，頁1。

〔註88〕劉向《說苑・臣術》，（臺北：商務印書館，《四部叢刊初編》縮印平湖葛氏傳樸堂藏明鈔本），卷2，頁10。

何也？」武侯逡巡而謝曰：「天使夫子振寡人之過也，天使夫子振寡
人之過也。」〔註89〕

舉措之間，而天下安危繫焉，為人臣者，不可不惕歟！

（三）進　賢

人臣卑身賤體，夙興夜寐，進賢不解，〔註90〕賢以類進，因賢得賢，以
安國家社稷宗廟，如此者忠臣也。

子曰：「賜，汝徒知其一，不知其二，汝聞進賢為賢耶？用力為賢耶？」
子貢曰：「進賢為賢？」子曰：「然。……」〔註91〕

進賢為臣下之重要任務，若存心嫉賢，憎賢掩蔽者為姦臣。〔註92〕

趙武子之為人也，立若不勝衣，言若不出於口，然其身舉士於白屋
下者四十六人，皆得其意，而公家甚賴之。及文子之死也，四十六
人皆就賓，是以無私德也。……《春秋》曰：「晉趙武之力盡得人也。」

〔註93〕

進賢者捨私情，不以私害公，《說苑・至公篇》曰：

晉文公問於咎犯曰：「誰可使為西河守者？」咎犯對曰：「虞子羔可也。」
公曰：「非汝之讎也？」對曰：「君問可為守者，非問臣之讎也。」羔
見咎犯而謝之……咎犯曰：「薦子者公也，怨子者私也，吾不以私事害
公事……。」〔註94〕

晉大夫祁奚老，晉君問曰：「孰可使嗣？」祁奚對曰：「解狐可。」
君曰：「非子之讎耶？」對曰：「君問可，非問讎也。」晉遂舉解狐。
後又問：「孰可以為國尉？」祁奚對曰：「午可也。」君曰：「非子之

〔註89〕 劉向《新序・雜事第一》，（臺北：商務印書館，《四部叢刊初編》縮印江南圖
　　　　書館藏明翻宋刻本），卷1，頁3。

〔註90〕 劉向《說苑・臣術》，（臺北：商務印書館，《四部叢刊初編》縮印平湖葛氏傳
　　　　樸堂藏明鈔本），卷2，頁7。

〔註91〕 劉向《說苑・臣術》，（臺北：商務印書館，《四部叢刊初編》縮印平湖葛氏傳
　　　　樸堂藏明鈔本），卷2，頁8。

〔註92〕 劉向《說苑・臣術》，（臺北：商務印書館，《四部叢刊初編》縮印平湖葛氏傳
　　　　樸堂藏明鈔本），卷2，頁7。

〔註93〕 劉向《新序・雜事第四》，（臺北：商務印書館，《四部叢刊初編》縮印江南圖
　　　　書館藏明翻宋刻本），卷4，頁25。

〔註94〕 劉向《說苑》，（臺北：商務印書館，《四部叢刊初編》縮印平湖葛氏傳樸堂藏
　　　　明鈔本），卷14，頁67。

子耶？」對曰：「君問可，非問子也。」君子謂祁奚能舉善矣，稱其
讎不為諂，立其子不為比。……外舉不避仇讎，內舉不回親戚，可
謂至公矣。〔註95〕

臣子不阿親戚，不避仇讎，奉公舉賢，不樹植私黨者鮮矣。劉向於元、成之
際，讒邪組黨，賢人受阻；故使外親上變事書「前弘恭奏望之等獄決，三月
地大震，恭移病出，後復視事，天陰雨雪，由是言之，地動殆為恭等。臣愚
以為，宜退恭、顯以章蔽善之罰，進望之等以通賢者之路，如此，太平之門
開，災異之原塞矣。」〔註96〕惜成帝未能納之。

（四）廉　潔

夫欲無所窮，人苟不知節而各縱其欲，則善惡莫辨，故為人臣者，必先
節其欲，然後始能守文奉法，任官職事，不受贈遺。

> 季文子相魯，妾不衣帛，馬不食粟。仲孫它諫曰：「子為魯上卿，妾不
> 衣帛，馬不食粟，人其以子為愛，且不華國也。」文子曰：「然乎？吾
> 觀國人之父母衣麤食蔬，吾是以不敢。且吾聞君子以德華國，不聞以
> 妾與馬。夫德者得於我，又得於彼，故可行；若淫於奢侈，沈於文章，
> 不能自反，何以守國？」〔註97〕

> 趙簡子乘敝車瘦馬，衣羖羊裘，其宰進諫曰：「車新則安，馬肥則往來疾，
> 狐白之裘溫且輕。」簡子曰：「吾非不知也。吾聞之，君子服善則益恭，
> 細人服善則益倨；我以自備，恐有細人之心也。傳曰：周公位尊愈卑，
> 勝敵愈懼，家富欲儉，故周氏八百餘年，此之謂也。」〔註98〕

> 昔者，有餽魚於鄭相者，鄭相不受。或謂鄭相曰：「子嗜魚，何故不受？」
> 對曰：「吾以嗜魚，故不受魚。受魚失祿，無以食魚；不受得祿，終身
> 食魚。」〔註99〕

〔註95〕劉向《新序·雜事第一》，（臺北：商務印書館，《四部叢刊初編》縮印江南圖
　　　　書館藏明翻宋刻本），卷1，頁3。
〔註96〕班固撰，顏師古注，王先謙補注《漢書·楚元王傳》，（臺北：藝文印書館，
　　　　景虛受堂本），卷36，頁8。
〔註97〕劉向《說苑·反質》，（臺北：商務印書館，《四部叢刊初編》縮印平湖葛氏傳
　　　　樸堂藏明鈔本），卷20，頁97。
〔註98〕劉向《說苑·反質》，（臺北：商務印書館，《四部叢刊初編》縮印平湖葛氏傳
　　　　樸堂藏明鈔本），卷20，頁97。
〔註99〕劉向《新序·節士》，（臺北：商務印書館，《四部叢刊初編》縮印江南圖書館

宋人有得玉者，獻諸司城子罕，子罕不受。獻玉者曰：「以示玉人，玉人以爲寶，故敢獻之。」子罕曰：「我以不貪爲寶，爾以爲寶，若與我者，皆喪寶也，不若人有其寶。」〔註100〕

不廉則無所不敢，則天下其有不亂，國家其有不亡者乎？是以居官者不可不慎歟！

（五）諫　諍

凡人臣愛其君者，於其君有過失時，莫不進諫，以矯君之失也。進諫者有正諫、降諫、忠諫、戇諫、諷諫之分，《說苑・正諫篇》曰：

君有過失者，危亡之萌也；見君之過失而不諫，是輕君之危亡也。夫輕君之危亡者，忠臣不忍爲也。三諫而不用則去，不去則身亡；身亡者，仁人之所不爲也。是故諫有五：一曰正諫，二曰降諫，三曰忠諫，四曰戇諫，五曰諷諫。孔子曰：「吾其從諷諫乎？」〔註101〕

景公如戈，使燭雛主鳥而亡之，景公怒而欲殺之，晏子曰：「燭雛有罪，請數之以其罪，乃殺之。」……於是乃召燭雛數之景公前曰：「汝爲吾君主鳥而亡之，是一罪也；使吾君以鳥之故殺人，是二罪也；使諸侯聞之以吾君重鳥而輕士，是三罪也。數燭雛已畢，請殺之。」景公曰：「止，勿殺而謝之。」〔註102〕

桀爲酒池，足以運舟，糟丘，足以望七里，一鼓而牛飲者三千人。關龍逢進諫曰：「爲人君，身行禮義，愛民節財，故國安而身壽也。今君有財若無盡，用人恐不能死，不革，天禍必降，而誅必自矣，君其革之。」立而不去朝，桀因囚拘之。〔註103〕

紂作炮烙之刑，王子比干曰：「主暴不諫，非忠臣也；畏死不言，非勇

藏明翻宋刻本），卷7，頁41。

〔註100〕劉向《新序・節士》，（臺北：商務印書館，《四部叢刊初編》縮印江南圖書館藏明翻宋刻本），卷7，頁41。

〔註101〕劉向《說苑・正諫》，（臺北：商務印書館，《四部叢刊初編》縮印平湖葛氏傳樸堂藏明鈔本），卷9，頁39。

〔註102〕劉向《說苑・正諫》，（臺北：商務印書館，《四部叢刊初編》縮印平湖葛氏傳樸堂藏明鈔本），卷9，頁42。

〔註103〕劉向《新序・節士》，（臺北：商務印書館，《四部叢刊初編》縮印江南圖書館藏明翻宋刻本），卷7，頁38。

士也。見過則諫，不用則死，忠之至也。」遂進諫，三日不去朝，紂
因而殺之。〔註104〕

「見君之過失而不諫，是輕君之危亡也。夫輕君之危亡者，忠臣不忍爲也。」
〔註105〕故劉向數上章刺譏時事，獨斷之於天子之前不少休，有不啻批其逆鱗
者，蓋同姓之卿義當爾也。

（六）盡　節

松柏後凋於歲寒，雞鳴不已於風雨，故人臣竭股肱之力，守職而効死弗
貳，豈不愛其身哉？爲夫義之不立，忠之不顯，則臣恥，故盡節以遂其行。

蘇武者……孝武皇帝時，以武爲栘中監使匈奴，是時匈奴使者數降漢，
故匈奴亦欲降武以取當。……武留十餘歲，竟不降下，可謂守節臣
矣。……匈奴欲慕義歸武，漢尊武爲典屬國，顯異於他臣也。〔註106〕

莒穆公有臣曰朱厲附，事穆公，不見識焉，冬處於山林食杼栗，夏處
於洲澤食菱藕。穆公以難死，朱厲附將往死之。其友曰：「子事君而不
見識焉，今君難吾子死之，意者其不可乎？」朱厲附曰：「始我以爲君
不吾知也，今君死而我不死，是果不知我也；吾將死之，以激天下不
知其臣者。」遂往死之。〔註107〕

崔杼弒莊公，令士大夫盟者，皆脫劍而入，言不疾，指不至血者死，
所殺十人。次及晏子，晏子奉杯血仰天歎曰：「惡乎崔子，將爲無道，
殺其君。」盟者皆視之。崔杼謂晏子曰：「子與我，我與子分國；子不
吾與，吾將殺子。直兵將推之，曲兵將勾之，唯子圖之。」晏子曰：「嬰
聞回以利而背其君者，非仁也；劫以刄而失其志者，非勇也。」……
《詩》云：「彼己之子，舍命不渝。」晏子之謂也。〔註108〕

〔註104〕劉向《新序・節士》，（臺北：商務印書館，《四部叢刊初編》縮印江南圖書館
　　　　藏明翻宋刻本），卷7，頁38。
〔註105〕劉向《說苑・正諫》，（臺北：商務印書館，《四部叢刊初編》縮印平湖葛氏傳
　　　　樸堂藏明鈔本），卷9，頁39。
〔註106〕劉向《新序・節士》，（臺北：商務印書館，《四部叢刊初編》縮印江南圖書館
　　　　藏明翻宋刻本），卷7，頁46。
〔註107〕劉向《說苑・立節》，（臺北：商務印書館，《四部叢刊初編》縮印平湖葛氏傳
　　　　樸堂藏明鈔本），卷4，頁18。
〔註108〕劉向《新序・義勇》，（臺北：商務印書館，《四部叢刊初編》縮印江南圖書館
　　　　藏明翻宋刻本），卷8，頁47。

劉向之政治思想，基本上均本乎儒家之說，要之不越其藩籬，然亦頗採他家之長，「覽往事之戒，以折中取信，居萬安之實，用保宗廟。」〔註109〕如「尊賢」、「節儉」之說，融合儒、墨二家之長；刑罰賞賜之議，併合儒、道、法之說；頗能矯陋儒之偏，革世俗之弊。

子政明揭治亂安危之理，旨在使爲政者得乎治亂之理實，得以正紀綱、迪教化、辟邪正、黜異端，可謂苦心孤詣，高瞻遠矚。設若其說爲成帝所採，徹底發揮，則西漢之政局將爲改觀，亦未可知也。

論者或謂漢元晚節，劉向數言天下事，疑太犯分。〔註110〕何良俊駁之曰：

> 昔屈原以楚同姓，傷懷王之信讒，遂入秦不反。雖放流作〈離騷〉、〈九章〉諸篇，猶拳拳於存君興國；君子以爲忠。夫以子政爲有非者，然則屈原亦有非耶？按子政當漢元、成間，弘恭、石顯、王鳳方用事，尊顯皆擅國；士大夫一失其旨意，即斥誅死不旋踵。子政數上章刺譏時事……皆尋常患難時朋友兄弟所不忍，子政獨斷之於天子之前不少休，有不啻批其逆鱗者，是亦豈枉己者所爲？使肯枉己，則子政以彼其才，稍自貶，其取丞相御史不難，顧不出彼？〔註111〕

其說韙矣，豈不以其批逆鱗、冒忌諱，足以爲人臣所取法也歟！

〔註109〕班固撰，顏師古注，王先謙補注《漢書‧楚元王傳》，（臺北：藝文印書館，景虛受堂本），卷36，頁28。
〔註110〕劉向《新序》，（明嘉靖丁未（二十六年）何良俊刊新序說苑合刻本），頁3〈重刻說苑新序序〉曰：「宋元豐間，館閣諸名士一日共商較古今人物失得。王介甫言漢元晚節，劉向數言天下事，疑太犯分。……」
〔註111〕劉向《新序‧重刻說苑新序序》，（明嘉靖丁未（二十六年）何良俊刊新序說苑合刻本），頁3。

第七章　結　論

　　有秦一代，患學者之是古非今，乃收民間典籍，聚而焚之，學術官守，以愚黔首。漢興，高祖雖賤儒者，然天下不可以馬上治之，因之頗采詩書之教。及至惠帝除挾書之律，文帝廣獻書之路，民間藏書漸出，儒學乃漸興起。逮及武帝，獨尊儒術，罷黜百家；然諸子之學，實未盡廢；漢儒多兼習道、法、陰陽之術，浸至於西漢之末，已成習尚。綜上所考論，可明劉向乃其時典型之從政學者也。

　　章學誠《文史通義・詩教篇》曰：

> 古未嘗有著述之事也，官師守其典章，史臣錄其職載，文字之道，
> 百官以之治，而萬民以之察，而其用已備矣。是故聖王書同文以平
> 天下，未有不用之於政教典章，而以文字為一人之著述者也。道不
> 行而師儒立其教，我夫子所以功賢堯、舜也。〔註1〕

古代學在世官，孔子有教無類，學術因而公開，至戰國而處士橫議，百家競起，著述乃繁。諸子各是其所是，各非其所非，至秦患之，乃禁私學。以刀筆吏為師，制挾書之令。學者逃難，竄伏山林，或失本經，口以傳經，漢氏代秦，講學之風復於朝野，故至孝成之世，乃命劉向領校中秘藏書。古籍多筆之於簡策，簡重絲細，日久易散；加之篇卷單行，非若後世之緊結固定，難免錯簡脫失；至向等之校讎編定，使流動不居，增減不常之古籍，凝聚為一定之形態；吾人今日誦讀，方得以瞭解書本之內容，尋繹作者之思維，溯沿學術之源流。是劉向為中國學術開一生面，方之光武於漢世猶有過之，先秦古籍得以整合，著述

〔註 1〕 章學誠《文史通義》，（臺北：廣文書局，1981 年 8 月，再版），卷 1 上，頁
　　　 28。

之有提要目錄,皆向之力也。因此奠定其於中國學術史上之地位。

向領校中五經秘書,非徒校讎編定,復撰敘錄,以考鏡源流,辨章得失,開後世校讎目錄之風,於諸子得失之闡述,雖前有《莊子·天下篇》、《荀子·非十二子篇》、司馬談〈論六家要旨〉……之作,多未有詳明系統之論述,至劉向始以儒家之道——六經,綜論百家源委,歸本於儒術,以明學術之會歸,且究儒道之非空疏迂濶也。

陰陽五行學說爲秦漢之顯學,故劉向說經皆蒙被陰陽災異之色彩。然向仍承儒家之說,重人倫之教,由修己自勵,擴而君臣有義,父子有親,夫婦有別,長幼有序,朋友有信;使人識君臣父子之綱,家知遠邪從善之路,社會以安,天下以平。

漢崇經術,貴能見之施行,所謂通經致用,乃儒家一貫之思想也。向處經學昌明時期,兼修五經,頗能引經以致用。綜觀向之經學,以《春秋》爲主,《易》、《書》、《詩》、《禮》爲輔。蓋五經學者,深受陰陽五行學說之影響,而《春秋》一經所載二百四十二年間之災異事例,以之與西漢一代之災異情形相印證,可爲災異警戒之準則。於是在通經致用之風氣下,學者紛紛稱說災異、推論陰陽,以收警戒時君之效。向身處災異熾盛之時代,遂將《春秋》所載之日食、地震等自然現象,加以強調附會,闡發經義,以達警懼之目的。

向爲漢室同姓之卿,歷事三主,其憂虞慮患之深,亦較常人爲甚。昭、宣以來,外戚之權勢益張,儼然確乎不可拔。迄至元帝,外戚干政之風熾盛,元帝任許、史,成帝任王氏;終成帝之世,輔政將軍一職,皆由王氏輪流充任,事勢不兩大,漢室既失功臣宗室匡扶之力,鮮有能與外戚抗衡者。劉向戚然憂之,於是揆祥異之端,著天人之應,嚴正邪之辨,推廢興之由,準古以驗今,察微以彰軌,其用心亦深且勞矣,宜其與董仲舒先後輝映於西京政治思想界也。

向以骨肉之親,誼與君同其休戚安危,是以弘恭、石顯亂政於前,王氏擅權於後,匡衡、杜欽、谷永之徒,希望風旨之不暇,而向獨以世受漢恩,不因廢錮少詘,抗疏極諫,本於至誠,堪稱漢室之砥柱,惜乎天子悲傷歎息之而不能用也。誠使其言行於初元、永光之日,則孝宣之業,不至中衰;其言用於建始、河平之時,則炎劉之祚,不移新室。向卒後十三年,而王氏代漢,其繫國家安危者,顧不大哉?

或謂向誣惑民心,導民於迷信。綜觀西漢於一代政教措施,無不以災異爲勸善懲惡,應天順人之依據。天子屢因災異之發生而下詔罪己,從而修明政事;

人臣亦以災異勸戒人君，以期進賢袪讒。自文帝二年十一月因日食而下詔罪己，〔註2〕至平帝元壽二年之日食，〔註3〕其中因多種災異而涉及政教人事之興革，可謂包羅萬象。足見西漢災異觀念之普遍，亦可見災異對西漢政治影響之深遠。雖陰陽五行之說，今日視爲迷信，易予有意竊國者所利用，而傾覆西漢；然向之言陰陽災異者，純學風使然，生於今者，執成說以律古，非持平之論也。

　　或謂向之撰者，皆廣陳虛事，多構僞辭。〔註4〕此係由於秦火之後，舊籍無稽，所見異詞，所聞異詞，所傳異詞，向冀以感悟時君，取足達意而止，遂不復計事實之舛誤，筆之於策。「不必同李斯之法，別黑白而定一尊，少見多怪，謂某事與某書違，某人與某人不相值，生二千載後，而欲畫一二千載以前之事，甚非多聞闕疑之意。」〔註5〕蓋文章體材不同，議論之文，源出於子，自成一家，不妨有此；若記事之聞，源出於史，考證之文，源出於經，則固不得如此。〔註6〕

　　劉向惓惓進諫，指陳痛切，發於至誠，可謂宗室之純臣。居列大夫三十餘年，不得遷，曾無慍色，數困於讒，而不改其操，向之所遇堪與屈原比之。蓋原以忠信見讒，〈離騷〉乃作，詞則嫺矣。而悲愁怨刺，至於無所容其身；向之憂在社稷，雖不用其言，而禍亦不及，此其處之者善，而原所不逮者也。〔註7〕使當時得行其學，則王業奚移於新室，漢鼎胡移於東都？同姓之臣如向者，可不謂賢乎？董其昌謂「陸大夫有向之麗而無其實，賈太傅有向之辨而無其識，董江都有向之醇而無其達，揚子雲有向之詣而無其節。」〔註8〕雖不免溢美過甚，然「向之所學甚正，所操甚偉，西京儒者，自董仲舒外，莫之逮也。其閎通博雅，特餘事耳。」〔註9〕可謂平實之論。蓋向雖博通淹貫，跡

〔註2〕　班固撰，顏師古注，王先謙補注《漢書・文帝紀》，（臺北：藝文印書館，景虛受堂本），卷4，頁8〜9。

〔註3〕　班固撰，顏師古注，王先謙補注《漢書・平帝紀》，（臺北：藝文印書館，景虛受堂本），卷12，頁6。

〔註4〕　劉知幾撰，浦起龍通釋《史通・雜說篇》，（臺北：里仁書局，1980年9月），頁516。

〔註5〕　嚴可均《鐵橋漫稿》，（臺北：世界書局，1964年2月，初版），卷8，頁8。

〔註6〕　朱一新《無邪堂答問》，（臺北：世界書局，1963年4月，初版），卷4，頁39。

〔註7〕　參見劉向《說苑・汾陽刻劉氏二書序》，（明嘉靖三十八年楊美益刊《劉氏二書》本），頁2。

〔註8〕　劉向《說苑・董其昌序》，（臺北：藝文印書館，《百部叢書集成・漢魏叢書》本），頁1。

〔註9〕　全祖望《鮚埼亭集》，（臺北：華世出版社，1977年3月，初版），頁368。

其釋經論政之中心意旨，不外乎仁義道德，君臣相親，和氣致祥，乖氣致異，使人主修德慎刑，善政愛民，安保社稷之永久，沿波溯源，與儒家之旨遙契，故余以為吾人亦當「不以一眚而掩大德。」視之，庶幾可彰其本來面目也。

徵引書目

壹、專　書

一、民國以前（依作者時代筆畫爲序）

1. 《周易正義》，魏·王弼，晉·韓康伯注，唐·孔穎達正義，（臺北：藝文印書館，《十三經注疏》景阮刻本）。

2. 《尚書正義》，漢·孔安國注，唐·孔穎達正義，（臺北：藝文印書館，《十三經注疏》景阮刻本）。

3. 《毛詩正義》，漢·毛公傳，鄭玄箋，唐·孔穎達正義，（臺北：藝文印書館，《十三經注疏》景阮刻本）。

4. 《儀禮注疏》，漢·鄭玄注，唐·賈公彥疏，（臺北：藝文印書館，《十三經注疏》景阮刻本）。

5. 《禮記正義》，漢·鄭玄注，唐·孔穎達正義，（臺北：藝文印書館，《十三經注疏》景阮刻本）。

6. 《春秋左氏傳正義》，晉·杜預注，唐·孔穎達正義，（臺北：藝文印書館，《十三經注疏》景阮刻本）。

7. 《春秋公羊傳注疏》，漢·何休注，唐·徐彥疏，（臺北：藝文印書館，《十三經注疏》景阮刻本）。

8. 《春秋穀梁傳注疏》，晉·范寧注，唐·楊士勛疏，（臺北：藝文印書館，《十三經注疏》景阮刻本）。

9. 《論語注疏》，魏·何晏注，宋·邢昺疏，（臺北：藝文印書館，《十三經注疏》景阮刻本）。

10. 《孟子注疏》，漢·趙歧注，宋·孫奭疏，（臺北：藝文印書館，《十三經注疏》景阮刻本）。

11. 《孝經注疏》，唐‧玄宗御注，宋‧邢昺疏，（臺北：藝文印書館，《十三
    經注疏》景阮刻本）。

12. 《老子》，河上公章句，（臺北：商務印書館《四部叢刊初編》縮印常熟
    瞿氏藏宋本）。

13. 《韓非子》，周‧韓非，（臺北：商務印書館，《四部叢刊初編》縮印黃蕘
    圃校宋鈔本）。

14. 《呂氏春秋》，秦‧呂不韋，（臺北：商務印書館，《四部叢刊初編》縮印
    明刊本）。

15. 《春秋繁露》，漢‧董仲舒，（臺北：商務印書館，《四部叢刊初編》縮印
    武英殿聚珍版本）。

16. 《史記》，漢‧司馬遷撰，南朝宋‧裴駰集解，唐‧司馬貞索隱，唐‧張
    守節正義，（臺北：藝文印書館，景武英殿本。）

17. 《前漢紀》，漢‧荀悅，（臺北：商務印書館，景印岫廬現藏罕傳善本叢
    刊本，1973 年 12 月，初版）。

18. 《申鑒》，漢‧荀悅，（臺北：商務印書館，《四部叢刊初編》縮印江南圖
    書館藏明文始堂本）。

19. 《劉氏二書》，（明嘉靖三十八年楊美益刊本）。

20. 《新序》，漢‧劉向，（明嘉靖乙未楚府崇本書院重刊本）。

21. 《說苑》，漢‧劉向，（明初刊黑口十三行本）。

22. 《新序說苑合刻本》，（明嘉靖丁未二十六年何良俊刊新序說苑合刻本）。

23. 《說苑》，漢‧劉向，（臺北：商務印書館，《四部叢刊初編》縮印平湖葛
    氏傳樸堂藏明鈔本）。

24. 《新序》，漢‧劉向，（臺北：商務印書館，《四部叢刊初編》縮印江南圖
    書館藏明翻宋刊本）。

25. 《說苑》，漢‧劉向，（臺北：藝文印書館，《百部叢書集成‧漢魏叢書》
    本）。

26. 《樂記》，題漢‧劉向撰，清‧馬國翰輯，（臺北：文海出版社，《玉函山
    房輯佚書》景清同治十年濟南皇華館書局補刻本）。

27. 《洪範五行傳》，漢‧劉向撰，（明‧張溥輯，《漢魏六朝百三名家集‧劉
    中壘集》，民國十四年上海掃葉山房石印本）。

28. 《洪範五行傳》，漢‧劉向撰，（清‧黃奭輯。臺北：藝文印書館，《叢書
    集成三編‧黃氏逸書考》本）。

29. 《洪範五行傳》，漢‧劉向撰，（清‧陳壽祺輯。《左海全集》，清嘉慶道
    光間刊本）。

30. 《五經通義》，題漢‧劉向撰，（清‧黃奭輯。臺北：藝文印書館，《叢書

集成三編・黃氏逸書考》本）。

31. 《五經通義》，題漢・劉向撰，（清・馬國翰輯。臺北：文海出版社，《玉函山房輯佚書》景清同治十年濟南皇華館書局補刻本）。

32. 《五經通義》，題漢・劉向撰，（清・馬國翰輯。臺北：藝文印書館，《百部叢書集成・經典集林》景清嘉慶問經堂刊本）。

33. 《五經要義》，題雷次宗撰，（清・黃奭輯。臺北：藝文印書館，《叢書集成三編・黃氏逸書考》本）。

34. 《五經要義》，題雷氏撰，（清・馬國翰輯。臺北：文海出版社，《玉函山房輯佚書》景清同治十年濟南皇華館書局補刻本）。

35. 《五經要義》，題漢・劉向撰，（清・洪頤煊輯。臺北：藝文印書館，《百部叢書集成・經典集林》景清嘉慶問經堂刊本）。

36. 《春秋穀梁傳說》，題漢・劉向撰，（清・馬國翰輯。臺北：文海出版社，《玉函山房輯佚書》景清同治十年濟南皇華館書局補刻本）。

37. 《孝子傳》，題漢・劉向撰，（清・黃奭輯。臺北：藝文印書館，《叢書集成三編・黃氏逸書考》本）。

38. 《古孝子傳》，題漢・劉向撰，（清・茆泮林輯。臺北：藝文印書館，《百部叢書集成・十種古逸書》）。

39. 《列女傳補注》，漢・劉向撰，（清・王照圓補注。臺北：商務印書館，《人人文庫》，1976 年，臺一版）。

40. 《列女傳》，漢・劉向撰，（明・黃魯曾編。明嘉靖間吳郡黃氏刊本）。

41. 《別錄》，漢・劉向撰，（清・洪頤煊輯，孫彤校訂。臺北：藝文印書館，《百部叢書集成・經典集林》景清嘉慶問經堂刊本）。

42. 《別錄》，漢・劉向撰，（清・嚴可均輯。臺北：世界書局，《全上古三代秦漢三國六朝文》景清光緒二十年甲午春黃岡王氏刊本）。

43. 《七略別錄》，題漢・劉向撰，（清・馬國翰輯。臺北：文海出版社，《玉函山房輯佚書》景清同治十年濟南皇華館書局補刻本）。

44. 《七略別錄佚文》，題漢・劉向撰，（清・姚振宗輯。《快閣師石山房叢書》，清宣統三年清鈔藍格底稿本）。

45. 《五紀說》，題漢・劉向撰，（清・嚴可均輯。臺北：世界書局，《全上古三代秦漢三國六朝文》景清光緒二十年甲午春黃岡王氏刊本）。

46. 《五紀論》，題漢・劉向撰，（清・嚴可均輯。臺北：世界書局，《全上古三代秦漢三國六朝文》景清光緒二十年甲午春黃岡王氏刊本）。

47. 《劉向奏議》，漢・劉向撰，（明・張溥輯。《漢魏六朝百三名家集・劉中壘集》，民國十四年上海掃葉山房石印本）。

48. 《劉向奏議》，漢・劉向撰，（清・嚴可均輯。臺北：世界書局，《全上古

三代秦漢三國六朝文》景清光緒二十年甲午春黃岡王氏刊本）。

49. 《劉向賦》，漢・劉向撰，（明・張溥輯。《漢魏六朝百三名家集・劉中壘集》，民國十四年上海掃葉山房石印本）。

50. 《劉向賦》，漢・劉向撰，（清・嚴可均輯。臺北：世界書局，《全上古三代秦漢三國六朝文》景清光緒二十年甲午春黃岡王氏刊本）。

51. 《劉向銘》，漢・劉向撰，（明・張溥輯。《漢魏六朝百三名家集・劉中壘集》，民國十四年上海掃葉山房石印本）。

52. 《劉向銘》，漢・劉向撰，（清・嚴可均輯。臺北：世界書局，《全上古三代秦漢三國六朝文》景清光緒二十年甲午春黃岡王氏刊本）。

53. 《誡子歆書》，漢・劉向撰，（清・嚴可均輯。臺北：世界書局，《全上古三代秦漢三國六朝文》景清光緒二十年甲午春黃岡王氏刊本）。

54. 《論衡》，漢・王充，（臺北：商務印書館，《四部叢刊初編》縮印明通津草堂刊本）。

55. 《漢書》，漢・班固撰，唐・顏師古注，清・王先謙補注，（臺北：藝文印書館，景盧受堂本）。

56. 《後漢書》，南朝宋・范曄撰，唐・李賢注，清・王先謙集解，（臺北：藝文印書館，景盧受堂本）。

57. 《昭明文選》，梁・蕭統編，唐・李善注，（臺北：弘道文化公司，景宋淳熙本重雕鄱陽胡氏藏版本）。

58. 《北堂書鈔》，隋・虞世南，（臺北：新興書局，景清光緒二十二年校宋刻本）。

59. 《藝文類聚》，唐・歐陽詢，（臺北：新興書局，宋刻本缺卷用明本補）。

60. 《晉書》，唐・房玄齡等撰，吳士鑑、劉承幹斠注，（臺北：商務印書館，景印文淵閣四庫全書本）。

61. 《隋書》，唐・魏徵等，（臺北：商務印書館，景印文淵閣四庫全書本）。

62. 《廣弘明集》，唐・釋道宣，（臺北：商務印書館，《四部叢刊初編》縮印明刊本）。

63. 《舊唐書》，後晉・劉昫等，（臺北：商務印書館，景印文淵閣四庫全書本）。

64. 《太平御覽》，宋・李昉，（臺北：商務印書館，景印文淵閣四庫全書本）。

65. 《新唐書》，宋・歐陽脩等，（臺北：商務印書館，景印文淵閣四庫全書本）。

66. 《東觀餘論》，宋・黃伯思，（明萬曆甲申秀水項氏萬卷堂刊本）。

67. 《楚辭補註》，宋・洪興祖補註，（臺北：藝文印書館，1973 年 10 月，四版）。

68. 《通志》，宋‧鄭樵，（臺北：新興書局，《國學基本叢書》，1959 年）。

69. 《項氏家説》，宋‧項安世，（臺北：藝文印書館，《百部叢書集成》景武英殿聚珍版本）。

70. 《子略》，宋‧高似孫，（臺北：廣文書局，1968 年 3 月，初版）。

71. 《直齋書錄解題》，宋‧陳振孫，（臺北：廣文書局，景清武英殿輯永樂大典本）。

72. 《翁注困學紀聞》，宋‧王應麟撰，清‧翁元圻注，（臺北：世界書局，1974 年 6 月，再版）。

73. 《詩考》，宋‧王應麟，（臺北：商務印書館，《叢書集成》本）。

74. 《漢書藝文志考證》，宋‧王應麟，（臺北：開明書店，《二十五史補編》第 2 冊，1959 年 6 月，臺一版）。

75. 《古文苑》，宋‧章樵注，（臺北：商務印書館，《四部叢刊初編》縮印常熟瞿氏藏宋本）。

76. 《宋史》，元‧托托，（臺北：商務印書館，《景印文淵閣四庫全書》本）。

77. 《尚書古文疏證》，清‧閻若璩，（臺北：漢京文化公司，《皇清經解續編》本）。

78. 《史通通釋》，清‧浦起龍，（臺北：里仁書局，1980 年 9 月）。

79. 《鮚埼亭集》，清‧全祖望，（臺北：華世出版社，1977 年 3 月，初版）。

80. 《群書拾補》，清‧盧文弨，（臺北：商務印書館，《國學基本叢書》）。

81. 《廿二史箚記》，清‧趙翼，（臺北：世界書局，1972 年 11 月，初版）。

82. 《文史通義》，清‧章學誠，（臺北：廣文書局，1981 年 8 月，再版）。

83. 《校讎通義》，清‧章學誠，（臺北：廣文書局，1981 年 8 月，再版）。

84. 《章氏遺書》，清‧章學誠，（臺北：漢聲出版社，景民國十一年吳興嘉業堂劉承幹輯刻本）。

85. 《鐵橋漫稿》，清‧嚴可均，（臺北：世界書局，1964 年 2 月，初版）。

86. 《續疑年錄》，清‧吳修，（臺北：藝文印書館，《百部叢書集成‧粵雅堂叢書》）。

87. 《續疑年錄》，清‧吳修，（《天壤閣叢書》，清同志光緒間福山王氏天壤閣家塾刊本）。

88. 《經義述聞》，清‧王引之，（臺北：世界書局，1975 年 5 月，再版）。

89. 《三家詩異文疏證》，清‧馮登府，（臺北：漢京文化公司，《皇清經解正編》本）。

90. 《續文獻通考》，清高宗敕撰，（臺北：新興書局，《國學基本叢書》，1958 年，初版）。

91. 《詩毛氏傳疏》，清‧陳奐，（臺北：漢京文化公司，《皇清經解續編》本）。

92. 《詩古微》，清‧魏源，（臺北：漢京文化公司，《皇清經解續編》本）。

93. 《三家詩遺說考》，清‧陳喬樅，（臺北：漢京文化公司，《皇清經解續編》本）。

94. 《增訂四庫簡明目錄標注》，清‧邵懿辰撰，清‧孫詒讓等參校，邵章續錄，邵友誠重編，（臺北：世界書局，1961 年 10 月，初版）。

95. 《荀子集解》，清‧王先謙，（臺北：藝文印書館，1977 年 2 月，四版）。

96. 《詩三家義集疏》，清‧王先謙，（臺北：世界書局，《四部刊要》本）。

97. 《無邪堂答問》，清‧朱一新，（臺北：世界書局，光緒二十一年廣雅書局刊本，1963 年 4 月，初版）。

98. 《經學歷史》，清‧皮錫瑞，（臺北：鳴宇出版社，1980 年 5 月）。

99. 《兩漢三國學案》，清‧唐晏，（臺北：世界書局，1979 年 6 月，再版）。

100. 《劉更生年表》，清‧梅毓，（臺北：藝文印書館，《叢書集成續編‧積學齋叢書》）。

二、民國以後（依作者筆畫為序）

1. 中國學術史研究所編，《叢書子目類編》（臺北：中國學典館復館籌備處，1967 年，初版）。

2. 王叔岷，《斠讎學》，（臺北：台聯國風出版社，1972 年 3 月，重刊）。

3. 王夢鷗，《鄒衍遺說考》，（臺北：商務印書館，1966 年 3 月，臺初版）。

4. 王師關仕，《儀禮漢簡本考證》，（臺北：學生書局，1975 年 9 月，初版）。

5. 余嘉錫，《四庫提要辨證》，（臺北：藝文印書館，排印本）。

6. 李漢三，《先秦兩漢之陰陽五行學說》，（臺北：維新書局，1981 年 4 月，再版）。

7. 呂思勉，《秦漢史》，（臺北：開明書店，1983 年 3 月，臺六版）。

8. 吳榮光，《歷代名人年譜》，（臺北：商務印書館，《人人文庫》，1978 年 9 月）。

9. 昌彼得，《中國目錄學講義》，（臺北：文史哲出版社，1974 年 10 月，初版）。

10. 屈萬里，《尚書釋義》，（臺北：華岡出版部，1972 年 4 月，增訂版）。

11. 姚明達，《中國目錄學史》，（臺北：盤庚出版社，1979 年 2 月，第一版）。

12. 徐復觀，《兩漢思想史》，（臺北：學生書局，1980 年 9 月）。

13. 孫德謙，《劉向校讎學纂微》，（臺北：文粹閣，1971 年 2 月）。

14. 章太炎，《章氏叢書》，（臺北：世界書局，《四部刊要》景民國六至八年浙江圖書館校刊本）。

15. 章宗源，《隋書經籍志考證》，（臺北：開明書店，《二十五史補編》第 4 冊，1959 年 6 月，臺一版）。

16. 梁啟超，《圖書大辭典簿錄之部》，（臺北：中華書局，1958 年 6 月，臺一版）。

17. 許素菲，《劉向新序研究》，（臺北：學生書局，1982 年 1 月）。

18. 張心澂，《偽書通考》，（臺北：宏業書局，1975 年 6 月）。

19. 黃師錦鋐，《秦漢思想研究》，（臺北：學海出版社，1979 年 1 月，初版）。

20. 黃彰健，《經今古文學問題新論》，（臺北：中央研究院歷史語言研究所，1982 年 11 月，初版）。

21. 喬衍琯，《書目三編敘錄》，（臺北：廣文書局，1969 年 2 月，初版）。

22. 楊伯峻，《列子集釋》，（臺北：明倫出版社，1971 年，再版）。

23. 蔡信發，《新序疏證》，（臺北：嘉新水泥公司文化基金會，《嘉新水泥公司文化基金會研究論文》第 367 種，1980 年）。

24. 蔣伯潛，《校讎目錄學纂要》，（臺北：盤庚出版社，1979 年 2 月，第一版）。

25. 劉正浩，《兩漢諸子述左傳考》，（臺北：商務印書館，《人人文庫》，1972 年，二版）。

26. 劉汝霖，《漢晉學術編年》，（臺北：長安出版社，1980 年 10 月，一版）。

27. 盧元駿，《新序今註今譯》，（臺北：商務印書館，1977 年 12 月，二版）。

28. 錢穆，《兩漢經學今古文平議》，（臺北：東大圖書公司，1978 年 7 月，臺再版）。

29. 戴君仁，《梅園論學集》，（臺北：開明書店，1970 年 9 月，初版）。

30. 羅根澤，《諸子考索》，（臺北：學林書店，1977 年，初版）。

貳、單篇論文（依時代先後為序）

1. 劉師培，〈劉向撰五經通義、五經要義、五經雜義辨〉（《國粹學報》70 期，1910 年 8 月，頁 1～2）。

2. 梁啟超，〈陰陽五行說之來歷〉（《東方雜誌》20 卷 10 號，1923 年 05 月）；現收入《古史辨》第五冊下編，（臺北：明倫出版社，1970 年）。

3. 葛啟揚，〈劉向之生卒及其撰著考略〉（《史學年報》1 卷 5 期，1933 年 8 月，頁 53～60）。

4. 周呆，〈劉子政生卒年月及其著述考辨〉（《文學年報》2 期，1936 年，頁 11～34）。

5. 施之勉，〈劉向卒於成帝綏和元年〉（《大陸雜誌》7 卷 2 期，1953 年 7 月，

頁 32）。

6. 孫廣德，〈先秦兩漢陰陽五行說的政治思想〉（臺北：國立政治大學政治研究所博士論文，1968 年）。

7. 陶希聖，〈孔子廟庭中漢儒及宋儒的位次（上）〉（《食貨月刊》復刊，2 卷 1 期，1972 年 4 月，頁 9～29）。

8. 左松超，〈說苑集證〉（臺北：國立臺灣師範大學歷史研究所博士論文，1973 年）。

9. 傅樂成，〈漢法與漢儒〉（《食貨月刊》復刊，5 卷 10 期，1976 年 1 月，頁 1～13）。

10. 勞幹，〈從儒家地位看漢代政治〉（《中華文化復興月刊》10 卷 2 期，1977 年 2 月，頁 52～55）。

11. 池田秀三，〈劉向の學問と思想〉（《東方學報》50 冊，1978 年 2 月）。

12. 嚴靈峰，〈劉向說苑敍錄研究〉（《大陸雜誌》56 卷 6 期，1978 年 6 月，頁 37～42）。13. 黃師錦鋐，〈西漢儒家禮制之本質〉（《木鐸》9 期，1980 年 11 月，頁 61～80）。